Auditing

工业和信息化普通高等教育"十三五"规划教材立项项目

21世纪高等院校经济管理类规划教材

审计理论与实务
（第3版）

□ 崔飚 李传彪 主编
□ 张淑慧 喻建红 副主编

人民邮电出版社
北 京

图书在版编目（CIP）数据

审计理论与实务 / 崔飚，李传彪主编. — 3版. —
北京 ：人民邮电出版社，2023.1
21世纪高等院校经济管理类规划教材
ISBN 978-7-115-59716-8

Ⅰ. ①审… Ⅱ. ①崔… ②李… Ⅲ. ①审计学－高等
学校－教材 Ⅳ. ①F239

中国版本图书馆CIP数据核字(2022)第120718号

内 容 提 要

本书结合高校应用型本科教学实践，遵循理论与实践相统一的原则，以注册会计师审计为主线，兼顾政府审计与内部审计，以内部控制审计为基础，以会计报表审计为重点，以审计风险和审计目标为导向，以培养学生审计实务操作能力为根本，密切结合当前注册会计师审计实践，将审计的基本理论和知识融入审计基本技能之中。本书的突出特点是在知识阐述中引用案例并进行剖析，使学生能比较系统、全面地掌握审计的基本理论及其实务，有利于学生加强对基本理论的理解、对基本方法的运用和对基本技能的训练。

为方便教学，本书配有"教学资料包"，包括电子课件、教学大纲、教学设计与教案、教学建议、课程考核办法、引入案例分析提示、小测试答案、实训项目答案、补充习题及答案、模拟试卷及答案等。资料索取方式参见附录二中的示意图。

本书可作为本科院校经济管理类专业的专业基础课教材。

◆ 主　　编　崔　飚　李传彪
　　副 主 编　张淑慧　喻建红
　　责任编辑　万国清
　　责任印制　李　东　胡　南
◆ 人民邮电出版社出版发行　　北京市丰台区成寿寺路11号
　　邮编　100164　电子邮件　315@ptpress.com.cn
　　网址　https://www.ptpress.com.cn
　　北京七彩京通数码快印有限公司印刷
◆ 开本：787×1092　1/16
　　印张：13.5　　　　　　　　2023年1月第3版
　　字数：326千字　　　　　　2025年9月北京第6次印刷

定价：56.00 元
读者服务热线：(010)81055256　印装质量热线：(010)81055316
反盗版热线：(010)81055315

第 3 版前言

本书自出版以来，受到很多师生的喜爱。我们深知，经济的快速发展、审计行业相关制度的进一步优化和高等教育教学的进一步改革给教学目标和教学内容带来了持续不断的影响，要编写一本简明、新颖、紧贴现实需要的审计教材是一件非常重要且困难的事情。为此，我们在授课过程中不断检查和审视本书，收集课程新变化，以期再版时进行优化更新，力争使书中内容与时代同步。在修订本书之前，我们特意对一些使用本书的同行做了调研，并根据调研结果和自己用书的思考与积累，将本次修订工作的重心放在了以下几方面。

（1）根据审计准则新变化，对相关表述进行了更新。例如，注册会计师的审计目标、质量管理体系的要素、审计报告和职业道德等。

（2）优化整合了部分内容，使逻辑更清晰、表达更精练、重点更突出。具体改动为：原第一、二章合并为第一章，主要介绍审计的内涵、分类和审计组织；原第八章提前到审计流程与规划后；删除原第十章特殊领域审计、第十四章投资与筹资循环审计。修订后全书共十二章，第一～八章为审计基本理论，第九～十二章为审计实务。如果课时较少，可以只讲前八章。

（3）增加了更丰富的学习资料。包括章首"引入案例"，章中"视野拓展""案例阅读与分析""思考与讨论""温馨提示"等，章后的"本章小测试"和"实训项目"，附录的"自测试卷"，以及在人邮教育社区可单独下载的"学习用电子课件"等资料。

（4）对配套教学资料进行了修订与更新。现有配套教学资料包括电子课件、教学大纲、教学设计与教案、教学建议、课程考核办法、引入案例分析提示、小测试答案、实训项目答案、补充习题及答案、模拟试卷及答案等。资料索取方式参见附录二中的示意图。

为更好地落实立德树人这一根本任务，编者团队在深入学习党的二十大报告后，在本书重印时对局部内容进行了微调，更新了素质教育指引等配套教学资料。

由于作者精力有限，书中不足之处在所难免，欢迎广大读者批评指正。

崔飚

2022 年 8 月

目　　录

第一篇　审计基本理论

第一章　总　　论

【学习目的与要求】

通过本章的学习，应该：①理解审计的定义和特点；②掌握审计关系、审计的对象和目标、审计的职能和作用；③了解我国审计的各种分类；④熟悉我国三大审计组织的设置情况、职责权限；⑤掌握注册会计师审计的业务范围；⑥理解我国三大审计组织的关系。

【引入案例】

世界上第一份民间审计报告——英国南海公司破产案

英国南海公司创于1710年，主要从事海外贸易。公司成立10年，却一直业绩平平。1719—1720年，公司发行巨额股票，同时公司董事对外散布利好消息，使公众对股价上涨信心满满，从而带动了公司股价上升。1719年年末，南海公司每股股价为114英镑；到1720年3月，每股股价升至300英镑；1720年7月，每股股价高达1050英镑。一时间南海公司的股价扶摇直上，一场股票投机浪潮席卷英国全国。

英国议会为了制止国内"泡沫公司"的膨胀，于1720年6月通过了《泡沫公司取缔法》，随后一些公司被解散。股票投资热的降温，使南海公司股价一路下滑，到1720年9月，南海公司股价跌至每股124英镑。1720年10月，英国政府对南海公司的资产进行清理，发现其实际资本所剩无几。之后，南海公司宣布破产。南海公司的破产震惊了公司投资人和债权人，数以万计的股东及债权人蒙受损失，纷纷向英国议会提出严惩欺诈者并赔偿损失的要求。

英国议会为平息南海公司破产引发的风波，于1720年12月成立了由13人组成的特别委员会，秘密查证南海公司破产事件。特别委员会聘请了伦敦市霍斯特·莱思学校的会计教师查尔斯·斯奈尔对南海公司的分公司——索布里奇商社的账目进行审查。查尔斯·斯奈尔于1721年编制了一份题为《伦敦市霍斯特·莱思学校的教师兼会计查尔斯·斯奈尔对索布里奇商社会计账簿检查的意见》的查账报告书，指出了公司存在的舞弊行为。为此，查尔斯·斯奈尔成为世界范围内民间审计的先驱，他编制的查账报告是世界上最早的由会计师编制的审计报告，即世界上第一份民间审计报告。

问题：

1. 什么是审计？审计产生的客观原因是什么？为什么要对南海公司进行审计？

2．注册会计师的职责是什么？为什么说独立性是审计的本质特征？

3．结合该案例，谈谈诚信经营和不做假账的意义。

第一节　审计的概念和特点

一、审计的概念

概念是反映事物本质属性和特有属性的思维方式。从字面上理解，审计就是"审查会计"；从审计工作对象和方法看，审计主要就是"查账"。但这些观点均不能揭示审计的本质。关于审计的定义和理解，具有代表性的观点主要有以下几种。

（1）经济监督论。这种观点认为审计是一项具有独立性的经济监督活动。此观点主要以中国审计学会对审计的定义为代表。中国审计学会于 1989 年对审计的定义为："审计是由专职的审计机构和人员，依法对被审计单位的财政、财务收支及有关经济活动的真实性、合法性和效益性进行审查，评价经济责任，用以维护财经法纪、改善经营管理、提高经济效益、促进宏观调控的独立性经济监督活动。"1995 年，中国审计学会又将审计定义概括为："审计是独立检查会计账目，监督财政、财务收支真实、合法、效益的行为。"

视野拓展

经济越发展，审计越重要。经济管理类学生应该努力认真学好审计……

（2）方法过程论。这种观点强调审计是一个系统过程，是一项独立的经济监督活动。此观点主要体现国际审计界对注册会计师审计的理解，以美国会计学会（AAA）在 1972 年给审计的定义为代表。该定义是："审计是一个客观地获取并评价与各种经济活动及事项的申明有关的系统过程，以便查明这些申明与既定标准之间的符合程度，并将其结果传达给各有关利害关系人。"

（3）免疫系统论。这种观点主要针对政府审计而言，认为现代政府审计最根本的目的是维护国家安全，其本质是国家经济社会运行的"免疫系统"。这是我国对政府审计本质的理解。

综上，**审计**是由独立的审计机构和审计人员，依法对被审计单位的会计资料和其他经济资料实施必要的审计程序、收集审计证据、运用审计标准来判断被审计单位的经济活动的合法性、公允性和效益性的经济监督、评价与鉴证活动。

二、审计关系

审计关系是指一项审计行为必然涉及的审计人、被审计人和审计委托人（或授权人）三方之间所形成的**经济责任关系**。审计关系涉及三个重要关系人，其中：审计人是指承担审计工作的人；被审计人是接受审计监督的人，也是财产经管者；审计委托人（或授权人）主要是指财产所有者，他一方面把自己的财产委托给被审计人经管，另一方面又委托审计人去监督被审计人的经管情况。审计关系如图1.1所示。关于

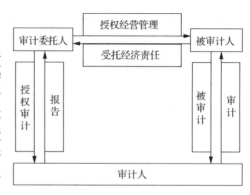

图 1.1　审计关系

审计关系人的排序主要有以下两种观点。

观点一（本书的观点）：以审计主体活动为中心的排序。审计人（第一关系人）、被审计人（第二关系人）、审计委托人（第三关系人）。

观点二：以审计产生原因为中心的排序。审计委托人（第一关系人）、被审计人（第二关系人）、审计人（第三关系人）。

三、审计的特点

审计的特点是审计所独具的或区别于其他事物的特殊点、不同点，它是审计本质的体现。审计的特点是由审计自身存在的特殊矛盾所决定的，古今中外的审计都具有这些特点，只是程度有所不同，主要如下。

1. 独立性

独立性是指审计机构和审计人员在审计过程中自始至终**不受外来或内在因素的影响和干扰**。美国注册会计师协会在1947年发布的《审计暂行标准》（*The Tentative Statement of Auditing Standards*）中指出：独立性的含义相当于完全诚实、公正无私、无偏见、客观认识事实、不偏袒。一般认为审计的独立性包括实质上的独立和形式上的独立两个方面。

（1）实质上的独立。它是指审计机构和审计人员与被审计单位之间毫无利害关系，保持独立的精神态度和意志。实质上的独立具体包括：①精神独立。即审计人员从事审计工作要保持客观、公正和职业谨慎的内心状态；审计人员在执行审计业务的整个过程中，包括审计计划的制订，审计过程中的审核检查活动，以及审计结果的处理都应保持独立，不受其他任何单位和个人的干涉。②经济独立。即审计组织或机构从事审计工作，必须要有一定的经济收入和经费来源，以保证它有足够的经费去完成其任务。

（2）形式上的独立。它是指对第三者而言，审计机构和审计人员呈现一种独立于被审计单位的身份，在他人看来审计机构和审计人员是独立的，审计机构的设置要独立于被审计单位，不参与被审计单位的经营管理活动。这体现为组织（机构）和人员独立。

审计的独立性是审计的本质属性。在日常审计工作中，审计人员应保持审计的独立性，依法审计，并且将独立性贯穿于整个审计监督活动的始终。同时，审计机构还应配备足够的有一定道德素质和业务素质的审计人员。

> **思考与讨论**
> 实质上的独立与形式上的独立相比，哪一个更重要？为什么？

2. 权威性

审计的权威性是指审计工作具有的威望和一定的强制性。这一特点主要体现在政府审计方面，具体说就是审计机关做出的审计结论和处理决定，被审计单位和有关人员必须执行；涉及其他有关单位的，有关单位应当协助执行。

要使审计具有权威性，一靠国家授权，二靠审计人员自身努力工作，二者缺一不可。审计的独立性和权威性之间具有紧密的内在联系，其中审计的独立性是基础和根本，审计的权威性是审计独立性的保障。

四、审计与会计的关系

审计与会计之间既有严格区别，又有紧密联系。

1. 审计与会计的主要区别

审计与会计的主要区别有以下几点。

（1）本质不同。审计的本质是具有独立性的经济监督，而会计的本质则是一种管理。虽然会计也有监督的职能，但会计的监督是在管理过程中实现的，不具有独立性。

（2）机构地位不同。会计部门是企事业单位或其他单位内部的一个职能部门，会计部门对于单位的经济活动虽处于监督地位，但对于审计部门则处于被监督地位，应自觉接受审计部门的审查与监督。审计部门代表国家、上级部门或本单位领导对单位的经济活动进行经济监督，对会计监督而言，审计监督则处于再监督的地位。

（3）工作方法不同。会计方法是连续、系统、全面、综合地反映经济业务活动，是按照经济业务发生的顺序进行的。而审计的审查或查证方法是分散、追溯性的，所审查的内容大多是部分的，而非全部的。

2. 审计与会计的联系

审计与会计之间是相辅相成、相互促进的关系。

会计对审计的促进作用主要表现在以下两方面。一是审计的产生和发展离不开会计。审计的产生出于资产所有者和包括会计在内的经济管理部门的客观需要；会计的发展不断给审计提出新问题，丰富了审计的内容，促进其不断发展。二是审计的对象是会计资料和其他资料反映的经济活动，现代审计虽然越来越多地使用其他资料，但会计资料仍然是主要资料。

审计对会计的促进作用则表现在以下两点。一是有了审计，会计就有了压力，审计促使会计必须按有关法纪和制度办事，以确保所反映的内容真实正确、合规合法，从而经得起审计。二是有了审计，会计也就有了保障和动力，更有助于会计履行自己的职责，更好地发挥会计的反映与监督作用。

总之，审计与会计之间既是监督与被监督的关系，又是相辅相成、相互促进的关系。明确审计与会计之间的这种辩证关系，对于积极开展审计工作、加强会计监督、促进社会经济的健康发展具有非常重要的作用。任何把审计与会计对立起来，或者认为有了会计就可以不要审计，或者认为有了审计就可以削弱会计的作用的看法都是片面的、不正确的。

第二节　审计的对象和目标

一、审计对象

审计对象是指审计监督的客体，即对审计监督的内容和范围的概括。审计对象具体包括两层含义：一是指审计监督评价的具体内容，即究竟审查什么；二是指对具体内容的限定，即审计范围。不是审计范围的内容不能作为审计对象。

审计对象不是一成不变的。在审计产生和发展的过程中，审计对象也经历了几次发展变化。具体情况如下：①古代官厅审计主要审查下级官吏有无贪污、欺诈等各项舞弊行为，审计对象为官吏的贪污违法行为；②近、现代的传统审计，以会计资料及其所反映的财务收支活动为审计对象；③目前，审计已发展到以提高经济效益为主要目的的综合审计阶段，以会计资料和其他经济资料所反映的财政收支、财务收支和其他各项经济活动为审计对象。

综上，**审计的对象**既指被审计单位财务收支及其有关的经营管理活动（本质），又指被审计单位的各种作为提供财务收支及其有关经营管理活动信息载体的会计和其他资料（现象）。

二、审计目标

审计目标是指审查和评价审计对象所要达到的目的和要求，它是指导审计工作的指南。审计目标的确定应考虑审计对象、审计属性、审计职能、审计委托者对审计工作的要求等因素。审计目标具有层次性、多元性和倾向性（见图1.2）。

审计目标的**层次性**表现为审计目标至少有两个层次，即总体目标和具体目标。审计目标的**多元性**指每一层次的目标由多个目标组成。比如审计总体目标概括起来，就是指审查和评价审计对象的真实性、合法性、效益性。其中，**真实性**是指审计对象是否真实存在、记

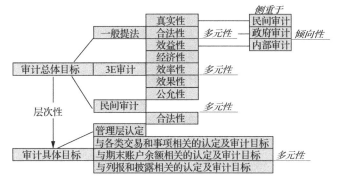

图1.2　审计目标特征关系

录与事实是否相符，**合法性**是指审计对象是否遵循法律、法规和有关规章，**效益性**是指审计对象投入的经济性、资金运用效率及利用程度、资金运用效果等。审计目标的**倾向性**是指审计总体目标中的真实性、合法性、效益性分别侧重于民间审计、政府审计和内部审计。

（一）民间审计的总体目标

《中国注册会计师审计准则第1101号——注册会计师的总体目标和审计工作的基本要求》第十八条规定，财务报表审计的目的是提高财务报表预期使用者对财务报表的信赖程度。注册会计师通过执行审计工作，对财务报表的下列方面发表审计意见。

（1）**合法性**，财务报表是否在所有重大方面按照适用的财务报告编制基础编制。

（2）**公允性**，财务报表是否在所有重大方面实现公允反映。

（二）民间审计的具体目标

审计具体目标是审计总体目标的具体化，与企业管理层的认定相关。注册会计师的基本职责就是确定被审计单位管理层对其财务报表的认定是否恰当。**认定（assertion）** 是指管理层对财务报表组成要素的确认、计量、列报做出的明确或隐含的表达。认定的重要意义在于：①认定反映了财务报表中数据完整的经济含义；②认定反映了管理层所承担的全面的财务报告责任；③认定是确定具体审计目标的基础，不同报表项目的具体审计目标都是根据管理层认定推导而来的；④认定决定了错报的性质和类型，财务报表错报都是违反了管理层的一项或多项认定而造成的。

管理层在财务报表上的认定有些是明确表达的，有些则是隐含表达的。例如，管理层在资产负债表中列报存货及其金额，意味着做出了下列明确的认定：①记录的存货是存在的；②存货以恰当的金额包括在财务报表中，与之相关的计价或分摊调整已恰当记录。同时，管

理层也做出下列隐含的认定：①所有应当记录的存货均已记录；②记录的存货都由被审计单位拥有。

管理层在财务报表上的认定包括各类交易和事项、期末账户余额和列报三个层面，因此，民间审计的具体目标主要包括以下三个方面。

1. 与各类交易和事项相关的认定及审计目标

（1）发生。由发生认定推导的审计目标是已记录的交易是真实的。例如，如果没有发生销售交易，但在销售日记账中记录了一笔销售，则违反了该目标。

发生认定所要解决的问题是管理层是否把那些不曾发生的项目记入财务报表，它主要与财务报表组成要素的高估有关。

（2）完整性。由完整性认定推导的审计目标是已发生的交易确实已经记录。例如，如果发生了销售交易，但没有在销售日记账和总账中记录，则违反了该目标。发生和完整性两者强调的是相反的关注点。发生目标针对潜在的高估，而完整性目标则针对漏记交易（低估）。

（3）准确性。由准确性认定推导出的审计目标是已记录的交易是按正确金额反映的。例如，如果在销售交易中，发出商品的数量与账单上的数量不符，或是开账单时使用了错误的销售价格，或是账单中的乘积或加总有误，或是在销售日记账中记录了错误的金额，则违反了该目标。

准确性与发生、完整性之间存在区别。例如，若已记录的销售交易是不应当记录的（如发出的商品是寄销商品），则即使发票金额是准确计算的，仍违反了发生目标。再如，若已入账的销售交易是对正确发出商品的记录，但金额计算错误，则违反了准确性目标，但没有违反发生目标。在完整性与准确性之间也存在同样的关系。

（4）截止。由截止认定推导出的审计目标是指接近于资产负债表日的交易记录于恰当的期间。例如，如果本期交易推到下期记录，或下期交易提到本期记录，均违反了截止目标。

（5）分类。由分类认定推导出的审计目标是被审计单位记录的交易经过适当分类。例如，如果将现销记录为赊销、将出售经营性固定资产所得的收入记录为营业收入，则导致交易分类的错误，违反了分类的目标。

2. 与期末账户余额相关的认定及审计目标

（1）存在。由存在认定推导的审计目标是记录的金额确实存在。如果不存在某顾客的应收账款，但在应收账款试算平衡表中却列入了对该顾客的应收账款，则违反了存在目标。

（2）权利和义务。由权利和义务认定推导的审计目标是资产归属于被审计单位，负债属于被审计单位的义务。例如，将他人寄售商品计入被审计单位的存货中，违反了权利的目标；将不属于被审计单位的债务记入账内，违反了义务目标。

（3）完整性。由完整性认定推导的审计目标是指已存在的金额均已记录。如果存在某顾客应收账款，但在应收账款试算平衡表中没有列入对该顾客的应收账款，则违反了完整性目标。

（4）计价和分摊。由计价和分摊认定推导的审计目标是资产、负债和所有者权益以恰当的金额包括在财务报表中，与之相关的计价或分摊调整已恰当记录。

3. 与列报相关的认定及审计目标

各类交易和账户余额的认定正确不能保证列报正确。财务报表可能因被审计单位舞弊、误解有关列报的规定，以及没有遵守一些专门的披露要求而导致错报。因此，注册会计师还应当对各类交易、账户余额及相关事项在财务报表中列报的正确性实施审计。

（1）发生及权利和义务。将没有发生的交易、事项，或与被审计单位无关的交易和事项包括在财务报表中，则违反该目标。例如，复核董事会会议记录中是否记载了固定资产抵押等事项、询问管理层固定资产是否被抵押，即对列报的权利认定的运用。如果被审计单位存在抵押固定资产的情况，就需要在财务报表中列报，说明其权利受到限制。

（2）完整性。如果应当披露的事项没有包括在财务报表中，则违反该目标。例如，检查关联方和关联交易，以验证其在财务报表中是否得到充分披露，即对列报的完整性认定的运用。

（3）分类和可理解性。该目标是指财务信息已被恰当地列报和描述，且披露内容表述清楚。例如，检查存货的主要类别是否已披露、是否将一年内到期的长期负债列为流动负债，即对列报的分类和可理解性认定的运用。

（4）准确性和计价。该目标是指财务信息和其他信息已公允披露，且金额恰当。例如，检查财务报表附注是否分别对原材料、在产品和产成品等存货成本核算方法做了恰当说明，即对列报的准确性和计价认定的运用。

 温馨提示

> "权利和义务"与所有权有关；"发生"与"存在"都与多记和高估有关，"发生"是动态的，"存在"是静态的；"完整性"与少记和低估有关；"准确性"主要指金额恰当；"截止"主要指记录的期间恰当。各类交易和事项相关的认定与目标表明发生金额无误，与资产负债表和利润表均相关；期末账户余额相关的认定与目标表明余额无误，仅与资产负债表有关；列报相关的认定与目标表明列示和披露无误，与所有报表有关。

（三）经济效益审计的目标

经济效益审计又称 **3E 审计**，效益性审计目标常用于经营审计、效益审计和效果审计等管理审计业务中。其中：**经济性（economy）**也称节约性，是指将实际资金投入或费用，与预计资金投入或费用相比，是否节约或超支；**效率性（efficiency）**，是指将实际资金投入或费用与实际所得相比，是否获利；**效果性（effectiveness）**，是指将实际所得与预计所得相比，结果是否理想。

第三节 审计的职能、任务和作用

审计的职能、任务与作用是审计基本理论的重要组成部分，三者之间具有紧密的内在联系，同时它们又是相互独立的三个不同的概念。

一、审计的职能

审计的职能是指审计自身固有的功能。它不是由人的主观意志决定的，而是由审计本质所决定的，即审计自身客观存在的功能。同时，审计职能也不是僵化不变的，它随着经济的发展而有所发展变化。审计主要具有以下职能。

1. 经济监督职能

经济监督职能是审计的**最基本**职能，它是指审计具有的对被审计单位的经济活动进行审核检查，划清是非界限，明确经济责任，提高资金使用效益，并保障国民经济和社会健康发展的功能。审计的经济监督职能是审计一产生就具有的，是最基本的职能。在实际工作中，无论哪类审计都具有这种职能。

2. 经济评价职能

经济评价职能是指审计具有对被审计单位经济活动的过程与结果进行审查、分析，并据此做出准确的估价与评判的功能。审查与分析是评价的基础，只有查明了客观经济活动的真相，对照一定的标准，并采用一定的科学分析方法进行分析后，才能做出比较准确的评价意见。在准确评价的基础上，才能进一步向被审计单位提出改进管理、提高效益的办法和途径。经济评价职能在内部审计和经济效益审计中体现得比较充分，在实际审计工作中还有广泛的发挥作用的余地。

3. 经济鉴证职能

经济鉴证职能也称审计公证或审计证明职能，它是指审计组织对被审计单位的经济活动信息是否客观公允，或者对被审计单位有关经济责任的履行情况给予客观证明的功能。审计的鉴证职能是民间审计的主要职能。在两权分离的条件下，企业的投资者、股东、债权人，还有税务机关、往来客户等，需要由责任方（企业）之外的第三方（审计）来对责任方的财务报表等信息做出鉴证结论，以增强责任方财务信息的可信度。

二、审计的任务

审计的任务是指审计的委托、委派者根据不同时期的客观需要，向审计提出的职能要求。从根本上说，在市场经济条件下，审计的任务是由人民和国家赋予的。在不同时期，审计任务的具体内容也不一样。

《中华人民共和国宪法》第九十一条对审计的基本任务作了总的规定；《中华人民共和国审计法》（以下简称《审计法》）则对审计在现阶段的总任务作了具体规定，即对国务院各部门和地方各级人民政府及其各部门的财政收支，国有的金融机构和企业事业组织的财务收支，以及其他依照《审计法》规定应当接受审计的财政收支、财务收支进行审计监督。

三、审计的作用

审计的作用是指审计根据自身的功能去完成审计任务所产生的客观效果。从近几年我国审计的实践看，审计在现代化经济建设中的作用可以归纳为三个方面。

（1）**制约作用**。制约作用或称为保护性作用，是指审计通过监督职能的运用，揭露和制止经济活动中的错弊和问题，预防弄虚作假、贪污、盗窃行为的发生，从而保护经济的顺利发展。其实质是反向约束不法行为，**主要表现**为：①揭示差错和弊端；②维护财经法纪。

（2）**促进作用**。促进作用或称为建设性作用，是指审计对会计资料和其他经济资料所反映的经济活动进行分析、评价，予以客观证明，并提出改进措施，从而促进经济效益的提高。其实质是正向提倡好的行为，**主要表现**为：①改善经营管理；②提高经济效益；③加强宏观调控。

（3）**证明作用**。证明作用是指完成鉴证职能所赋予的任务后发挥的证明被审计单位某些经济情况、经济行为、经济事实真相的作用。

四、审计的职能、任务和作用的关系

审计的职能、任务和作用三者之间既有区别又有联系。审计的经济监督职能是政府审计职能的主要表现，完成经济监督职能所赋予的任务后发挥的制约不合规、不合法经济活动的作用，是审计的制约作用；审计的经济评价职能是经济效益审计职能的主要表现，完成经济评价职能所赋予的任务后，可以起到的加强经营管理、提高经济效益的作用，是审计的促进作用；审计的经济鉴证职能是民间审计职能的主要表现，完成经济鉴证职能所赋予的任务后发挥的证明被审计单位某些经济情况、经济行为、经济事实真相的作用，是审计的证明作用。

第四节　审计分类

对于复杂事物，仅从整体考察是不够的，还必须从不同角度进行考察。审计分类就是帮助我们从不同角度认识审计。

一、按审计内容和目的分类

按审计内容和目的可将审计分为三类，即财政财务审计、财经法纪审计和经济效益审计。

财政财务审计也称传统审计或常规审计，是指审计人员检查财政预、决算和企事业单位财务收支活动，并判断其是否真实正确和合规合法的一种审计。

财经法纪审计是以维护国家财经法纪，保证党和国家各项方针政策的贯彻落实为目的的一种经济监督形式。财经法纪审计针对比较严重的违反法规的行为，一般实行专案审计。

经济效益审计也称经营审计，是由审计组织或审计人员在坚持可持续发展的条件下，为促进经济效益的提高，对被审计单位经济活动的效益状况和影响因素进行的审查、分析和评价活动。

二、按利用计算机等技术的情况分类

按利用计算机等技术的情况可将审计分为传统手工审计、计算机辅助审计、大数据审计和智慧审计。

传统手工审计是指审计人员在审计过程和审计管理活动中，直接用纸笔做审计底稿，搜集审计证据，形成审计结论。

计算机辅助审计，也称为利用计算机审计，是指审计人员在审计过程和审计管理活动中，以计算机为工具，来执行和完成某些审计程序和任务的一种审计方式。

大数据审计是指审计机构遵循大数据理念，运用大数据技术方法和工具，利用数量巨大、来源分散、格式多样的经济社会运行数据，开展跨层级、跨地域、跨系统、跨部门和跨业务的深入挖掘与分析，提升审计发现问题、评价判断、分析的能力。大数据审计在审计工作中的地位越来越重要，它具有数据分析速度快、账簿审核速度快、易出错数据少、结果更公正等优点。

智慧审计是基于人工智能的审计，是一种基于全覆盖的数据采集、强大的运算能力、丰富的数据分析模型的智能化审计工作模式，是融合人工智能（AI）、5G、云计算、大数据等新一代信息技术的现代化智慧化工作体系。智慧审计可以及时预警和揭示经济运行中的风险隐患，更大程度地发挥审计的建设性作用。

三、审计的其他分类

审计按执行主体可分为政府审计、内部审计和民间审计；按审计范围由大到小可分为全部审计、局部审计；按审计实施时间与经济业务发生时间的关系可分为事前审计、事中审计和事后审计；按审计执行地点可分为报送审计和就地审计；按审计实施时间是否事先确定可分为定期审计和不定期审计；按审计动机可分为强制审计和任意审计；按审计是否通知被审计单位可分为预告审计和突击审计；按演变路径分为账项基础审计、制度基础审计和风险导向审计。

第五节　审计组织

审计组织或称审计组织体系，是指担负着不同审计任务的审计组织之间结成的相互联系、互为补充的整体审计系统。我国的审计组织体系由政府审计、内部审计和注册会计师审计共同构成。

一、政府审计

政府审计是指由**各级政府审计机关**针对被审计单位进行的审计，**也称为国家审计。政府审计的主要特点：**①法定性和强制性；②独立性；③综合性和宏观性。审计主体包括政府审计的组织机构和政府审计人员。政府审计的组织机构由审计署、县级以上地方各级政府审计局和审计机关派出机构组成。政府审计的审计人员是国家公务员。

（一）政府审计的模式

政府审计的模式是指政府审计的隶属关系，即政府审计机构隶属于何种部门、对谁负责、向谁报告工作。政府审计模式的选择很大程度上取决于国家的政治和经济环境。纵观世界各国的政府审计机构设置，其隶属关系主要有立法型、司法型、行政型和独立型四种。

1. 立法型

在该模式下，政府审计机构隶属于立法部门并对政府保持独立，负责向立法部门报告工作。该模式以加拿大、美国等国家为代表，适合于在政治体制上属于立法、司法和行政三权分立并且有较为完善的立法机构和立法程序的国家。例如，加拿大审计长每年向众议院报告审计工作中重要的、应提请众议院注意的任何事项。

立法型审计机构地位高、独立性强，不受行政当局的控制和干预。

2. 司法型

司法型的国家最高审计机构隶属于司法部门，拥有很强的司法权，该模式起源于法国，并以意大利为典型代表。例如，意大利的审计院对公共财务案件和法律规定的其他案件有裁判权，审计法院直接向两院报告审查的结果。

司法型的审计机构可以直接行使司法权力，拥有司法地位，具有很高的权威性。

3. 行政型

行政型的国家审计机构隶属于政府部门，对政府及所属各部门、各单位实施审计监督权。世界上一些社会主义国家采用这种模式。我国政府审计也采用行政模式。这种隶属关系下的政府审计机构，其独立性和权威性要弱于立法型的政府审计机构。

4. 独立型

独立型的国家最高审计机构独立于立法、司法、行政之外，作为独立的国家机构依照法律规定行使监督权，向国家元首或同时向政府和议会负责并报告工作。此模式下的审计机构只受法律约束，不受国家机关的直接干预。例如，日本会计检查院既不属于议会，相对于内阁又具有独立地位，当认为其检查报告需要向国会申述时，可由检察官出席国会会议，或用书面说明；德国联邦审计院是联邦机构，是独立的财政监督机构，只受法律约束，其法定职能是协助联邦议院、联邦参议院和联邦政府做出决议。

（二）政府审计的体制

政府审计的体制是指中央政府审计机构和地方政府审计机构间的内部关系。纵观世界各国的政府审计体制，主要分为非垂直领导体制、垂直领导体制和双重领导体制。我国政府审计实行双重领导体制，地方审计机关在行政上受本级人民政府领导，在业务上接受上级政府审计机关的指导和监督。

（三）我国政府审计机关的职责与权限

1. 我国政府审计机关的主要职责

根据《审计法》规定，我国政府审计机关的主要职责是对国家机关、军队、政党、社会团体、国有企业和事业单位的财务收支进行审计监督。

2. 我国政府审计机关的主要权限

我国审计机关的权限包括要求提供资料权、检查权、制止权、建议权和提请处理权、通报或公布审计结果权。

政府审计的国际交流平台是**最高审计机关国际组织（INTOSAI）**，我国审计署于1982年正式加入该组织。

二、内部审计

内部审计是指企事业单位遵循独立性和权威性原则设置的内部相对独立的**专职审计机构**，对本部门或本单位及下属单位的财政财务收支、经营管理活动及其经济效益进行审核和评价，查明其真实性、正确性、合法性、合规性和有效性，并提出意见和建议的一种专职经济监督活动。

（一）内部审计机构设置的模式

内部审计机构是指本部门或本单位内部建立的相对独立的审计机构，它负责执行内部审计工作。内部审计机构的设置可分为合理有效的模式和不合理的模式。

1. 合理有效的模式

合理有效的模式主要包括以下三种。

（1）董事会领导模式。在该模式下，内部审计机构受本单位的董事会领导并向董事会报告工作，内部审计机构完全独立于经理层，独立性最强。但这种模式不便于内部审计与经理层的日常沟通，不利于审计意见和建议随时被采纳。

（2）总经理或财务副总（总会计师）领导模式。在这两种模式下，内部审计机构分别受本单位总经理和分管财务工作的副总经理（或总会计师）领导并报告工作。在高级管理层的领导下开展内部审计工作，具有一定的独立性保证，并有利于审计建议随时被采纳。但相对于董事会模式，这两种模式下的内部审计独立性有所欠缺。

（3）审计委员会模式。这种模式下，在董事会下设审计委员会，内部审计机构在审计委员会的领导下开展工作，内部审计独立于经理层设置，不受经理层制约；同时，由审计委员会负责和经理层的日常沟通，重大问题再提交董事会决议，也有利于审计意见和建议的采纳和执行。这种模式综合了董事会模式及总经理模式的优点，已成为众多大型公司的首选模式。

2. 不合理的模式

不合理的模式主要有以下两种。

（1）财会部门领导模式。财会部门领导模式的内部审计机构隶属于财会部门，缺乏独立性，相当于会计机构自身的会计检查。

（2）监事会领导模式。监事会领导模式是指内部审计机构设在监事会下的一种模式。这种模式混淆了内部审计监督与监事会监督的性质，不利于审计工作的开展。

（二）内部审计的主要特征

内部审计与外部审计相比，具有以下特征。

（1）服务的内向性。服务的内向性是内部审计的基本特征。内部审计的目的在于促进本部门、本单位经营管理和经济效益的提高。内部审计既是本单位的审计监督者，也是本单位管理的服务者。

（2）工作的相对独立性。内部审计机构是部门、单位内设的机构，内部审计人员是本单位的职工，内部审计的独立性受到很大的制约。特别是在国家利益与部门、单位利益冲突的情况下，内部审计机构的独立决策可能会受到本部门、单位利益的限制。

（3）审计程序的相对简化性。内部审计程序主要包括计划、实施、终结和后续审计四个阶段。由于内部审计机构对本部门、本单位的情况比较熟悉，在具体实施审计过程中，各个阶段的工作都大为简化。

（4）审计对象的确定性和审查范围的广泛性。内部审计的对象只能是本部门或本单位，这就是内部审计对象的确定性。但与外部审计相比，内部审计范围更加广泛，涉及单位经济活动的方方面面。一般应做到，领导要求审查什么，内部审计人员就应审查什么。

（5）更侧重于内部控制和经济效益审计。内部审计是内部控制的重要组成部分，内部控制又是内部审计的主要内容。检查本部门、本单位的内部控制制度（简称内控制度）及经营管理情况是内部审计的基本职能，财务审计与经济效益审计是内部审计的两大任务。但内部审计更侧重于对经济效益进行审计，这是因为内部审计了解和熟悉本单位的情况，能够及时发现问题，揭示经营管理中的薄弱环节，有利于提高经济效益。

（6）审计实施的及时性和经常性。内部审计机构是本部门、本单位的一个部门，内部审计人员是本部门、本单位的职工，因而可根据需要随时、经常对本部门、本单位的问题进行审查。

（三）内部审计的职责与权限

根据《审计署关于内部审计工作的规定》，内部审计按照本单位主要负责人或者权力机构的要求，对本单位及所属单位的财政收支、财务收支及其有关的经济活动进行审计。

根据《审计署关于内部审计工作的规定》，单位主要负责人或者权力机构应当制定相应规定，确保内部审计机构具有履行职责所必需的权限，具体包括检查资料、查勘现场、参加相关会议、临时制止严重违法违规及损失浪费行为、提供建议等权利。

内部审计的国际交流平台是**国际内部审计师协会（IIA）**，中国内部审计学会（现为中国内部审计协会）于1987年以国家分会形式加入该组织。

三、注册会计师审计

注册会计师审计是指由经过批准的**社会审计组织**依法独立承办的审计查证和咨询服务活动，**当前，社会审计、民间审计或独立审计可以和注册会计师审计等同。注册会计师审计的特点：①独立性；②委托性；③有偿性**。注册会计师提供的审计业务可以分为以下几类。

（1）财务报表审计。财务报表审计的目标是注册会计师通过执行审计工作，对财务报表是否按照规定的标准编制发表审计意见。规定的标准通常是企业会计准则和相关会计制度。

（2）经营审计。经营审计是注册会计师为了评价被审计单位经营活动的效率和效果，对其经营程序和方法进行的审计。经营审计结束时，注册会计师一般要向被审计单位管理层提出管理建议。

（3）合规性审计。合规性审计的目的是确定被审计单位是否遵循了特定的法律、法规、程序或规则，或者是否遵守合同要求。合规性审计的结果通常报送给被审计单位管理层或外部特定使用者。

注册会计师审计的主体是注册会计师审计组织和相关人员。注册会计师审计组织是指由具有一定资格的专业人员组成，从事鉴证、咨询等业务的专业中介组织，在我国，主要指会计师事务所。注册会计师审计相关人员主要指在会计师事务所从事鉴证业务的注册会计师等。

（一）注册会计师

注册会计师是注册会计师审计业务的核心专业人员。在我国，注册会计师资格的取得方式有考核和考试两种，考试方式为中国注册会计师协会组织的全国统一考试。

根据《中华人民共和国注册会计师法》（以下简称《注册会计师法》）的规定，凡有高等专科以上学历，或者具有会计或相关专业（指审计、统计、经济）中级以上技术职称的中国公民，可以申请参加注册会计师全国统一考试。注册会计师考试分为两个阶段。第一阶段，即**专业阶段**，主要测试考生是否具备注册会计师执业所需的专业知识，是否掌握基本技能和职业道德要求，考试科目包括会计、审计、财务成本管理、经济法、税法、公司战略与风险管理。第二阶段，即**综合阶段**，主要测试考生是否具备注册会计师执业环境中运用专业知识，保持职业价值观、职业态度与职业道德，有效解决实务问题的能力。考生在通过第一阶段的全部考试科目后，才能参加第二阶段的考试。

考生取得全科合格证书后，可申请加入中国注册会计师协会，成为中国注册会计师协会的非执业会员。取得了全科合格证书并具有 2 年以上从事审计业务工作实践经验的，可向省、自治区、直辖市注册会计师协会申请注册，取得执业资格。

（二）会计师事务所

会计师事务所是指经国家批准、注册登记，依法独立承办审计业务和会计咨询业务的单位。会计师事务所由注册会计师组成，是其承办法定业务的工作机构。会计师事务所实行自收自支，独立核算，依法纳税，具有法人资格。但合伙设立的会计师事务所不具有法人资格。

> **思考与讨论**
> 请搜集会计事务所组织形式的资料，分析讨论每一种形式的利弊，然后在下次课或课程群分享。

注册会计师只有加入会计师事务所才能从事注册会计师的法定业务。会计师事务所的组织形式有独资、普通合伙制、有限责任公司制和有限责任合伙制四种。

典型会计师事务所的组织结构包括合伙人/董事、项目经理、高级审计师和助理审计师。

（三）中国注册会计师协会

中国注册会计师协会于 1988 年 11 月 15 日成立，是注册会计师行业的全国组织，接受财政部的监督和指导。省、自治区、直辖市注册会计师协会是注册会计师行业的地方组织。注册会计师协会是对会计师事务所和注册会计师进行自我教育和自我管理的单位，采取会员管理模式，会员分为个人会员和团体会员。个人会员又分为非执业会员、执业会员、名誉会员，团体会员主要是指会计师事务所。

中国注册会计师协会的宗旨是服务、监督、管理、协调，即以诚信建设为主线，服务本会会员，监督会员执业质量、职业道德，依法实施注册会计师行业管理，协调行业内、外部关系，维护社会公众利益和会员合法权益，促进行业健康发展。

（四）注册会计师的业务范围

根据《注册会计师法》，注册会计师依法承办鉴证业务和非鉴证业务（相关服务）。

1. 鉴证业务

鉴证业务是指注册会计师对鉴证对象信息提出结论，以增强除责任方之外的预期使用者对鉴证对象信息信任程度的业务。**鉴证对象**是指一种客观存在的事实，如被审计单位特定日期的财务状况、特定期间的经营成果和现金流量；**鉴证对象信息**是鉴证对象的一种表现形式，如被审计单位的财务报表。鉴证业务的目标是增强除责任方之外的预期使用者对鉴证对象信息信任程度，即向使用者提供一种保证（assurance）。

按照鉴证对象及提供保证程度的不同，鉴证业务分为历史财务信息审计业务（简称审计业务）、历史财务信息审阅业务（简称审阅业务）和其他鉴证业务。

（1）审计业务是指注册会计师综合使用审计方法，对所审计的历史财务信息是否不存在重大错报提供合理保证，并以积极方式提出结论，如财务报表审计。

所谓**合理保证**，是指注册会计师将鉴证业务风险降至该业务环境下**可接受的低水平**，并对鉴证后的信息提供高水平保证。合理保证是低于百分之百的保证，并不是绝对保证。注册会计师不能也无法对财务报表整体不存在重大错报提供绝对保证。

目前，我国会计师事务所提供的**审计业务具体包括**：①审查企业财务报表，出具审计报告；②验证企业资本，出具验资报告；③办理企业合并、分立、清算事宜中的审计业务，出具相关报告；④办理法律、行政法规规定的其他审计业务，出具相应的审计报告。

在实际审计工作中，注册会计师还可以根据国家法律、行政法规的规定接受委托，对以下**特殊目的业务**进行审计：①按照特殊编制基础编制的财务报表；②财务报表的组成部分，包括财务报表特定项目、特定账户或特定账户的特定内容；③合同遵循情况；④简要财务报表。这些业务的办理需要注册会计师具备和运用相关的专门知识，注意处理问题的特殊性。执行特殊目的审计业务出具的审计报告也具有法定证明效力，注册会计师及其所在的会计师事务所也应承担相应的法律责任。

（2）**审阅业务**是指注册会计师主要使用询问和分析程序，对所审阅的历史财务信息是否不存在重大错报提供有限保证，并以消极方式提出结论，如财务报表审阅。

所谓**有限保证**，是指注册会计师将鉴证业务风险降至该业务环境下**可接受的水平**（高于审计可接受的低水平），对审阅后的信息提供低于高水平的保证。

（3）**其他鉴证业务**是指注册会计师执行的除了审计业务与审阅业务以外的鉴证业务，如内部控制审核、预测性财务信息（即被审核单位依据对未来可能发生的事项或采取的行动的假设而编制的财务信息）的审核等。根据鉴证业务的性质和业务约定的要求，其保证程度可能是合理保证，也可能是有限保证。

 温馨提示

以积极方式提出结论就是从正面发表意见。例如："我们认为，ABC 公司财务报表已经按照《企业会计准则》和《××会计制度》的规定编制，在所有重大方面公允反映了 ABC 公司 20×6 年 12 月 31 日的财务状况，以及 20×6 年度的经营成果和现金流量。"

以消极方式提出结论不是从正面发表意见。例如："根据我们的审阅，我们没有注意到任何事项使我们相信，ABC公司财务报表没有按照《企业会计准则》和《××会计制度》的规定编制，未能在所有重大方面公允反映被审阅单位的财务状况、经营成果和现金流量。"审阅业务所采用的程序受到有意识的限制，通常包括询问和分析程序。

2. 非鉴证业务

非鉴证业务（相关服务），包括对财务信息执行商定程序、代编财务信息、税务服务和管理咨询等。相关服务业务通常不像鉴证业务那样对注册会计师提出独立性要求，在提供相关服务业务时，注册会计师不能提供任何程度的保证。鉴证业务与非鉴证业务为不相容业务。

四、我国审计组织间的关系

政府审计机构、内部审计机构和注册会计师审计组织共同构成了一个国家或地区的审计组织体系，它们之间既有明确的分工，又有密切的联系。

不同审计组织的区别主要表现为：①审计内容和目的不同。②审计方式不同。③审计标准不同。④审计监督的性质不同。政府审计的法定性、内部审计的管理属性和注册会计师审计的自主性或选择性。⑤审计独立性不同。政府审计单向独立，注册会计师审计双向独立，内部审计相对独立，独立性较弱。⑥审计经费来源不同。政府审计经费来自财政预算，注册会计师审计经费来源于被审计单位，内部审计经费来自公司经费。

不同审计组织的相互联系主要表现为：①共同构成完整的审计监督体系，最终目标一致；②审计程序、方法等方面具有共性，且工作成果可以相互利用。

 **本章小测试**

一、单项选择题

1. 审计的基本职能是（   ）。

   A．经济监督　　　　B．经济鉴证　　　　C．经济评价　　　　D．经济控制

2. 审计授权人或委托人对被审计人的关系是（   ）。

   A．评价经济责任履行情况　　　　　　　B．委托审计监督

   C．实施审计监督　　　　　　　　　　　D．授权经营管理

3. 无论在我国还是在国外都承认（   ）的经济监督活动是审计的本质属性。

   A．权威性　　　　　B．独立性　　　　　C．客观性　　　　　D．合法性

4. 下列有关内部审计独立性的提法中，最适当的是（   ）。

   A．不具备独立性　　B．相对独立　　　　C．单向独立　　　　D．双向独立

5. 正确的审计关系人的排列顺序应当依次为（   ）。

   A．审计委托人、被审计单位、审计人员　　B．审计人员、被审计单位、审计委托人

   C．被审计单位、审计委托人、审计人员　　D．审计人员、审计委托人、被审计单位

6. "存在或发生"认定和"完整性"认定，分别主要与（   ）有关。

   A．财务报表要素的低估和高估　　　　　B．财务报表要素的高估和低估

C．财务报表要素的缩小错误和夸大错误　　　D．财务报表要素的错误、舞弊和不法行为

7．根据注册会计师执业准则，注册会计师提供合理保证的业务为（　　　）。

　　A．审阅业务　　　B．审计业务　　　C．代编财务信息　　　D．管理咨询

8．我国国家审计机关按组织形式和领导关系，属于（　　　）。

　　A．由议会领导的国家审计机关　　　　　B．由政府领导的国家审计机关

　　C．由财政部领导的国家审计机关　　　　D．由审计署领导的国家审计机关

9．下列有关企业内部审计的组织形式中，最不可取的是（　　　）。

　　A．由企业董事会或其所属审计委员会领导　　　B．由企业总裁或总经理领导

　　C．由企业主管财务的副总裁领导　　　　　　　D．由单位财务部门负责人或会计主管领导

10．下面业务中（　　　）属于注册会计师的法定业务，非注册会计师不得承办。

　　A．审计业务　　　B．会计咨询业务　　　C．会计服务业务　　　D．资产评估业务

11．被审计单位（　　　）是指被审计单位管理层对其财务报表组成要素的确认、计量、列报做出的明确或隐含的表达。

　　A．管理层的认定　　　B．管理层的责任　　　C．治理层的责任　　　D．审计目标

12．（　　　）是指对被审计单位战略方向以及管理人员履行经营管理责任负有监督责任的人员或组织，其责任包括对财务报告过程的监督。

　　A．管理层　　　B．治理层　　　C．审计委托人　　　D．主任会计师

13．作为财务报表审计目标，（　　　）是指被审计单位财务报表是否符合适用的会计准则和相关会计制度的编制规定。

　　A．合法性　　　B．公允性　　　C．一贯性　　　D．认定

14．注册会计师发现被审计单位将20×8年12月31日已经发生的一笔赊销业务收入记在了20×9年1月8日的营业收入账上的确凿审计证据，则与这笔业务有关的认定是（　　　）。

　　A．分类　　　B．准确性　　　C．截止　　　D．计价和分摊

15．下列事项中违反被审计单位"计价和分摊"认定的是（　　　）。

　　A．将应收账款200万元记为2 000万元　　　B．将营业收入100万元计入营业外收入

　　C．将销售费用300万元计入管理费用　　　　D．将营业成本100万元计入营业外支出

16．注册会计师实施的下列审计程序中，能够证明固定资产存在认定的是（　　　）。

　　A．结合固定资产清理科目，抽查固定资产账面转销额是否正确

　　B．实地检查固定资产

　　C．获取已提足折旧继续使用固定资产的相关证明文件，并做相应记录

　　D．检查借款费用资本化的计算方法和资本化金额，以及会计处理是否正确

二、多项选择题

1．审计关系人由（　　　）组成。

　　A．审计主体　　　B．审计法规　　　C．被审计人　　　D．审计委托者

2．审计的总体目标一般包括（　　　）。

　　A．独立性　　　B．效益性　　　C．真实性　　　D．合法性

3．审计的基本职能有（　　　）。

　　A．经济监督　　　B．经济鉴定　　　C．经济建议　　　D．经济评价

4．审计的制约作用可以概括为（　　　）。

　　A．揭示差错和弊端　　　　　　　　B．维护财经法纪

　　C．改善经营管理　　　　　　　　　D．提高经济效益

5．审计的独立性主要应体现在（　　　）。

　　A．机构独立　　　　B．工作、精神独立　　　C．执法、司法独立　　　D．人员独立

6．根据注册会计师执业准则，我国注册会计师审计的总体目标是（　　　）。

　　A．对被审计单位会计报表的合法性表示意见

　　B．对被审计单位会计报表的公允性表示意见

　　C．对被审计单位会计处理方法的一贯性表示意见

　　D．对被审计单位会计处理方法的可比性表示意见

7．下列说法正确的有（　　　）。

　　A．审计的职能是客观的，是不以人们的意志为转移的

　　B．审计的任务是人们赋予审计去完成的，因此是主观的产物

　　C．审计的任务要受到审计职能和当时社会需要这两个因素的制约

　　D．审计任务是由审计职能决定的，是客观存在的，是不以人的意志为转移的

8．目前我国形成了（　　　）的监督体系。

　　A．就地审计　　　　B．内部审计　　　　C．民间审计　　　　D．政府审计

9．民间审计的业务范围，具体包括（　　　）。

　　A．司法业务　　　　B．审计业务　　　　C．审计培训业务　　　D．会计咨询业务

10．与外部审计相比，下列属于内部审计特征的有（　　　）。

　　A．审计对象确定性　　　　　　　　B．审计范围局限性

　　C．审计服务的内向性　　　　　　　D．审计结论强制性

三、判断题（凡正确者在题头括号内打"√"，错误则打"×"）

（　　）1．民间审计产生的直接原因是财产所有权和经营权的分离，将随商品经济发展而发展。

（　　）2．审计的"公允性"是指审查被审计单位的会计报表是否在所有方面公允地反映了被审计单位的财务状况、经营成果及现金流量情况。

（　　）3．被审计单位于20×5年12月30日给A公司发货50 000元，20×6年1月4日办妥托收手续。被审计单位在发出商品时，确认收入入账，则被审计单位违反了"完整性"认定。

（　　）4．财政、税务所从事的经济监督活动，同样可称为审计。

（　　）5．在注册会计师审计的形成时期，审计报告的使用者主要为企业的股东。

（　　）6．"完整性"认定主要与财务报表组成要素的高估有关。

（　　）7．审计总体目标中的合法性是指注册会计师的审计应符合审计准则及注册会计师法。

（　　）8．在我国，注册会计师考核和考试合格者立即准予注册成为执业注册会计师。

（　　）9．一般来说，内部审计机构的设置应独立于内部职能部门（特别是财会部门）之外。

（　　）10．我国的政府审计属于立法系统的政府审计机关。

四、问答题

1．简述审计关系的含义及审计关系人。

2．审计的对象应包括哪些内容？审计目标、职能与作用的关系如何理解？

3．简述独立性的含义及其表现形式。

4．简述注册会计师财务报表审计的总体目标和具体目标的内容。

5．简述我国注册会计师的业务范围。

6．简述我国审计组织体系的构成及相互关系。

五、案例分析题

小赵、小钱和小孙均是国内某知名职业技术学院的会计专业学生。在校期间，他们学习十分用功，会计专业基本功扎实，毕业不到两年三人均取得了注册会计师资格。小赵通过公务员录用考试进了某地市级审计局工作；小钱在某合资企业负责企业集团的内审工作，当上了"白领"；小孙进了深圳一家会计师事务所，工作也相当出色，经常被事务所指定为外勤工作负责人，到客户单位进行会计报表审计。

要求：小赵、小钱和小孙都是从事审计工作的，指出他们工作的性质和对象有什么不同。

 实训项目

请扫描二维码，阅读实训资料，根据实训内容和要求，完成实训。

第二章　审计职业道德和法律责任

【学习目的与要求】

通过本章的学习，应该：①熟悉并理解我国注册会计师职业道德的有关规定；②掌握导致审计人员法律责任的可能原因及法律责任的防范措施；③理解会计责任和审计责任。

【引入案例】

注册会计师王伟的苦恼

注册会计师王伟在对 A 公司年度财务报表进行审计时，发现一张装修发票上的金额与原合同规定金额有出入，发票金额比合同金额少了 50 000 元。A 公司收到发票后未曾发现与原合同金额不一致，并将款项付讫。后来提供该装修服务的 B 公司亦未来讨账。

假定今后 B 公司也聘请王伟审计其财务报表，王伟打算利用他掌握的 A 公司的审计资料，建议 B 公司去 A 公司催讨这一差额款，但又觉得不妥，如果不告诉 B 公司，也觉得有问题。现在王伟难以决断。

问题：假设你是王伟，你应该怎么做？

第一节　审计职业道德

一、加强审计职业道德的必要性

职业道德是同人们的职业活动紧密联系的符合职业特点所要求的道德准则、道德情操与道德品质的总和，它是人们在从事职业的过程中形成的一种内在的、非强制性的约束机制。

审计职业道德是审计人员在从业过程中应当遵守的各种行为规范的总和，它通过指导审计人员的行为，使审计工作满足社会需要、承担社会责任、履行社会义务。

审计职业道德作为社会职业道德的组成部分，在实际生活中发挥着约束个人行为、调整人们在审计工作中所形成的社会关系、促进社会主义市场经济的繁荣和市场秩序的良好运转等其他职业道德无法替代的作用。审计职业道德是审计工作质量的重要保障，有助于维护和提高审计行业信誉、促进审计行业健康发展，可以补充审计法规所缺、完善审计规范体系。

二、注册会计师职业道德的基本原则

注册会计师职业道德是指注册会计师在执业时遵循的行为规范，包括职业品德、职业纪律、专业胜任能力及职业责任等方面应达到的标准。注册会计师职业道德的基本原则包括诚信、独立、客观和公正、专业胜任能力和应有的关注、保密、良好的职业行为。

（一）诚信

诚信原则要求注册会计师应当在所有的职业关系和商业关系中保持正直和诚实，秉公处事、实事求是。注册会计师认定的业务报告、申报资料或其他信息不得存在下列问题：①含有严重虚假或误导性陈述；②含有缺乏充分根据的陈述或信息；③存在遗漏或含糊其词的信息。

如果存在以上问题，注册会计师应当采取措施消除。在鉴证业务中，如果注册会计师依据执业准则出具了恰当的非标准业务报告，不被视为违反上述要求。

> **思考与讨论**
> 你是怎么看待诚信问题的？

（二）独立

独立性是注册会计师的灵魂，是注册会计师审计的精髓所在，也是注册会计师履行社会公众责任的根本保证。在执行鉴证业务时，注册会计师必须保持独立性。独立原则要求注册会计师在执行审计业务或其他鉴证业务时，应当保持实质上和形式上的独立。

1. 独立原则的含义

独立原则是指审计机构和审计人员在审计过程中自始至终不受外来或内在因素的影响和干扰。

2. 威胁注册会计师审计独立性的因素

威胁注册会计师审计独立性的因素主要包括**经济利益**、**自我评价**、**关联关系**和**外界压力**等。

（1）经济利益的具体形式：①与鉴证客户存在专业服务收费以外的直接经济利益或重大的间接经济利益；②收费主要来源于某一鉴证客户；③过分担心失去某项业务；④与鉴证客户存在密切的经营关系；⑤对鉴证业务采取或有收费的方式；⑥可能与鉴证客户发生雇佣关系。

（2）自我评价的具体形式：①鉴证小组成员曾是鉴证客户的董事、经理、其他关键管理人员或能够对鉴证业务产生直接重大影响的员工；②为鉴证客户提供直接影响鉴证业务对象的其他服务，如提供财务软件服务；③为鉴证客户编制属于鉴证业务对象的数据或其他记录，如代为编制财务报表。

（3）关联关系的具体形式：①与鉴证小组成员关系密切的家庭成员是鉴证客户的董事、经理、其他关键管理人员或能够对鉴证业务产生直接重大影响的员工；②鉴证客户的董事、经理、其他关键管理人员或能够对鉴证业务产生直接重大影响的员工是会计师事务所的前高级管理人员；③会计师事务所的高级管理人员或签字注册会计师与鉴证客户长期交往（一般不超过连续5年）；④接受鉴证客户或其董事、经理、其他关键管理人员或能够对鉴证业务产生直接重大影响的员工的贵重礼品或超出社会礼仪的款待。

（4）外界压力的具体形式：①在重大会计、审计等问题上与鉴证客户存在意见分歧而受到解聘威胁；②受到有关单位或个人不恰当的干预；③受到鉴证客户降低收费的压力而不恰当地缩小工作范围。

3. 应对审计独立性威胁的措施

威胁审计独立性的四大因素可以分为**事务所和注册会计师两个层面**。事务所和注册会计

思考与讨论

如何识别独立性的两个层面？

师应针对两个层面分别采取措施：①事务所层面独立性受到威胁时，应拒绝接受委托或解除业务约定；②注册会计师层面独立性受到威胁时，应回避，即换人。

4. 注册会计师应当回避的情形

注册会计师通常应当回避的情形包括：①曾在委托单位任职，离职未满两年；②持有委托单位股票、债券或在委托单位有其他经济利益的；③与委托单位的负责人和主管人员、董事或委托事项的当事人有近亲关系的；④常年担任委托单位会计顾问或代为办理会计事项的。注册会计师不得从事与鉴证业务不相容的工作，即不得同时对同一企业既做审计，又进行资产评估、IT 系统服务、法律服务、内部审计服务、管理咨询、编制会计报表等。

 视野拓展

《中华人民共和国审计法实施条例》(以下简称《审计法实施条例》)第十二条：审计人员办理审计事项，有下列情形之一的，应当申请回避，被审计单位也有权申请审计人员回避。

(1) 与被审计单位负责人和有关主管人员之间有夫妻关系、直系血亲关系、三代以内旁系血亲或近姻亲关系的。

(2) 与被审计单位或者审计事项有经济利益关系的。

(3) 与被审计单位、审计事项、被审计单位负责人或者有关主管人员有其他利害关系，可能影响公正执行公务的。

审计人员的回避，由审计机关负责人决定；审计机关负责人办理审计事项的回避，由本级人民政府或者上一级审计机关负责人决定。

(三) 客观和公正

客观和公正原则要求注册会计师不应因偏见、利益冲突以及他人的不当影响而损害职业判断。独立于鉴证客户是遵循客观性基本原则的内在要求。在确定哪些情况和业务尤其需要遵循客观性的职业道德规范时，应当充分考虑以下因素：①注册会计师可能被施加压力，这些压力可能损害其客观性；②在制定准则以识别实质上或形式上可能影响注册会计师客观性的关系时，应体现合理性；③应避免那些导致偏见或受到他人影响，从而损害客观性的关系；④注册会计师有义务确保参与专业服务的人员遵守客观性原则；⑤注册会计师既不得接受，也不得提供可被合理认为对其职业判断或对其业务交往对象产生重大不当影响的礼品或款待，尽量避免使自己专业声誉受损的情况发生。

(四) 专业胜任能力和应有的关注

专业胜任能力是指注册会计师提供专业服务所必须具备的知识、技能和经验。注册会计师如果在缺乏足够的知识、技能和经验的情况下提供专业服务，就构成了一种欺诈。在应用专业知识和技能时，注册会计师应当合理运用职业判断。

注册会计师应当对专业胜任能力保持应有的关注(包括获取和保持)，遵守执业准则和职业道德规范的要求，勤勉尽责，认真、全面、及时地完成工作任务。在审计过程中，注册会

计师应当保持职业怀疑态度，运用专业知识、技能和经验，获取和评价审计证据。

 温馨提示

专业胜任能力和应有的关注强调，会计师事务所在接受审计前应评价、在审计过程中应保持：①执行审计的能力（确定审计小组的关键成员、考虑在审计过程中向外界专家寻求协助的需要和具有必要的时间）；②独立性。

（五）保密

注册会计师与客户的沟通，必须建立在为客户信息（涉密信息）保密的基础上。**保密原则**要求注册会计师应当对因职业关系和商业关系而获知的信息予以保密，不得有下列行为：①未经客户授权或法律法规允许，向会计师事务所以外的第三方披露其所获知的涉密信息；②利用所获知的涉密信息为自己或第三方牟取利益。

注册会计师在社会交往中应当遵循保密原则。注册会计师应当警惕无意泄密的可能性，特别是向主要近亲属和其他近亲属以及关系密切的商业伙伴无意泄密的可能性。

 温馨提示

主要近亲属是指配偶、父母或子女。其他近亲属是指兄弟姐妹、祖父母、外祖父母、孙子女、外孙子女。另外，注册会计师应当对拟接受的客户或拟受雇的工作单位向其披露的涉密信息保密。在终止与客户或工作单位的关系之后，注册会计师仍然应当对在职业关系和商业关系中获知的信息保密。如果变更工作单位或获得新客户，注册会计师可以利用以前的经验，但不应利用或披露任何由于职业关系和商业关系获得的涉密信息。

注册会计师在下列情况下**可以披露客户的涉密信息**。

（1）法律法规允许披露，并且**取得客户或工作单位的授权**。

（2）根据**法律法规的要求**，为法律诉讼、仲裁准备文件或提供证据，以及向有关监管机构报告发现的违法行为；法律法规允许的情况下，在法律诉讼、仲裁中维护自己的合法权益。

（3）接受注册会计师协会或监管机构的**执业质量检查**，答复其询问和调查。

（4）不同会计师事务所**因工协作**。比如，更换会计师事务所，后任调阅前任会计师事务所档案；合并会计报表审计；联合审计。

（5）法律法规、执业准则和职业道德规范规定的**其他**情形。

（六）良好的职业行为

<u>注册会计师应当遵守相关法律法规，避免发生任何损害职业声誉的行为。</u>注册会计师在向公众传递信息以及推介自己和工作时，应当客观、真实、得体，不得损害职业形象。注册会计师应当诚实、实事求是，不得夸大宣传提供的服务、拥有的资质或获得的经验，不得贬低或无根据地比较其他注册会计师的工作。注册会计师必须履行对社会公众、客户、同行与其他的责任。

1. 对社会公众的责任

对社会公众的责任即站在客观公正的立场，说真话，维护社会公众的利益。

2. 对客户的责任

对客户的责任主要包括：①按时按质完成委托业务；②保密；③按标准收费，不得低价收费和存在或有收费。

在确定收费标准时，会计师事务所应当考虑以下因素：①专业服务所需的知识和技能；②所需专业人员的水平和经验；③每一专业人员提供服务所需的时间；④提供专业服务所需承担的责任。

或有收费是指以鉴证工作结果、以实现特定目的为条件，决定收费与否或收费多少的收费。如果是经法院或其他公共管理机构确定的收费，则不应视为或有收费。除得到法律认可或作为某种专业服务的公认做法而被职业组织认可外，按照百分比或其他类似基础收取费用应被视为或有收费。

 案例阅读与分析

X 银行拟公开发行股票，委托 ABC 会计师事务所审计其 20×4 年度、20×5 年度和 20×6 年度的会计报表。双方于 20×6 年底签订审计业务约定书。双方约定：审计费用为 1 500 000 元，X 银行在 ABC 会计师事务所提交审计报告时支付 50% 的审计费用，剩余 50% 视股票能否上市决定是否支付。请判断 ABC 会计师事务所或相关注册会计师的独立性是否会受到损害，并简要说明理由。

分析提示：ABC 会计师事务所的独立性受到损害，因为业务约定书中存在或有收费。

3. 对同行的责任

对同行的责任是指会计师事务所、注册会计师在处理与其他会计师事务所、注册会计师相互关系中所应遵循的道德标准，包括：①注册会计师应当与同行保持良好的工作关系，配合同行工作；②注册会计师不得诋毁同行，不得损害同行利益；③会计师事务所不得雇用正在其他会计师事务所执业的注册会计师，注册会计师不得以个人名义同时在两家或两家以上的会计师事务所执业；④会计师事务所不得以不正当手段与同行争揽业务。

4. 其他责任

其他责任是指除上述责任之外的责任，包括以下内容。①注册会计师应当维护职业形象，不得有可能损害职业形象的行为。②注册会计师及其所在会计师事务所的"五不得"责任，即：不得采用强迫、欺诈、利诱等方式招揽业务；不得对其能力进行广告宣传以招揽业务；不得以向他人支付佣金等不正当方式招揽业务；不得向客户或通过客户获取服务费之外的任何利益；不得允许他人以本所或本人的名义承办业务。

三、对职业道德产生不利影响的主要情形

不利影响可以分为**自身利益、自我评价、过度推介、密切关系**和**外在压力**五类。

1. 自身利益导致的不利影响

自身利益（self-interest）导致的不利影响情形主要包括：①鉴证业务项目组成员在鉴证客户中拥有直接经济利益；②会计师事务所的收入过分依赖某一客户；③鉴证业务项目组成员与鉴证客户存在重要且密切的商业关系；④会计师事务所担心可能失去某一重要客户；

⑤鉴证业务项目组成员正在与鉴证客户协商受雇于该客户；⑥会计师事务所与客户就鉴证业务达成或有收费的协议；⑦注册会计师在评价所在会计师事务所以往提供的专业服务时，发现了重大错误。

 温馨提示

　　直接经济利益主要指执行鉴证业务的注册会计师及其亲属在客户中拥有股票或其他所有者权利等经济利益。如我国《证券法》也明确规定：为股票发行出具审计报告、资产评估报告或者法律意见书等文件的专业机构和人员，在该股票承销期内和期满后6个月内，不得买卖该种股票。这些规定也是避免注册会计师由于直接经济利益关系而影响其独立性。

2. 自我评价导致的不利影响

　　自我评价（self-review）导致不利影响的情形主要包括：①会计师事务所在对客户提供财务系统的设计或操作服务后，又对系统的运行有效性出具鉴证报告；②会计师事务所为客户编制原始数据，这些数据构成鉴证业务的对象；③鉴证业务项目组成员担任或最近曾经担任客户的董事或高级管理人员；④鉴证业务项目组成员目前或最近曾受雇于客户，并且所处职位能够对鉴证对象施加重大影响；⑤会计师事务所为鉴证客户提供直接影响鉴证对象信息的其他服务。

　　如果注册会计师对其（或者其所在会计师事务所或雇佣单位的其他人员）以前的判断或服务结果做出不恰当的评价，并且将据此形成的判断作为当前服务的组成部分，将产生自我评价导致的不利影响。

3. 过度推介导致的不利影响

　　如果注册会计师过度推介（advocacy）客户或雇佣单位的某种立场或意见，使其客观性受到损害，将产生过度推介导致的不利影响。产生过度推介导致的不利影响的情形包括以下两种：一是会计师事务所推介审计客户的股份；二是在鉴证客户与第三方发生诉讼或纠纷时，注册会计师担任该客户的辩护人。

4. 密切关系导致的不利影响

　　如果注册会计师与客户或雇佣单位存在亲密关系（familiarity），而过于倾向他们的利益，或认可他们的工作，将产生密切关系导致的不利影响。密切关系导致不利影响的情形主要包括：①项目组成员的近亲属担任客户的董事或高级管理人员；②项目组成员的近亲属是客户的员工，其所处职位能够对业务对象施加重大影响；③客户的董事、高级管理人员或所处职位能够对业务对象施加重大影响的员工，最近曾担任会计师事务所的项目合伙人或签字注册会计师；④注册会计师接受客户的礼品或款待；⑤会计师事务所的合伙人或高级员工与鉴证客户存在长期业务关系。

5. 外在压力导致的不利影响

　　外在压力（intimidation）导致不利影响的情形主要包括：①会计师事务所受到客户解除业务关系的不利影响；②审计客户表示，如果会计师事务所不同意对某项交易的会计处理，则不再委托其承办拟议中的非鉴证业务；③客户威胁将起诉会计师事务所；④会计师事务所受到降低收费的影响而不恰当地缩小工作范围；⑤由于客户员工对所讨论的事项更具有专长，注册会计师面临服从其判断的压力；⑥会计师事务所合伙人告知注册会计师，除非同意审计客户不恰当的会计处理，否则将影响晋升。

四、应对不利影响的防范措施

防范措施是指可以消除不利影响或将其降至可接受水平的行动措施。在具体工作中，应对不利影响的防范措施包括**会计师事务所层面**和**具体业务层面**的防范措施。

1. 会计师事务所层面的防范措施

会计师事务所层面的防范措施主要包括以下几种。

（1）领导层强调遵循职业道德基本原则的重要性。

（2）领导层强调鉴证业务项目组成员应当维护公众利益。

（3）制定有关政策和程序，实施项目质量控制，监督业务质量。

（4）制定有关政策和程序，识别对职业道德基本原则的不利影响，评价不利影响的严重程度，采取防范措施消除不利影响或将其降低至可接受的水平。

（5）制定有关政策和程序，保证遵循职业道德基本原则。

（6）制定有关政策和程序，识别会计师事务所或项目组成员与客户之间的利益或关系。

（7）制定有关政策和程序，监控对某一客户收费的依赖程度。

（8）向鉴证客户提供非鉴证服务时，指派鉴证业务项目组以外的其他合伙人和项目组，并确保鉴证业务项目组和非鉴证业务项目组分别向各自的业务主管报告工作。

（9）制定有关政策和程序，防止项目组以外的人员对业务结果施加不当影响。

（10）及时向所有合伙人和专业人员传达会计师事务所的政策和程序及其变化情况，并就这些政策和程序进行适当的培训。

（11）指定高级管理人员负责监督质量控制系统是否有效运行。

（12）向合伙人和专业人员提供鉴证客户及其关联实体的名单，并要求合伙人和专业人员与之保持独立。

（13）制定有关政策和程序，鼓励员工就遵循职业道德基本原则方面的问题与领导层沟通。

（14）建立惩戒机制，保障相关政策和程序得到遵守。

2. 具体业务层面的防范措施

具体业务层面的防范措施主要包括以下几种。

（1）对已执行的非鉴证业务，由未参与该业务的注册会计师进行复核，或在必要时提供建议。

（2）对已执行的鉴证业务，由鉴证业务项目组以外的注册会计师进行复核，或在必要时提供建议。

（3）向客户审计委员会、监管机构或注册会计师协会咨询。

（4）与客户治理层讨论有关的职业道德问题。

（5）向客户治理层说明提供服务的性质和收费的范围。

（6）由其他会计师事务所执行或重新执行部分业务。

（7）轮换鉴证业务项目组合伙人和高级员工。

下列防范措施也有助于识别或制止违反职业道德基本原则的行为。

（1）监管机构、注册会计师协会或会计师事务所建立有效的公开投诉系统，使会计师事务所合伙人和员工以及公众能够注意到违反职业道德基本原则的行为。

（2）法律法规、职业规范或会计师事务所政策明确规定，注册会计师有义务报告违反职业道德基本原则的行为。

第二节　审计的法律责任

审计的法律责任是指审计人员在承办业务的过程中，未能履行合同条款，或者未能保持应有的职业谨慎，或出于故意未按专业标准出具合格报告，致使审计报告使用者遭受损失，依照有关法律法规，审计人员或会计师事务所应承担的法律责任。审计的法律责任来源于两方面：一是被审计单位方面的责任，即会计责任；二是审计主体方面的责任，即审计责任。在理解审计的法律责任之前，必须明确会计责任与审计责任。

一、会计责任和审计责任

1. 会计责任

会计责任往往与会计活动的职业定位、会计目标相联系。《中华人民共和国会计法》（以下简称《会计法》）从法律层面规定了单位会计责任的内容和会计责任的主体。如《会计法》第三条规定：各单位必须依法设置会计账簿，并保证其真实、完整。第四条规定：单位负责人对本单位的会计工作和会计资料的真实性、完整性负责。**会计责任内容**包括：①建立、健全企业内控制度；②保证会计信息的真实、合法、完整；③保护资产的安全与完整；④ 编制真实、合法的财务会计报告。

会计责任从性质上来说是民事责任的一种，是法律法规规定的强制性义务。会计责任是一种无过错责任，即会计信息失实导致利害关系人损失，无论责任主体是否存在主观过错，均应当承担民事赔偿责任。

思考与讨论

会计责任的承担者是会计人员吗？为什么？会计责任与审计责任有何关系？

2. 审计责任

审计责任取决于审计目标。我国审计准则规定，注册会计师审计的目标是对被审计单位的财务会计报告公允性、合法性发表意见。**审计责任内容**具体如下。

（1）注册会计师应当对审计报告的真实性负责。审计报告的真实性指审计报告应当如实反映注册会计师的审计计划、审计范围、审计程序、审计证据、审计结论以及应发表的审计意见。

（2）注册会计师应当对审计报告的合法性负责。审计报告的合法性是指审计报告的编制和出具必须符合《注册会计师法》和中国注册会计师审计准则的规定。

（3）注册会计师应当按照与被审计单位签订的《审计业务约定书》的约定出具审计报告。

二、导致审计法律责任的可能原因

审计人员法律责任是与违反合约条款、民事侵权或犯罪联系在一起的。审计人员法律责任的出现经常是因为在执业时没有保持应有的职业谨慎，从而导致对他人权利的损害。**应有的职业谨慎**，是指审计人员应当具备足够的专业知识和业务能力，按照执业准则的要求执业。在执业谨慎方面出现问题就构成了过失。如果因过失或违约而没有提供服务，或在工作中未能恪守应有的职业谨慎，则要对客户承担法律责任。从目前看，导致审计法律责任可能的原因主要来自被审计单位和审计人员自身两个方面。

（一）被审计单位方面的责任——间接原因

被审计单位方面的责任主要有错误、舞弊和违反法规行为及经营失败。

1. 错误、舞弊和违反法规行为

错误是指会计报表中存在的非故意的错报或漏报。错误主要包括：原始记录和会计数据的计算、抄写错误，对事实的疏忽和误解，对会计政策的误用。

舞弊是指导致会计报表产生不实反映的故意行为。舞弊主要包括：伪造、变造记录或凭证，侵占资产，隐瞒或删除交易或事项，记录虚假的交易或事项，蓄意使用不当的会计政策。

违反法规的行为是指被审计单位故意或非故意地违反除企业会计准则及国家其他有关财会法规之外的国家法律、行政法规、部门规章和地方性法规、规章的行为。注册会计师对被审计单位的违法行为应做以下处理。①如果违法行为对会计报表有严重影响而未做适当的会计处理和披露，注册会计师应当发表保留意见或否定意见。因为这时会计报表不符合公认会计原则。②如果注册会计师不能取得违法行为的充分证据，应发表保留意见或无法表示意见。因为这说明审计范围受到了限制。③如果被审计单位拒绝接受审计重大违反法规行为，注册会计师应做适当的处理（包括评价、查证和处理、报告）。

 案例阅读与分析

王学民的"振振有词"

王学民是一家公司的承包经营负责人，在承包经营2年期结束后，他请了当地一家会计师事务所对其经营期内的财务报表进行了审计。该会计师事务所经过审计，出具了无保留意见的审计报告，即认为该公司在承包经营期内的财务报表已公允地反映其财务状况。不久，检察机关接到举报，反映王学民在承包经营期内，勾结财务经理与出纳，暗自收受回扣，侵吞国家财产。为此，检察机关传讯了王学民。王学民到了检察机关后，手持会计师事务所的审计报告说："会计师事务所已出具了审计报告，证明我没有经济问题。如果不信，你们可以去问注册会计师。"

请思考：王学民的话是否有道理？如果有错，错在哪里？如果你是那家会计师事务所的负责人，你将如何回答这一问题？

分析提示：王学民的话没有道理，主要原因如下：注册会计师审计只是一种合理保证，而不是绝对保证；编制与出具财务报表是企业管理层的会计责任，只要这些报表中有错误或舞弊，不论审计与否，企业管理层均要承担法律责任。如果财务报表没有任何问题，但注册会计师在审计过程中不按照独立审计准则来进行工作，则要承担责任。

2．经营失败

被审计单位在经营失败时，也可能会连累到注册会计师。资本投入或借给企业后就面临某种程度的经营风险（经营遭受损失的可能性），经营风险控制不好就可能导致经营失败（经营遭受损失）。出现经营失败时，审计失败可能存在，也可能不存在。

审计风险是指注册会计师因提出了不恰当的审计意见而遭受损失的可能性。**审计失败**则是指注册会计师由于没有遵守公认审计准则而形成或提出了错误的审计意见，并将遭受损失。审计失败也可看成**审计风险的极端化**。

（二）审计人员的责任——直接原因

审计人员的责任主要有：违约、过失与欺诈。

1．违约

所谓**违约**，是指合同的一方或几方未能达到合同条款的要求。当违约给他人造成损失时，注册会计师应负违约责任。如会计师事务所在商定的期间内，未能提交纳税申报表，或违反了与被审计单位订立的保密协议等。

2．过失

所谓**过失**，是指在一定条件下，缺少应具有的合理的谨慎。注册会计师的过失认定以其他合格注册会计师在相同条件下可做到的谨慎为标准。当过失给他人造成损失时，注册会计师应负过失责任。通常将过失按其程度不同分为普通过失和重大过失。

（1）**普通过失**。普通过失（也称一般过失）通常是指没有保持职业上应有的合理的谨慎，也即注册会计师没有完全遵循专业准则的要求。如未按特定审计项目取得必要和充分的审计证据就出具审计报告的情况，可视为一般过失。

（2）**重大过失**。重大过失是指连起码的职业谨慎都不保持。如对业务或事务不加考虑，满不在乎。对注册会计师而言，重大过失则是指根本没有遵循专业准则或没有按专业准则的基本要求执行审计。

还有一种过失叫"**共同过失**"，即对他人过失，受害方自己未能保持合理的谨慎而蒙受损失。比如，被审计单位未能向注册会计师提供编制纳税申报表所必要的信息，反而又控告注册会计师未能妥当地编制纳税申报表，这种情况可能使法院判定被审计单位有共同过失。

 温馨提示

如果会计报表存在重大错报事项，注册会计师运用常规审计程序通常能够发现，但因工作疏忽而未能将重大错报事项查出来，就很可能在法律诉讼中被解释为重大过失。如果会计报表有多处错报事项，每一处都不算重大，但综合起来对会计报表的影响却很大，即作为一个整体可能严重失实。此时，一般认为注册会计师具有普通过失，而非重大过失，因为常规审计程序发现每处较小错报事项的概率也较小。

同时注意专业表述，比如，被审计单位方面的责任称为"错误、舞弊、违反法规行为及经营失败"，而审计人员的责任称为"违约、过失与欺诈"。

3. 欺诈

欺诈又称注册会计师舞弊，是以欺骗或坑害他人为目的的一种故意的错误行为。作案具有不良动机是欺诈的重要特征，也是欺诈与普通过失和重大过失的重要区别之一。对于注册会计师而言，欺诈就是为了达到欺骗他人的目的，明知委托单位的会计报表有重大错报，却加以虚假的陈述，出具无保留意见的审计报告。

与欺诈相关的另一个概念是"**推定欺诈**"，又称"**涉嫌欺诈**"，是指虽无故意欺诈或坑害他人的动机，但却存在极端或异常的过失。一般来说，违约与过失只承担民事责任与行政责任，欺诈一般应承担刑事责任，欺诈承担的法律责任是最严重的。在重大过失与欺诈之间，往往因信息不对称，原告很难搜集足够的证据证明注册会计师在被审计单位欺诈中是否参与欺诈行为，因此，许多法院将注册会计师的重大过失解释为"推定欺诈"，即把主观上的"过错"推定为"主观上的故意"，实际加重了注册会计师的法律责任。

三、我国注册会计师法律责任的种类

随着市场经济的发展，注册会计师在社会经济生活中的地位越来越重要，发挥的作用越来越大。注册会计师如果工作失误或犯有欺诈行为，将会给委托人或依赖审定财务报表的第三者造成重大损失，严重的甚至会导致经济秩序的紊乱。因此，必须强化注册会计师的责任意识，严格注册会计师的法律责任，以保证其职业道德和执业质量。

 视野拓展

审计人员是"经济医生"，是"经济警察"，必须以身作则、守住法律底线。请阅读审计人员的法律责任实例，谈谈自己的感悟。

近年来，我国颁布的不少重要的经济法律、法规中，都有专门针对会计师事务所、注册会计师法律责任的条款，其中比较重要的有《注册会计师法》《公司法》《证券法》及《刑法》等。

审计**法律责任成因**主要有违约、过失与欺诈；注册会计师承担的**法律责任类型**主要包括行政责任、民事责任和刑事责任。

（1）**行政责任**，是指注册会计师违反有关部门法律、法规的规定，政府主管部门依法对其进行行政处罚，包括：①对注册会计师个人处以警告、暂停执业、没收违法所得、罚款、吊销注册会计师证书；②对会计师事务所处以警告、没收违法所得、罚款、暂停营业、撤销等。

（2）**民事责任**，是指注册会计师或会计师事务所给利害关系人造成损失应予赔偿，可分为对委托人的责任和对第三者的责任。

（3）**刑事责任**，是指注册会计师犯有刑法所禁止的行为，如故意出具虚假的审计报告或验资报告，构成了犯罪，依法判处一定的徒刑。

以上三种责任在实际中既可单处，也可并处。<u>一般来说，违约和过失可能会使注册会计师承担行政责任或民事责任，欺诈可能会使注册会计师承担民事责任或刑事责任。注册会计师和会计师事务所最常面临的则是民事责任。</u>

四、注册会计师的法律责任防范

注册会计师避免法律诉讼的具体措施，可以概括为以下几点。

1. 严格遵循职业道德和专业标准的要求

注册会计师是否应承担法律责任，关键在于其是否有过失或欺诈行为。而判断注册会计师是否具有过失的关键在于其是否按照专业标准的要求执业。因此，注册会计师务必保持良好的职业道德，严格遵循专业标准的要求执行业务、出具报告。

2. 建立、健全会计师事务所质量控制制度

质量管理是会计师事务所各项管理工作的核心和关键。如果一个会计师事务所质量管理不严，很有可能因某一个人或一个部门的原因导致整个会计师事务所遭受灭顶之灾。

3. 谨慎选择被审计单位

注册会计师在选择被审计单位时，应**关注两点**：①要选择管理层品格正直的被审计单位；②不要选择陷入财务和法律困境的被审计单位。

4. 与委托人签订业务约定书

业务约定书具有法律效力，它是确定注册会计师和委托人责任的一个重要文件。会计师事务所不论承办何种业务，都应按照业务约定书准则的要求与委托人签订业务约定书。

5. 深入了解被审计单位的业务

注册会计师只有深入了解被审计单位所在行业的情况及被审计单位的业务，熟悉被审计单位的经济业务和生产经营实务，才能更好地发现其错误与舞弊。

6. 提取风险基金或购买责任保险

投保充分的责任保险是会计师事务所一项极为重要的保护措施，尽管保险不能免除可能受到的法律诉讼，但能防止或减少诉讼失败时会计师事务所发生的财务损失。

7. 聘请熟悉注册会计师法律责任的律师

会计师事务所应尽可能聘请熟悉相关法规及注册会计师法律责任的律师，应对执业过程中遇到的法律问题，减少不必要的损失。

 本章小测试

一、单项选择题

1. 保密不仅仅涉及信息披露，还要求注册会计师不能出于个人或第三方的利益使用或被合理认为使用了在执业过程中获得的信息。在（　　）情形下，注册会计师透露被审计单位的商业信息视为违反保密的职业道德。

　　A. 法律法规允许披露，并且取得客户或工作单位的授权

　　B. 根据法律法规的要求，提供证据，向有关监管机构报告发现的违法行为

　　C. 法律法规允许的情况下，在法律诉讼、仲裁中维护自己的合法权益

　　D. 未经客户授权，把知悉的信息告诉自己朋友

2. 下列描述中，正确的是（　　）。

　　A. 注册会计师只要考取了注册会计师证书，就说明其具备了专业胜任能力

　　B. 会计师事务所推介审计客户的股份将产生外界压力导致的不利影响

C．注册会计师在与现任注册会计师讨论客户事项前应当征得客户的书面同意

D．如果会计师事务所与客户存在利益冲突，应该拒绝接受委托或解除业务约定

3．如果会计师事务所坚持不同意审计客户对某项交易的会计处理，审计客户可能不将计划中的非鉴证服务合同提供给该会计师事务所，该情形将因（　　　　）因素导致对职业道德基本原则产生不利影响。

A．密切关系　　　　　B．自身利益　　　　　C．自我评价　　　　　D．外在压力

4．下列描述中，属于自我评价导致对职业道德基本原则产生不利影响的情况是（　　　　）。

A．被审计单位财务经理曾经是事务所审计项目组成员

B．审计项目组成员曾经是被审计单位的出纳

C．审计项目组成员的妻子是被审计单位的独立董事

D．审计项目组成员接受客户的礼品或款待

5．在具体工作中，应对不利影响的防范措施包括会计师事务所层面的防范措施和具体业务层面的防范措施。下列措施中属于具体业务层面防范措施的是（　　　　）。

A．指定高级管理人员负责监督质量控制系统

B．制定专门程序，识别项目组成员与客户之间的利益或关系

C．由项目经理指定专人对助理人员的审计工作底稿进行详细复核

D．制定专门程序，防止项目组以外的人员对业务结果施加不当影响

6．注册会计师职业道德基本原则若干方面，其中（　　　　）原则主要是对注册会计师专业工作过程中内心状态的要求。

A．诚信　　　　　　　　　　　　　　B．独立

C．专业胜任能力和应有的关注　　　　D．客观与公正

7．下列情况中，审计人员可以承办客户委托的审计业务而无须回避的是（　　　　）。

A．审计人员本人拥有客户的股票　　　　B．审计人员的父母拥有客户的股票

C．审计人员的子女拥有客户的股票　　　　D．审计人员的一位朋友拥有客户的股票

8．根据职业道德规范指导意见，下列各项中可能不会损害注册会计师独立性的因素有（　　　　）。

A．经济利益　　　　　B．自我评价　　　　　C．关联关系　　　　　D．自身压力

二、多项选择题

1．注册会计师为了消除或有收费导致的不利影响，可以采取的措施包括（　　　　）。

A．向预期的报告使用者披露注册会计师所执行的工作及收费的基础

B．预先就收费的基础与客户达成书面协议

C．实施质量控制政策和程序

D．由独立第三方复核注册会计师已执行的工作

2．下列行为中，注册会计师违反保密原则的有（　　　　）。

A．与客户发生意见分歧时，诉诸媒体　　　　B．接受同业复核，提供审计工作底稿

C．向监管机构报告发现的违反法规行为　　　　D．利用获知的客户信息买卖客户的股票

3．在决定是否披露涉密信息时，审计人员应当考虑的因素有（　　　　）。

A．如果客户或工作单位同意披露涉密信息，是否会损害利害关系人的利益

B．是否已了解和证实所有相关信息

C．信息披露能给会计师事务所带来的经济利益

D．可能承担的法律责任和后果

4．以下属于会计师事务所层面的防范措施的有（ 　 ）。

A．领导层强调鉴证业务项目组成员应当维护公众利益

B．制定有关政策和程序，实施项目质量控制，监督业务质量

C．对已执行的非鉴证业务，由未参与该业务的注册会计师进行复核，或在必要时提供建议

D．向客户审计委员会、监管机构或注册会计师协会咨询

5．职业道德基本原则包括（ 　 ）。

A．诚信 　　　　　 B．客观和公正 　　　　　 C．独立 　　　　　 D．良好的职业行为

三、判断题（凡正确者在题头括号内打"√"，错误则打"×"）

（ 　 ）1．民间审计组织不得以降低收费的方式招揽业务。

（ 　 ）2．审计人员应对审计过程中知悉的国家秘密和商业秘密保密，不得对任何机构、组织和个人透露。

（ 　 ）3．注册会计师应当对被审计单位的持续经营能力予以关注，必要时应在审计报告中予以反映。

（ 　 ）4．注册会计师承担的行政责任包括警告、暂停执业、没收违法所得、罚款、吊销注册会计师证书等。

（ 　 ）5．注册会计师的最终法律责任类型包括违约责任、过失责任和欺诈责任。

四、问答题

1．如何评价注册会计师及会计师事务所的独立性？

2．简述导致审计人员法律责任的可能原因。

3．注册会计师应如何避免法律责任？

4．对遵循职业道德产生不利影响可能存在多种情形或关系，请回答对审计职业道德基本原则产生不利影响的因素具体可以归纳为哪几类，并完成表2.1。

表2.1 对审计职业道德产生不利影响的情形与因素

对职业道德产生不利影响的具体情形	产生不利影响的因素
审计项目组成员与审计客户进行雇佣协商	
会计师事务所与鉴证业务相关的或有收费安排	
在鉴证客户与第三方发生诉讼或纠纷时，注册会计师担任该客户的辩护人	
会计师事务所编制用于生成有关记录的原始数据	
注册会计师接受客户的礼品或享受优惠待遇（价值重大）	
会计师事务所为鉴证客户提供的其他服务，直接影响鉴证业务中的鉴证对象信息	
项目小组成员的妻子是客户的出纳	
会计师事务所受到客户的起诉威胁	
注册会计师被会计师事务所合伙人告知，除非同意审计客户的不恰当会计处理，否则将不被提升	

五、案例分析题

　　某银行拟申请公开发行股票，委托 ABC 会计师事务所审计其 20×4 年度、20×5 年度财务报表，双方于 20×6 年底签订审计业务约定书。假定 ABC 会计师事务所及其审计小组成员与某银行存在以下情况。

　　（1）ABC 会计师事务所与某银行签订的审计业务约定书约定：审计费用为 1 500 000 元，银行在会计师事务所提交审计报告时支付 50%的审计费用，剩余的 50%视股票能否发行上市决定是否支付。

　　（2）20×5 年 7 月，ABC 会计师事务所按照正常借款程序和条件，向某银行以抵押方式借款 1 000 000 元，用于购置办公用房。

　　（3）ABC 会计师事务所的合伙 A 注册会计师目前担任某银行的独立董事。

　　（4）审计小组成员 B 注册会计师 20×3 年曾担任某银行的审计部经理。

　　（5）审计小组成员 C 注册会计师自 20×1 年以来一直协助某银行编制财务报表。

　　（6）审计小组成员 D 注册会计师的妻子自 20×3 年度起一直担任某银行的统计员。

　　要求：请分别上述六种情况，判断 ABC 会计师事务所及相关注册会计师的独立性是否会受到损害，并简要说明理由。

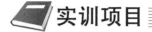 实训项目

　　请扫描二维码，阅读实训资料，根据实训内容和要求，完成实训。

第三章 审计准则

【学习目的与要求】

通过本章的学习，应该：①掌握我国注册会计师执业准则和会计师事务所质量管理准则的内容；②熟悉审计准则的含义、作用、结构，审计职业规范体系；③了解国家审计和内部审计基本准则。

【引入案例】

ABC 会计师事务所的质量控制

ABC 会计师事务所接受委托，对甲公司 20×6 年度财务报表进行审计，并委派 A 注册会计师为项目负责人。在接受委托后，A 注册会计师发现甲公司业务流程采用计算机信息系统控制，审计项目组成员均缺少这方面的专业技能。A 注册会计师了解到某软件公司张先生曾参与甲公司计算机信息系统的设计工作，因此聘请张先生加入审计项目组，测试该系统并出具测试报告。在审计过程中，A 注册会计师要求审计项目组成员相互复核所执行的工作，并在审计工作底稿的复核人员栏签字。在复核过程中，审计项目组成员之间在某个专业问题上存在分歧，A 注册会计师就此问题专门致函有关部门进行咨询，始终没有得到回复。考虑到该项业务的高风险性，在出具审计报告后，ABC 会计师事务所专门指派未参与该项业务的经验丰富的注册会计师实施了项目质量控制复核。

问题：

1. 审计准则对审计职业有何意义？

2. 审计准则应包括哪些基本规定？

3. 会计师事务所质量控制如何实现？

第一节　审计准则概述

审计职业规范体系是指审计人员在依法承办审计业务的过程中，应遵循的专业标准、技术规程和行为准则的总称。审计职业规范体系由业务准则、质量管理准则、职业道德守则和职业后续教育准则四个部分组成，其中业务准则是审计人员的执业标准，质量管理准则是对审计机构的管理要求，职业道德守则是审计人员的职业行为规范，职业后续教育准则是为了保持和提高审计人员的专业胜任能力的规范。

一、审计准则的含义和作用

审计准则是总结审计人员的实践经验,适应时代需要,为保障审计的职业声誉而产生的。**审计准则**是专业审计人员在实施审计工作时,必须恪守的最高行为准则,它是审计工作质量的权威性判断标准。根据审计主体不同,审计准则可以分为政府审计准则、内部审计准则和注册会计师执业准则。

制定、实施审计准则的作用有以下几个方面。

(1)为规范和指导审计工作提供依据,有助于审计工作规范化的实现。

(2)为衡量和评价审计工作质量提供依据,从而有助于审计工作质量的提高。

(3)有助于社会公众对审计工作结果的信任。

(4)有助于维护审计组织和审计人员的正当权益,使得他们免受不公正的指责和控告。

(5)有助于推动审计理论的研究和审计人才的培养。

(6)有助于改革开放的顺利进行和审计事业的国际化。

二、审计准则的结构和内容

审计准则一般包括基本准则和具体准则两个层次,其中基本准则又主要由一般准则、工作准则和报告准则三部分组成。

一般准则,是指对审计人员任职资格和执业行为所做出的规则,主要用于对审计人员能力、独立性、职业道德方面的约束。一般准则可针对执行财务审计、鉴证业务和绩效审计的共性问题,提出确保审计结果可靠性的基本要求,如独立性、实施职业判断、专业胜任能力、质量控制与保证等;规定所有审计人员和审计组织在执行国家审计准则所约束和规范的业务时必须遵守。

工作准则,是指审计人员在实施审计行为时应遵守的规则,也称为审计的实施准则或审计的外勤准则,主要用于制订审计计划、内控制度的评审、收集甄别审计证据。

报告准则,是指对审计人员编制审计报告的原则、形式、内容所做出的规定。

第二节　中国注册会计师执业准则

一、注册会计师执业准则建设历程

注册会计师执业准则作为规范注册会计师执行业务的权威性标准,对提高注册会计师执业质量、降低审计风险、维护社会公众利益具有重要的作用,其建设经历了以下三个阶段。

一是起步阶段(1980—1993年)。1980年恢复注册会计师制度后,我国启动了执业标准的制定工作。1988年中国注册会计师协会成立后,专业标准建设工作得到高度重视,进入快速发展时期。从1988年到1993年,先后发布的《注册会计师检查验证会计报表规则(试行)》等7个执业规则,对我国注册会计师行业走向正规化、法制化和专业化起到了积极作用。

二是建立准则体系阶段(1994—2004年)。1993年10月31日,第八届全国人民代表大会常务委员会第四次会议通过《注册会计师法》，规定中国注册会计师协会依法拟订执业准则、规则，报国务院财政部门批准后施行。经财政部批准同意，中国注册会计师协会自 1994 年 5 月开始起草独立审计准则。到 2004 年，中国注册会计师协会先后分 6 批制定了审计准则，共计 41 个项目，基本建立起我国审计准则体系框架。

三是完善与提高阶段（2005 年至今）。随着审计准则体系的基本建立，我国注册会计师执业准则制定工作转向完善审计准则体系与提高准则质量并重。2005 年中国注册会计师协会在起草新准则的同时，根据变化的审计环境、国际审计准则的最新发展和注册会计师执业的需要，有计划、有步骤地修订已颁布的准则。2006 年起，我国注册会计师执业准则与国际趋同发展，不断修订，2021 年修订后共 53 项准则。

二、注册会计师执业准则构成

注册会计师职业规范体系受注册会计师法统驭，由职业道德守则、执业准则和后续教育准则三个部分组成。注册会计师执业准则由业务准则和会计师事务所质量管理准则构成。注册会计师职业规范体系如图 3.1 所示。

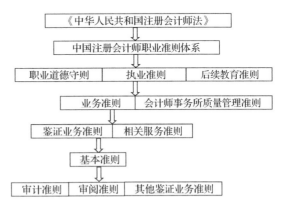

图 3.1　注册会计师职业规范体系

（一）鉴证业务准则

1. 鉴证业务准则的构成

鉴证业务准则由鉴证业务基本准则统领，按照鉴证业务提供的保证程度和鉴证对象的不同，鉴证业务基本准则分为审计准则、审阅准则和其他鉴证业务准则。其中，审计准则是整个业务准则体系的核心。

审计准则用以规范注册会计师执行历史财务信息的**审计业务**。在提供审计服务时，注册会计师对所审计信息是否不存在重大错报提供**合理保证**，并以**积极方式**提出结论。

审阅准则用以规范注册会计师执行历史财务信息的**审阅业务**。在提供审阅服务时，注册会计师对所审阅信息是否不存在重大错报提供**有限保证**，并以**消极方式**提出结论。

其他鉴证业务准则用以规范注册会计师执行历史财务信息**审计或审阅以外的其他鉴证业务**，根据鉴证业务的性质和业务约定书的要求，提供**有限保证或合理保证**。其他鉴证业务主要包括预测性财务信息的审核、内部控制鉴证等。

2. 鉴证业务

鉴证业务是指注册会计师对鉴证对象信息提出结论，以增强除责任方之外的预期使用者对鉴证对象信息信任程度的业务。鉴证业务主要包括审计业务、审阅业务与其他鉴证业务。

鉴证业务包括**五大要素**：三方关系、鉴证对象、标准、证据和鉴证报告。

（1）**三方关系**，即审计方、责任方和预期使用者三方之间的关系，具体指注册会计师对由责任方负责的鉴证对象或鉴证对象信息提出结论，以增强除责任方之外的预期使用者对鉴证对象信息的信任程度。三方关系中的**三方**：①审计方，即注册会计师和会计师事务所；②被审计方（责任方），即企事业单位对鉴证对象信息的真实性负责的人，主要指经营者；③预期使用者，即利用鉴证对象信息决策的人或组织，包括社会公众、投资者、债权人、政府部门等。

（2）**鉴证对象**具有多种不同的表现形式，如财务或非财务的业绩或状况、物理特征、系统与过程、行为等。不同的鉴证对象具有不同特征。**鉴证对象与鉴证对象信息的关系**：①鉴证对象，是指企业经营活动的实质方面，主要包括财务状况、经营成果和现金流量；②鉴证对象信息，是指反映鉴证对象的信息，即按照标准（比如会计准则、制度等）对鉴证对象进行评价和计量的结果，比如财务报表中，资产负债表、利润表和现金流量表依次是反映财务状况、经营成果和现金流量三个鉴证对象的信息。

（3）**标准**即用来对鉴证对象进行评价或计量的基准，当涉及列报时，还包括列报的基准。标准可以是正式的规定，如编制财务报表所使用的会计准则和相关会计制度；也可以是某些非正式的规定，如单位内部制定的行为准则或确定的绩效水平。标准具有**五大特征**：①相关性，相关的标准有助于得出结论，便于预期使用者做出决策；②完整性，完整的标准不应忽略业务环境中可能影响得出结论的相关因素，当涉及列报时，还包括列报的基准；③可靠性，可靠的标准能够使能力相近的注册会计师在相似的业务环境中，对鉴证对象做出合理一致的评价或计量；④中立性，中立的标准有助于得出无偏向的结论；⑤可理解性，可理解的标准有助于得出清晰、易于理解、不会产生重大歧义的结论。

（4）**证据**。获取充分、适当的证据是注册会计师提出鉴证结论的基础。

（5）**鉴证报告**是注册会计师针对鉴证对象信息（或鉴证对象）在所有重大方面是否符合适当的标准，以书面报告的形式发表的能够提供一定保证程度的结论。

3. 鉴证业务的目标

鉴证业务的目标即提供保证。鉴证业务的保证程度分为合理保证和有限保证。合理保证的保证水平要高于有限保证的保证水平。

合理保证的鉴证业务的目标是注册会计师将鉴证业务风险降至该业务环境下可接受的低水平，以此作为以积极方式提出结论的基础。合理保证主要适用于审计业务。在合理保证业务中，其表述通常为："我们认为，根据××标准，内部控制在所有重大方面是有效的"或"我们认为，责任方做出的'根据××标准，内部控制在所有重大方面是有效的'这一认定是公允的。"

有限保证的鉴证业务的目标是注册会计师将鉴证业务风险降至该业务环境下可接受的水平，以此作为以消极方式提出结论的基础。有限保证主要适用于审阅业务。在有限保证业务中，其表述通常为："基于本报告所述的工作，我们没有注意到任何事项使我们相信，根据××标准，××系统在任何重大方面是无效的"或"基于本报告所述的工作，我们没有注意到任何事项使我们相信，责任方做出的'根据××标准，××系统在任何重大方面是有效的'这一认定是不公允的。"

 温馨提示

合理保证不等于绝对保证。绝对保证是指注册会计师对鉴证对象信息整体不存在重大错报提供百分之百的保证；合理保证是一个与积累必要证据相关的概念，它要求注册会计师通过不断修正的、系统的执业过程，获取充分、适当的证据，对鉴证对象信息整体提出结论，提供一种高水平但非百分之百的保证。有限保证在证据收集程序的性质、时间、范围等方面受到有意识的限制，提供的是一种适度水平的保证。

合理保证与有限保证的区别：①适用业务不同，前者适用于财务报表审计，后者适用于财务报表审阅；②目的要求不同，前者把风险降到较低水平，后者把风险降到可接受水平；③鉴证程序不同，前者可用检查记录或文件、检查有形资产、观察、询问、函证、重新计算、重新执行、分析程序等，后者主用询问、分析程序；④所需证据不同，前者较多，后者较少；⑤鉴证业务风险不同，前者较低，后者较高；⑥鉴证对象信息的可信性不同，前者较高，后者较低；⑦结论措辞不同，前者肯定，后者双重否定。

（二）相关服务准则

相关服务准则用以规范注册会计师执行除鉴证业务外的其他相关服务业务。相关服务业务主要包括对财务信息执行商定程序、代编财务信息、税务咨询和管理咨询等。在提供相关服务时，**注册会计师不提供任何程度的保证**。

（三）会计师事务所质量管理准则

质量是注册会计师及其所在事务所的生命线。以质量为本，为社会提供专业服务是社会审计行业的立足点。**会计师事务所质量管理准则**用于规范会计师事务所在执行各类业务时应当遵守的质量控制政策和程序，是对会计师事务所质量控制提出的制度要求。

会计师事务所质量管理准则旨在保证注册会计师在执行审计、审阅、其他鉴证业务和相关服务时，能够遵守法律法规、中国注册会计师职业道德规范以及相关业务准则的规定，确保会计师事务所和项目负责人能够根据具体情况出具恰当的报告，提供高质量的服务。会计师事务所质量管理准则与业务准则的区别如表 3.1 所示。

表 3.1　质量管理准则与业务准则的区别

项目	业务准则	质量管理准则
性质	技术标准	管理标准
作用	指导具体业务工作，衡量工作本身好坏	指导质量控制工作，衡量质量控制的有效性
内容	专业胜任能力和业务过程及报告质量的要求	各项质量控制应达到的要求
对象	执业人员的执业行为	会计师事务所的管理

根据质量管理准则的要求，会计师事务所应当设计、实施和运行适用于本所的**质量管理体系，以便合理保证**：①过程合规，即会计师事务所及其人员遵守法律法规、职业道德规范以及审计准则、审阅准则、其他鉴证业务准则和相关服务准则的规定；②结果恰当，即会计师事务所和项目负责人根据具体情况出具恰当的报告。

会计师事务所质量管理体系包括下列八个组成要素：①会计师事务所的风险评估程序；②治理和领导层；③相关职业道德要求；④客户关系和具体业务的接受与保持；⑤业务执行；⑥资源；⑦信息与沟通；⑧监控和整改程序。质量管理体系各组成要素应当有效衔接、互相支撑、协同运行，以保障会计师事务所能够积极有效地实施质量管理。关于会计师事务所质量管理体系八要素的具体内容，请到中国注册会计师协会官网查找并阅读《会计师事务所质量管理准则第 5101 号——业务质量管理》。

 案例阅读与分析

ABC 会计师事务所承接了戊公司 20×5 年度财务报表审计业务。项目负责人是 C 注册会计师，其妻子是戊公司的财务负责人。在制订审计计划时，C 注册会计师认为自己对戊公司非常熟悉，无须再了解戊公司及其环境，应将审计资源放在实施具体审计测试程序上。

审计过程中，项目组成员 D 发现有迹象表明戊公司存在重大舞弊风险。项目组成员 E 建议实施项目质量控制复核。C 注册会计师认为戊公司管理层非常诚信，不会出现舞弊情况，戊公司并非上市公司，无须考虑实施项目质量控制复核。C 注册会计师坚持自己的主张，最后对戊公司 20×5 年财务报表出具了审计报告。

要求：根据中国注册会计师执业准则的要求，请指出 ABC 会计师事务所在该项业务的业务承接、业务执行和业务质量控制中存在的问题，并简要说明理由。

分析提示：①在**业务承接**中，注册会计师应当考虑承接该业务是否符合独立性和专业胜任能力等相关的职业道德规范的要求。由于戊公司财务负责人是审计组项目负责人 C 注册会计师的妻子，所以存在关联关系，使注册会计师 C 的独立性受到威胁。②在**业务执行**中，不了解戊公司及其环境是错误的。对被审计单位及其环境的了解属于必需的审计程序。不对舞弊进行专门审计是错误的。项目组成员 D 发现有迹象表明戊公司存在重大舞弊风险，审计组应该对舞弊进行追加的审计程序。③在**业务质量控制**中，不进行项目质量控制复核是错误的。对非上市公司财务报表审计时，当识别出某项业务或某类业务存在异常情况或风险，也应当进行质量控制复核。由于项目组成员 D 已经发现有迹象表明戊公司存在重大舞弊风险，所以应该进行项目质量控制复核。在业务质量控制中，C 注册会计师自作主张出具审计报告是错误的。审计工作中，审计组成员意见不统一的情况下，不应直接出具审计报告，应进行项目质量控制复核后方可出具审计报告。

第三节　我国的国家审计准则和内部审计准则

一、国家审计准则

为适应建立社会主义市场经济体制的需要，实现审计工作规范化，明确审计责任，保证审计质量，审计署自 1989 年起开始国家审计准则的制定工作，1996 年 12 月发布了《中华人民共和国国家审计基本准则》和一些具体准则，并从 1997 年 1 月 1 日起施行。这套国家审计准则包括三个层次：国家审计基本准则、具体准则（通用审计准则、专业审计准则）和审计指南。

2010 年 9 月 1 日，审计署修订并发布了《中华人民共和国国家审计准则》，自 2011 年 1 月 1 日起施行。此次准则修订参照美国等国审计机关的做法，制定单一的国家审计准则，并在审计准则之下开发若干审计指南或者审计手册。这种体系结构可以弥补制定多个单项审计准则容易出现的体系庞杂、单项准则间内在关系不够清晰、内容重复交叉多等缺陷。

国家审计准则是国家审计机关及其工作人员在从事审计业务活动中的行为规范。现行国家审计准则包括总则、审计机关和审计人员、审计计划、审计实施、审计报告、审计质量控制和责任、附则等七章内容。

二、内部审计准则

内部审计准则是指各类企业、各级政府机关以及其他单位的内部审计人员在进行内部审计工作时所应遵循的原则，是衡量内部审计工作质量的尺度和准绳，对于提高内部审计工作质量和工作效率、促进内部审计理论与实务的发展具有重要的意义。

1. **国际内部审计师协会规定的内部审计准则框架**

国际内部审计师协会的专业实务框架（PPF）于 1999 年 6 月经国际内部审计师协会董事会正式批准。专业实务框架主要由三部分构成：强制性指南、实务咨询、发展与实务支持。

（1）强制性指南，是指在不同的国家或地区、不同的环境下，内部审计人员都必须使用的准则，它包括内部审计定义、内部审计人员的职业道德规范、内部审计职业实务准则。这是内部审计的职业基础。

（2）实务咨询，是内部审计准则的第二个层次，为内部审计人员提供一个建设性的条款，目的是对新准则的解释和运用提供详细的建议；同时，还包括一些新的信息，如国际内部审计师协会发布的内部审计准则公告（SIAS）和新近流行的职业道德规范的关注项目、风险管理的细则、咨询性服务准则、信息的安全性服务准则等。

（3）发展与实务支持。对那些最近发展的实务，国际内部审计师协会往往以专题报告、研究报告、参考书籍、研讨会文集、教育培训项目等方式来推荐参考性意见。

2. **我国内部审计准则体系**

我国内部审计准则体系由以下**三个层次**组成。

（1）**基本准则**。基本准则是内部审计准则的总纲，是内部审计机构和人员进行内部审计时应当遵循的基本规范，是制定内部审计具体准则、内部审计实务指南的基本依据。

（2）**具体准则**。具体准则是依据基本准则制定的，是内部审计机构和人员在进行内部审计时应当遵循的具体规范。

（3）**实务指南**。实务指南是依据基本准则、具体准则制定的，为内部审计机构和人员进行内部审计提供的具有可操作性的指导意见。

内部审计准则体系中的三个不同层次，具有不同的约束力和权威性。基本准则，是内部审计准则体系的第一层次，是内部审计准则的总纲，具有最高的权威性和法定约束力。基本准则、具体准则是内部审计机构和人员进行内部审计的执业规范，内部审计机构和人员在进行内部审计时应当遵照执行；具体准则的权威性虽低于基本准则，但要高于实务指南，并有法定约束力；而实务指南是给内部审计机构和人员提供操作性的指导意见，不具有法定约束力和强制性，内部审计机构和人员在进行内部审计时应当参照执行。

📖 本章小测试

一、单项选择题

1．中国注册会计师执业准则由（ ）负责拟订。

    A．财政部   B．中国注册会计师协会

    C．审计署   D．全国人民代表大会

2．用以规范会计师事务所在执行各类业务时应当遵守的质量控制政策和程序的是（ ）。

    A．业务准则   B．质量管理准则   C．职业道德准则   D．后续教育准则

3．下列要求属于中国注册会计师职业规范体系的核心部分内容的是（ ）。

    A．注册会计师的审计意见应合理地保证会计报表使用人确定已审会计报表的可靠程度

    B．会计师事务所应当建立分级督导制度

C．注册会计师不得对未来事项可实现程度做出保证

D．注册会计师职业后续教育由中国注册会计师协会及其地方组织负责与实施

4．根据审计准则的要求，在电子数据处理环境下，注册会计师利用计算机辅助审计技术执行审计程序时，不应（　　　）。

A．改变审计技术与方法　　　　　　　　　B．改变审计目标与范围

C．改变计算量　　　　　　　　　　　　　D．考虑计算机信息系统对审计的影响

5．下列各项中，属于注册会计师审计责任的是（　　　）。

A．建立、健全内控制度　　　　　　　　　B．保证审计报告的真实性、合法性

C．保护资产的安全、完整　　　　　　　　D．保证会计资料的真实、合法、完整

6．所谓审计质量控制，是指会计师事务所为了确保审计质量符合（　　　）的要求而建立和实施的控制政策和程序的总称。

A．业务准则　　　　　B．审计准则　　　　　C．审阅准则　　　　　D．质量管理准则

7．在中国会计师事务所质量管理体系中，下列各项中不属于质量管理体系内容的是（　　　）。

A．业务执行　　　　　B．资源　　　　　　　C．监督　　　　　　　D．信息与沟通

8．以下属于提供合理保证的业务是（　　　）。

A．审计业务　　　　　B．其他鉴证业务　　　C．审阅业务　　　　　D．代理记账

9．注册会计师执行的下列业务中，保证程度最高的是（　　　）。

A．财务报表审计　　　　　　　　　　　　B．代编财务信息

C．财务报表审阅　　　　　　　　　　　　D．对财务信息执行商定程序

二、多项选择题

1．注册会计师执业规范体系包括（　　　）。

A．业务准则　　　　　B．职业道德守则　　　C．质量控制准则　　　D．后续教育准则

2．注册会计师审计准则的作用主要包括（　　　）。

A．赢得社会公众的广泛信任　　　　　　　B．提高注册会计师审计工作质量

C．维护会计师事务所和注册会计师的合法权益　D．促进审计经验的交流

3．注册会计师对客户所负的特殊责任有（　　　）。

A．按时按质完成委托业务　　　　　　　　B．提交管理建议书

C．保密　　　　　　　　　　　　　　　　D．不能按服务成果的大小决定收费标准的高低

4．《中国注册会计师职业道德基本准则》中提出注册会计师应遵循的基本原则有（　　　）。

A．独立原则　　　　　B．客观原则　　　　　C．诚信原则　　　　　D．公正原则

5．根据审计主体及作用范围不同，审计准则可以分为（　　　）。

A．国际审计准则　　　　　　　　　　　　B．国家审计准则

C．内部审计准则　　　　　　　　　　　　D．注册会计师审计准则

6．A注册会计师接受委托，对甲公司提供鉴证服务。在确定鉴证标准是否适当时，A注册会计师应当考虑的因素有（　　　）。

A．中立性　　　　　　B．完整性　　　　　　C．相关性　　　　　　D．客观性

7．关于审计的"保证"，下列说法正确的有（　　　）。

A．合理保证不等于绝对保证

  B．合理保证是注册会计师提供的一种高水平但非百分之百的保证

  C．注册会计师通过努力，将鉴证业务风险降至零，从而提供一种百分之百的保证

  D．有限保证在证据收集程序的性质、时间、范围等方面受到有意识的限制，它提供的是一种适度水平的保证

8．我国注册会计师鉴证业务准则包括（ ）。

  A．相关服务准则   B．审计准则   C．审阅准则   D．其他鉴证业务准则

9．审计标准的特征有（ ）。

  A．相关性   B．可靠性   C．完整性   D．可理解性与中立性

10．根据现行世界各国的审计准则来看，其核心内容大致包括（ ）。

  A．一般准则   B．具体准则   C．工作准则   D．报告准则

三、判断题（凡正确者在题头括号内打"√"，错误则打"×"）

（ ）1．注册会计师在执行所有业务时，均应遵照业务准则。

（ ）2．业务准则是会计师事务所遵守的管理标准，是针对整个审计工作的控制而制定的。

（ ）3．我国注册会计师执业准则体系与国际审计准则体系的内容完全相同。

（ ）4．注册会计师的兄弟姐妹若持有委托单位极少量的股票，那么注册会计师无须回避。

（ ）5．内部审计准则是指各类企业、各级政府机关以及其他单位的内部审计人员在进行内部审计工作时所应遵循的原则，是衡量内部审计工作质量的尺度和准绳。中国的内部审计准则体系由内部审计基本准则、内部审计具体准则及内部审计实务指南三部分组成。

四、问答题

1．简述审计准则的含义与作用。

2．简述中国注册会计师执业准则的内容。

3．简述中国注册会计师质量管理体系的要素。

4．简述鉴证业务的五要素。

五、案例分析题

  ABC会计师事务所正在制订业务质量控制制度，经过领导层集体研究，确立了下列重大质量控制制度：①合伙人的晋升与考核以业务量为主要考核指标，同时考虑遵循质量控制制度和职业道德规范的情况；②对员工介绍的客户，由员工所在部门经理根据收费的高低自行决定是否承接；③所有审计工作底稿应当在业务完成后90日内整理归档；④由于尚未取得上市公司审计资格，不予执行项目质量控制复核制度；⑤无论审计项目组内部的分歧是否得到解决，审计项目组必须保证按时出具审计报告；⑥以每3年为一个周期，选取已完成业务进行检查，检查对象为当年度考核等级位列后3名的项目负责人。

  要求： 针对上述①至⑥项，分别指出ABC会计师事务所可能违反质量控制准则的情形，并说明理由。

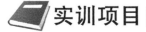 实训项目

  请扫描二维码，阅读实训资料，根据实训内容和要求，完成实训。

第四章　审计流程与规划

【学习目的与要求】

通过本章的学习，应该：①掌握一般注册会计师审计流程的主要内容；②掌握审计业务约定书的性质、内容；③掌握审计重要性的概念及运用，审计风险组成要素及其关系；④熟悉审计业务约定书的概念、作用、基本内容；⑤了解内部审计与国家审计的基本程序和如何编制审计计划。

【引入案例】

张三丰对东方电子公司的"遥控"审计

注册会计师张三丰在一家规模不大的会计师事务所工作。一天，当客户东方电子公司聘请他进行年度报表审计时，对其提出一个要求，即希望从委托之日起，半个月内完成所有的审计任务，并出具审计报告，以向公司股东大会汇报。如果超过一天，不仅不付审计费用，会计师事务所还要赔款。如果提前，公司可以额外加付审计报酬。张三丰同意了条件。

为了及时完成任务，张三丰临时聘用了一批还没毕业的会计专业的大学生。由于张三丰手上还有一个项目没有完成，因此，他对这些学生进行应急培训之后，即告诉他们如何核对账册、检查凭证等，然后就请他们去客户的现场进行审计，还指派了一个学习成绩好的学生作为该项目的临时负责人，他则在另一家客户处进行电话指挥。10天之后，这些学生带回厚厚一叠审计工作底稿。因为时间有限，张三丰将这些审计工作底稿稍加整理，就草拟了审计报告，并在规定时间之内，递交给了东方电子公司。

问题：

1. 为了提高审计效率，如果你是张三丰，审计工作前应做好哪些准备工作？

2. 为了提高审计质量，审计人员在实施审计过程中应注意哪些问题？

3. 撰写审计报告时，审计人员应做好哪些工作？

第一节　审　计　流　程

审计流程又称审计程序，是指审计人员对审计项目从开始到结束的整个过程中采取的系统性工作步骤。审计流程一般包括准备计划、实施和终结报告三个阶段，每个阶段又包括若干具体工作内容。

按照审计主体种类的不同，审计流程的三个阶段的具体内容也有所不同。国家审计机关的审计流程，在《审计法》及其一系列审计规章中有明确的规定。中国注册会计师协会发布的《注册会计师审计准则》按照审计行业公认的审计业务规则，制定了一系列具体准则，对注册会计师审计的整个程序做出了规定，充分体现了注册会计师审计工作的行业特点。内部审计工作程序既不同于注册会计师审计，也与国家审计工作程序存在一定的区别，其三个阶段的具体内容主要取决于单位内部管理层根据需要做出的具体规定。

一、国家审计的一般审计流程

按照审计法规定的基本原则和《审计法实施条例》的具体规定，国家审计应当遵循的审计流程主要分为准备阶段、实施阶段、报告阶段和后续审计阶段。

1. 准备阶段

审计的准备阶段，是指审计机关从审计项目计划开始，到发出审计通知书为止的这一段时间。准备阶段是整个审计过程的起点和基础，本阶段的准备工作主要如下。

（1）明确审计任务，学习法规，熟悉标准。审计负责人接到任务后，应召集全组审计人员，说明该次审计的主要任务、目的和要求，提出自己的认识和打算，引导大家集思广益，组织学习完成审计任务可能涉及的财经法纪、审计法规及审计工作纪律，准确掌握审计法规标准。

（2）进行初步调查，了解被审计单位的基本情况。审计组成员在其负责人的组织下，根据审计任务的要求，通过收集、查阅被审计单位平时上报的资料，走访有关部门，如主管部门及财税、工商、银行、物价等部门，听取各方面情况介绍，初步了解被审计单位的业务性质、生产经营特点、组织机构设置等。如系再次审计，审计组成员可以通过查阅原来的审计工作底稿、审计报告、审计决定等档案资料，了解被审计单位过去的经济情况、发生的问题和处理情况。

（3）拟订审计工作方案。审计工作方案是实施审计的总体安排，是保证审计工作取得预期效果的有效措施，也是审计机关据以检查、控制审计工作质量、进度的依据。审计工作方案是在综合已经取得的资料和掌握的情况，以及明确审计重要问题的基础上形成的。其主要内容包括：审计项目名称、被审计单位名称，审计目标，审计方式，编制依据，审计的范围和内容，审计要点、步骤和方法，时间进度和人员分工等。

编制审计工作方案应当根据重要性原则，围绕审计目标，确定审计的范围和重点，并留有适当余地。审计工作方案经审计组所在部门领导或审计机关主要领导批准后，由审计组负责实施。

2. 实施阶段

审计实施阶段是审计组进驻被审计单位，就地审查会计凭证、会计账簿、会计报表，查阅与审计事项有关的文件、资料，检查现金、实物、有价证券，并向有关单位和人员调查，以取得证明材料的过程。它是审计全过程的**最重要阶段**。本阶段主要应做好以下几项工作。

（1）深入调查研究，调整审计工作方案。审计组实施审计时，首先应深入了解被审计单位的管理体制、机构设置、职责或经营范围、业务规模、资产状况等；其次对内控制度进行评估，根据评估结果，确定审计范围和采用的方法，必要时，修改原来制订的审计工作方案。

（2）评价内控制度。评价内控制度，一是进行内控制度健全性调查；二是进行内控制度符合性测试；三是对内控制度的有效性进行综合评价，从中发现内控制度的强点和弱点，并分析原因。审计组应根据内部控制的强弱点，对审计工作方案进行适当调整，将审查重点放在内控制度的弱点上，面对强点则进行一般审查，以尽可能高效、高质量地取得审计证明材料，提高审计工作效率。

（3）实施实质性测试，搜集证明材料。主要有以下两项工作：①分析经济业务的特点。如经济业务的重要性、业务处理复杂程度、业务发生频率、业务处理人员素质分析。②审查有关会计资料和经济活动，收集、鉴定审计证明材料。审查分析的会计资料包括会计凭证、账簿和报表。

（4）编制审计工作底稿。审计工作底稿是审计证明材料的汇集，在汇集证明材料时，应注明证明材料的来源。在审计过程中，审计人员必须有详细、准确的工作记录，特别是审计中发现的问题，以便反映出审计工作的全部过程。

3. 报告阶段

审计的报告阶段，也叫审计的终结阶段，是审计工作的总结阶段，这一阶段的工作主要是编制审计报告，做出审计决定，其主要步骤如下。

（1）整理和分析审计工作底稿。审计组检查、复核和整理审计工作底稿，以便鉴定证明材料的客观性、相关性、合法性和充分性，从而及时采取补救措施，保证收集的证明材料的充分性。

（2）审计组编写审计报告。按照《审计法》第四十四条规定，审计组对审计事项实施审计后，应当向审计机关提出审计报告。审计组的审计报告报送审计机关前应当征求被审计单位的意见，被审计单位应当自接到审计组的审计报告起10日内，将其书面意见送交审计组。审计组应当将被审计单位的书面意见一并报送审计机关。

4. 后续审计阶段

后续审计阶段主要包括审计机关审定审计报告和可能出现的审计行政复议。

按照审计法及其实施条例的规定，审计机关审定审计报告阶段的主要工作有四个方面：①审定报告，对审计事项做出评价；②出具审计意见书；③对违反国家规定的财政收支、财务收支行为，需要依法给予处理、处罚的，在法定职权范围内做出审计决定或者向有关主管机关提出处理、处罚意见；④提出审计结果报告和审计工作报告。

 温馨提示

　　国家审计的审计成果比民间审计的多，主要包括审计报告、专项审计调查报告、审计意见书、审计决定书、审计移送处理书等。这些成果经审计机关负责人签发后，按下列要求报送。

　　（1）审计报告、审计意见书、审计决定书送达被审计单位和有关单位。

　　（2）专项审计调查报告送达本级人民政府和上一级审计机关。

　　（3）审计移送处理书送达司法等相关部门。

在完成审计报告审定工作后，就要进行资料处理和审计小结工作。如全部归还借阅的资料，整理审计过程中形成的资料，将永久保存的资料、长期保存的资料、短期保存的资料立卷归档，移交档案部门管理；将无保存价值的资料造册登记后销毁。

审计机关的审计决定送达后，被审计单位对地方审计机关做出的具体行政行为不服的，可以先向上一级审计机关或者本级人民政府申请复议；但对地方性法规规定或者本级人民政府交办事项的审计不服的，应当先向本级人民政府申请复议；对审计署做出的具体行政行为不服的，应当先向审计署申请复议。审计机关按照《中华人民共和国行政复议法实施条例》和其他有关法律、法规的规定，办理审计复议事项。被审计单位、个人对复议决定不服的，可以依法向人民法院起诉。

被审计单位对审计机关做出的审计结论和决定不服的，可向上一级机关申请复审，在申请复审期间，原审计结论照常执行。

二、注册会计师审计的一般审计流程

注册会计师审计与国家审计的流程有很多相似之处，但也有自身的特点。注册会计师审计的一般审计流程主要包括接受业务委托、计划审计工作、实施风险评估程序、实施控制测试和实质性程序、完成审计工作和编制审计报告五大环节。

1. 接受业务委托

会计师事务所应当按照执业准则的规定，谨慎决策是否接受或保持某客户关系和具体审计业务。在接受新客户的业务前，或决定是否保持现有业务或考虑接受现有客户的新业务时，会计师事务所应当执行一些客户接受与保持的程序，以获取以下信息：①考虑客户的诚信，没有信息表明客户缺乏诚信；②具有执行业务必要的素质、专业胜任能力、时间和资源；③能够遵守职业道德规范。

注册会计师需要做出的最重要的决策之一就是接受和保持客户。一旦决定接受业务委托，注册会计师应当与客户就审计约定条款达成一致意见。对于连续审计，注册会计师应当考虑是否需要根据具体情况修改业务约定条款，以及是否需要提醒客户注意现有的业务约定书。

2. 计划审计工作

计划审计工作十分重要，计划不周会影响审计工作的效率。一般来说，计划审计工作主要包括：在本期审计业务开始时开展的初步业务活动、制订总体审计策略、制订具体审计计划等。需要指出的是，计划审计工作不是审计业务的一个孤立阶段，而是一个持续的、不断修正的过程，贯穿于整个审计过程的始终。

3. 实施风险评估程序

所谓风险评估程序，**是必要程序**，是指注册会计师实施的了解被审计单位及其环境并识别和评估财务报表重大错报风险的程序。了解被审计单位及其环境是一个连续和动态地收集、更新与分析信息的过程，贯穿于整个审计过程的始终。实施风险评估程序的主要工作包括：**了解**被审计单位及其环境；**识别和评估**财务报表层次以及各类交易、账户余额、列报认定层次的**重大错报风险**，包括确定需要特别考虑的重大错报风险以及仅通过实施实质性程序无法应对的重大错报风险等。

4. 实施控制测试和实质性程序

注册会计师实施风险评估程序本身并不足以为发表审计意见提供充分、适当的审计证据，注册会计师还应当实施进一步审计程序，包括实施控制测试（必要时或决定测试时）和实质性程序，以便**应对重大错报风险**。因此，注册会计师评估财务报表重大错报风险后，应当运用职业判断，针对评估的财务报表层次重大错报风险确定总体应对措施，并针对评估的认定层次重大错报风险设计和实施进一步审计程序，以将审计风险降至可接受的低水平。

5. 完成审计工作和编制审计报告

注册会计师在完成财务报表所有循环的进一步审计程序后，还应当按照有关审计准则的规定做好审计完成阶段的工作，并根据所获取的各种证据，合理运用专业判断，形成适当的审计意见。本阶段主要的工作有：审计期初余额、比较数据、期后事项和或有事项；考虑持续经营问题和获取管理层声明；汇总审计差异，并提请被审计单位调整或披露；复核审计工作底稿和财务报表；与管理层和治理层沟通；评价所有审计证据，形成审计意见；编制审计报告等。

思考与讨论

比较国家审计与注册会计师审计一般流程的异同。

目前注册会计师审计属于**风险导向审计**，其**基本流程**主要包括三个环节：①了解被审计单位及其环境；②评估重大错报风险；③应对重大错报风险。

三、内部审计的一般审计流程

内部审计流程既不同于注册会计师审计流程，也不同于国家审计流程。从形式上看，内部审计工作程序的几个基本阶段同国家审计流程大体相同，但其工作程序的具体繁简程度，则主要取决于单位内部管理层根据需要做出的具体规定。内部审计一般流程如下。

1. 准备阶段

部门、单位内部审计机构所进行的内部审计，在准备阶段的工作内容与国家审计大体相同，但审计项目的确定、审计计划制订的依据，更多的是本部门、本单位实际经济情况，以及本部门、本单位领导交办的案件。内部审计人员一般熟悉本部门、本单位的内部情况，因此，可以不需要做很多的准备工作，便能迅速地转入实施阶段。同时，因内部审计人员是本部门、本单位内部的成员，所以，审计工作方案可以比较机动灵活，并且可以随时补充修改。

2. 实施阶段

内部审计实施具体的审计工作，一般应事先通知被审计单位，但无须做初步调查，也无须对内控制度进行健全性调查、符合性测试和有效性评价。审计人员依靠自己对本部门、本单位的了解，已经积累了对审计环境的认识，一般足以使他们于实施阶段一开始便着手深入地审核检查工作。对审计中发现的问题，审计人员可随时向有关单位和人员提出改进的建议。

3. 终结阶段

内部审计的审计报告需由经办内部审计的审计人员提出后，征求被审计单位意见，并报送本部门、本单位领导审批。经批准的审计意见书和审计决定，送达被审计单位后，被审计单位必须执行。内部审计机构需要对主要项目进行后续审计，检查采纳审计意见后执行审计决定的情况。被审计单位对审计意见书和审计决定如有异议，可以向内部审计机构所在单位负责人提出，该负责人应当及时处理。国家审计机关派驻部门的审计机构代行所驻部门内部审计机构的职能，其做出的审计报告还应报送派出的审计机关。

第二节　审计业务约定书和审计计划

会计师事务所应当按照执业准则的规定，谨慎决策是否接受或保持某客户关系和具体审计业务。在接受委托前，注册会计师应当初步了解审计业务环境，包括业务约定事项、审计对象特征、使用的标准、预期使用者的需求、责任方及其环境的相关特征，以及可能对审计业务产生重大影响的事项、交易、条件和惯例等其他事项。

一、承接业务

审计业务承接的实务流程可用图4.1表示，下面对其中的关键环节进行简要介绍。

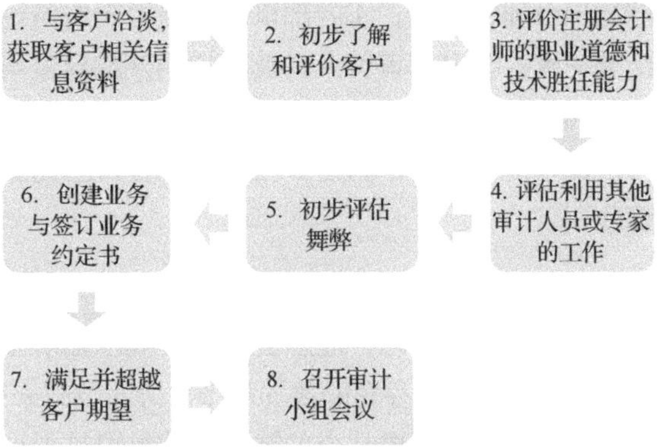

1. 初步评价业务承接

只有在了解后认为符合胜任能力、独立性和应有的关注等职业道德要求，并且拟承接的业务具备下列所有特征时，注册会计师才能将其作为审计业务予以承接。

（1）审计对象适当。

（2）使用的标准适当且预期使用者能够获取该标准。

图 4.1　审计业务承接的实务流程

（3）注册会计师能够获取充分、适当的证据以支持其结论。

（4）注册会计师的结论以书面报告形式表述，且表述形式与所提供的保证程度相适应。

（5）该业务具有合理的目的。如果审计业务的工作范围受到重大限制，或委托人试图将注册会计师的名字和审计对象不适当地联系在一起，则该业务可能不具有合理的目的。

接受业务委托阶段的主要工作包括：了解和评价审计对象的可审性；决定是否接受委托；商定业务约定条款；签订审计业务约定书等。

在审计实务中，影响注册会计师承接业务的相关因素主要包括以下七方面：①专业知识和人员配备；②独立性；③诚信，公司管理层的诚信是否足以让事务所有理由相信管理层不会有意进行重大欺诈，做出违法行为；④声誉和形象，公司声誉是否良好；⑤会计实务，公司是否遵守会计准则，其财务报表能否全面、公允反映公司的财务状况以及经营业绩；⑥财务状况，公司是否存在极糟的业绩或其他负面因素导致其近期内面临停产危险；⑦公司赢利情况，接受并完成这项审计业务约定能否给事务所带来合理的利润。

2. 评估利用其他审计人员或专家的工作

为了规范注册会计师在获取充分、适当的审计证据时利用内部审计人员的工作，明确注册会计师利用内部审计人员工作的责任,注册会计师应评估利用其他审计人员或专家的工作。注册会计师对发表的审计意见独立承担责任，这种责任并不因利用内部审计人员的工作而减轻。注册会计师主要应评估利用其他审计人员或专家的以下几方面的工作。

（1）在确定内部审计人员的工作是否足以实现注册会计师的目的时，注册会计师应当评价：①内部审计的客观性；②内部审计人员的专业胜任能力；③内部审计人员是否可能以应有的关注完成工作；④内部审计人员和注册会计师之间是否可能进行有效的沟通。

（2）在确定内部审计人员的工作对注册会计师审计程序的性质、时间和范围产生的预期影响时，注册会计师应当考虑：①内部审计人员已执行或拟执行的特定工作的性质和范围；②内部审计人员针对特定的某类交易、账户余额和披露，评估认定层次的重大错报风险；③在评价收集的支持相关认定的审计证据时，内部审计人员的主观程度。

（3）在确定内部审计人员的特定工作是否足以实现审计目的时，注册会计师应当评价：①内部审计工作是否由经过充分技术培训且精通业务的人员执行；②内部审计工作是否得到适当的监督、复核和记录；③内部审计人员是否已经获取充分、适当的审计证据，使得其能够得出合理的结论；④内部审计人员得出的结论是否恰当，编制的报告是否与已执行工作的结果一致；⑤内部审计人员披露的例外或异常事项是否得到恰当解决。

（4）如果利用内部审计人员的特定工作，注册会计师应当在审计工作底稿中记录：①针对内部审计人员工作的恰当性进行评价得出的结论；②针对内部审计人员的工作实施的审计程序。

3．初步评估舞弊

舞弊调查结束时，注册会计师应就已知事实进行评价，以便确定是否需要实施或加强控制，减少未来可能存在的薄弱环节，协助披露未来的类似舞弊现象。对舞弊控制进行检查时，注册会计师必须考虑几个关键点：①组织是否设有腐败揭发程序和相关的支持性沟通渠道，以有助于保证舞弊能够迅速引起高级管理层和审计委员会的注意；②腐败揭发程序背后的组织流程是否能够保证鼓励雇员参与所需的保密活动；③雇员是否有理由相信，如果他们泄露了机密信息，将会遭受处罚。

为了获取识别舞弊导致的财务报表重大错报风险所需信息，注册会计师应实施的审计程序包括以下几步。

（1）询问被审计单位管理层、治理层及其他相关人员，了解管理层针对舞弊风险设计的内部控制，以及治理层如何监督管理层对舞弊风险的识别和应对过程。

（2）考虑是否存在舞弊风险因素。

（3）考虑在实施分析程序时发现的异常关系或偏离预期的关系。

（4）考虑有助于识别舞弊导致的重大错报风险的其他信息。

4．创建业务与签订业务约定书

注册会计师可以与被审计单位签订长期审计业务约定书，但如果出现下列情况，应当考虑重新签订审计业务约定书：①有迹象表明被审计单位误解审计目标和范围；②需要修改约定条款或增加特别条款；③高级管理人员、董事会或所有权结构近期发生变动；④被审计单位业务的性质或规模发生重大变化；⑤管理层编制财务报表采用的会计准则和制度发生变化。

二、审计业务约定书

审计业务约定书是指会计师事务所与被审计单位委托人签订的，用以记录和确认审计业务的委托与受托关系、审计目标和范围、双方的责任以及报告的格式等事项的书面协议。

会计师事务所承接任何审计业务，都应与被审计单位签订审计业务约定书。《中国注册会计师审计准则第 1111 号——就审计业务约定条款达成一致意见》要求，注册会计师应当在审计业务开始前，与被审计单位就审计业务约定条款达成一致意见，并签订审计业务约定书，以避免双方对审计业务的理解产生分歧。

会计师事务所与被审计单位协商一致后，即可指派人员起草审计业务约定书。起草完毕的审计业务约定书一式两份，应由双方法人代表或授权代表签署，并加盖双方单位印章。任何方如需修改、补充约定书，均应以适当方式获得对方的确认。

审计业务约定书具有经济合同的性质，一经由约定各方签字或盖章认可，即成为法律上生效的契约，对各方均具有法定约束力。依据《中国注册会计师审计准则第 1111 号——就审计业务约定条款达成一致意见》第十条，注册会计师应当将达成一致意见的审计业务约定条款记录于审计业务约定书或其他适当形式的书面协议中。审计业务约定条款应当包括下列**主要内容**：①财务报表审计的目标与范围；②注册会计师的责任；③管理层的责任；④指出用于编制财务报表所适用的财务报告编制基础；⑤提及注册会计师拟出具的审计报告的预期形式和内容，以及对在特定情况下出具的审计报告可能不同于预期形式和内容的说明。

三、审计计划

审计计划，是指注册会计师为了完成各项审计业务，达到预期的审计目标，在具体执行审计程序之前编制的工作计划。审计计划通常可分为总体审计策略（或称总体审计计划）和具体审计计划两部分。

1. 审计计划的作用

在审计工作中，审计计划有以下几项作用：①为注册会计师和审计工作明确方向；②减少重复审计工作，提高审计效率和社会效益；③减少未来不确定因素的负面影响；④为审计考核工作提供前提条件；⑤为审计控制工作提供标准。

2. 审计计划的内容

制订总体审计计划和具体审计计划的过程紧密联系，并且两者的内容也紧密相关。总体审计计划一经制订，应当针对总体审计计划中所识别的不同事项，制订具体审计计划，并考虑通过有效利用审计资源来实现审计目标。

总体审计计划用以确定审计范围、时间和方向，并指导制订具体审计计划。总体审计计划一般由项目负责人编制，其核心是审计资源分配。总体审计计划的基本内容包括被审计单位的整体情况，审计目的、审计范围及审计策略，重要会计问题及重点审计领域，审计工作进度及时间、费用预算，审计小组组成及人员分工，**审计重要性的确定**及**审计风险的评估**，对专家、内部审计人员和其他审计人员工作的利用以及其他有关内容。

具体审计计划是为获取充分、适当的审计证据以将审计风险降至可接受的低水平，拟实施的审计程序的性质、时间和范围，其核心是审计流程表。具体审计计划应当包括各具体审计项目的一些基本内容，如审计目标、审计流程、执行人及执行日期、审计工作底稿的索引

案例阅读与分析
审计计划案例

对于任何一项审计业务，注册会计师在执行具体审计程序之前，都必须根据具体情况制订科学、合理的计划，使审计业务以有效的方式得以执行。请阅读案例，分析注册会计师拟订的计划存在哪些不当之处。

以及其他有关内容。具体审计计划的制订，可以通过编制审计流程表完成。具体审计计划应当包括：①<u>风险评估程序</u>；②<u>计划实施的进一步审计程序</u>；③<u>计划的其他审计程序</u>。

3. 审计过程中对审计计划的更改

<u>计划审计工作并非审计业务的一个孤立阶段，而是一个持续修正的过程，贯穿于审计始终</u>。由于未预期事项、条件的变化或在实施审计程序中获取的审计证据等原因，注册会计师应当在审计过程中对总体审计策略和具体审计计划做出必要的更新和修改。

通常来讲，这些更新和修改涉及比较重要的事项。例如，对重要性水平的修改，对某类交易、账户余额、列报的重大错报风险的评估和进一步审计程序，包括总体方案和拟实施的具体审计程序的更新和修改等。一旦计划被更新和修改，审计工作也就应当进行相应修正。

第三节 审计重要性

确定审计重要性水平是注册会计师在审计计划中的重要环节。

一、审计重要性的定义

审计重要性是指被审计单位会计报表中错报的严重程度，这一程度在特定环境下可能影响会计报表使用者的判断或决策。审计重要性概念的运用贯穿于整个审计过程，理解这个概念应从以下几方面把握。

（1）重要性概念中的错报包含漏报。财务报表错报包括财务报表的金额错报和披露错报。

（2）重要性涉及数量和性质两个方面。所谓数量方面，是指错报的金额大小，性质方面则是指错报的性质。一般而言，金额大的错报比金额小的错报更重要。在有些情况下，某些金额的错报从数量上看并不重要，但从性质上考虑，则可能是重要的；对于某些财务报表披露的错报，难以从数量上判断是否重要，应从性质上考虑其是否重要。

（3）重要性概念是针对财务报表使用者决策信息需求而言的。判断一项错报重要与否，应视其对财务报表使用者依据财务报表做出经济决策的影响程度而定。如果财务报表中的某项错报足以改变或影响财务报表使用者的相关决策，则该项错报就是重要的，否则就不重要。

思考与讨论
你是如何理解审计重要性的？

（4）重要性的确定离不开具体环境。由于不同的被审计单位面临不同的环境，不同的报表使用者有着不同的信息需求，因此注册会计师确定的重要性也不相同。某一金额的错报对某被审计单位的财务报表来说是重要的，而对另一个被审计单位的财务报表来说可能不重要。

 温馨提示

审计重要性与会计重要性原则不一样。审计重要性是指被审计单位会计报表中错报的严重程度。而会计信息重要性原则要求企业的财务报告在全面反映企业的财务状况和经营成果的同时，对于重要的经济业务，应重点核算、单独反映；而对不重要的经济业务，则可适当简化或合并反映。

二、审计重要性与审计证据、审计风险之间的关系

1. 审计重要性与审计证据之间的关系

审计证据是注册会计师在执行审计过程中采用各种方法和技术获取的能反映被审计事项的所有信息资料。审计重要性与审计证据之间的关系是**反向变动关系**，即：**重要性水平定得越低，需要的审计证据越多；重要性水平定得越高，需要的审计证据越少**。审计重要性水平是注册会计师根据审计的外部环境要求及会计报表使用者允许的错报水平而确定的。

例如，当重要性水平为 20 万元时，注册会计师只要执行必要的审计程序，合理确定审计范围和审计工作量，检查出 20 万元以上的错报就行；但当重要性水平下降为 10 万元时，注册会计师就要在原有的工作基础上，增加审计程序，扩大审计范围，查出 10 万～20 万元的错报。显然，重要性水平为 10 万元时收集的审计证据要多于重要性水平为 20 万元时收集的审计证据。

2. 审计重要性与审计风险之间的关系

审计风险是指会计报表存在重大错报，而注册会计师审计后发表不恰当审计意见（而遭受损失）的可能性。审计重要性与审计风险存在**反向变动关系**，即：**审计重要性定得越高，审计风险越低；审计重要性定得越低，审计风险越高**。

例如，重要性水平为 20 万元，则 20 万元以下的错报不会影响会计报表使用人的判断或决策，注册会计师只需执行有关的审计程序查出 20 万元以上的错报；而如果重要性水平为 10 万元时，则 10 万～20 万元的错报仍然会影响会计报表使用人的判断和决策，注册会计师不但要查出 20 万元以上的错报，而且要查出 10 万～20 万元的错报。显然要查出 20 万元以上的错报比要查出 10 万元以上的错报要容易，也就是说，审计重要性与审计风险存在反向变动关系。

三、重要性的运用

1. 运用重要性原则的一般要求

（1）对重要性的评估需要运用专业判断。对重要性的判断离不开特定的环境。注册会计师在对某一企业进行审计时，必须根据该企业面临的环境，并考虑其他因素，才能合理确定重要性水平。但不同的注册会计师在确定同一企业会计报表的重要性水平时，得出的结果可能不同，甚至相差很大，其原因是不同注册会计师对影响重要性的各种因素的判断存在差异。所以说，注册会计师需要运用专业判断来评估重要性。

（2）注册会计师在审计过程中应当运用重要性原则。在审计过程中运用重要性原则基于以下考虑。①提高审计效率。由于社会经济环境的发展变化，企业规模的扩大，企业组织结构日趋复杂，详细审计已经不可能，在抽样审计下，注册会计师为做出抽样决策，不得不涉及重要性问题。②保证审计质量。抽样审计下，注册会计师对未查部分是否正确要承担一定的风险，而风险的大小与重要性的判断有关，因此，注册会计师为保证审计质量，必须对重要性做出恰当的判断。

（3）在审计过程中需要运用重要性原则的情形有**两个阶段**：①在审计计划阶段，注册会计师应当确定一个可接受的重要性水平，然后确定进一步审计程序的性质、时间和范围，将

审计风险降至可接受的低水平；②在评价审计结果时，注册会计师需要运用重要性原则评价错报的影响，确定审计意见类型。

2. 性质和金额的考虑

注册会计师在确定计划的重要性水平时，应当从性质和金额两个特征考虑。性质特征指的是错误的性质、问题的严重程度、可能造成的后果及影响面，即达到什么程度的错误或偏差是重要的。金额特征指的是错误的金额重大性和对报表数据的影响程度，即多大金额的错误是重要的。一般情况下，金额大的错报比金额小的错报更重要，但在很多情况下，某项业务错报金额虽小，从量方面考虑也许并不重要，但从性质上看，可能是重要的。

3. 两个层次重要性的考虑

注册会计师确定重要性水平时，应当考虑**两个层次**：①财务报表层次；②账户和交易认定层次。账户层次的重要性水平就是实质性测试的可容忍误差。

 温馨提示

> 合理运用重要性关键点：①审计过程中运用重要性的目的是对效率与效果的考虑；②应合理确定重要性水平，过高影响效果，过低则影响效率；③运用重要性原则有两个重要情形；④重要性取决于错报的金额与性质，性质为主，金额为辅；⑤重要性水平涉及报表层次和认定层次两个层次。

四、计划审计工作时对重要性水平的确定

确定重要性水平是注册会计师在审计计划中的重要环节，一般可以从财务报表层次和各类交易、账户余额及列报认定层次两个方面展开。

（一）确定重要性水平应考虑的因素

重要性的评估与审计证据、审计风险、审计意见都存在密切的关系。在执业中，注册会计师必须运用职业判断能力对被审计单位的重要性做出合理的判断。注册会计师在对重要性做出判断时必须考虑以下几个因素。

（1）有关法律法规对财务会计的要求。一般而言，法律法规对财务会计做出的要求越严格，被审计单位出现错报的可能性就越大，注册会计师应将其重要性水平定低一点。

（2）被审计单位的性质、经营规模和业务范围。如果被审计单位是上市公司，一方面由于其涉及的报表使用人范围较广，确定的重要性水平是各个报表使用人重要性水平的并集；另一方面，为了提高报表信息的可靠性，应该审查严格一些，故应将其重要性水平定低些。如果被审计单位的业务范围较广，经济业务比较复杂，会计处理比较容易出错，注册会计师也应将其重要性水平定低些。

（3）内部控制与审计风险的评估结果。如果内部控制较为健全，可信赖程度高，可以将重要性水平定得高一些，以节省审计成本。由于重要性与审计风险之间成反向变动关系，如果审计风险评估为高水平，则意味着重要性水平较低，应收集较多的审计证据，以降低审计风险。

（4）财务报表各项目的性质及其相互关系。财务报表使用者对不同报表项目的关心程度

不同。一般而言，如果认为流动性较高的项目出现较小金额的错报就会影响报表使用者的决策，注册会计师应当对此从严确定重要性水平。由于财务报表各项目之间是相互联系的，注册会计师在确定重要性水平时，需要考虑财务报表各项目间的相互联系。

（5）财务报表项目的金额及其波动幅度。财务报表项目的金额及其波动幅度可能促使财务报表使用者做出不同的反应。因此，注册会计师在确定重要性水平时，应当深入研究这些项目的金额及其波动幅度。

总之，只要是影响预期财务报表使用者决策的因素，都可能对重要性水平产生影响。注册会计师应当在计划阶段充分考虑这些因素，并采用合理的方法，确定重要性水平。

（二）财务报表层次重要性水平的确定

财务报表审计的目标是注册会计师通过执行审计工作对财务报表发表审计意见。注册会计师只有考虑财务报表层次的重要性，才能得出财务报表是否公允反映的结论。注册会计师在制订总体审计策略时，应当确定财务报表层次的重要性水平。

财务报表层次重要性水平的**确定步骤**：确定基准→合理选择百分比→计算→选择确定。

1. 确定基准

注册会计师一般根据所在会计师事务所的惯例及自己的经验，考虑重要性水平。注册会计师通常先选择一个恰当的基准，再选用适当的百分比乘以该基准，从而得出财务报表层次的重要性水平。

在实务中，有许多汇总性的财务数据可以作为确定财务报表层次重要性水平的基准，如总资产、净资产、销售收入、费用总额、毛利、净利润等。

注册会计师对基准的选择有赖于被审计单位的性质和环境。选择基准的规律：通常选择一个相对稳定、可预测且能够反映被审计单位正常规模的基准，对于那些指标变动较大的，最好计算平均值作为基准；以营利为目的的企业，应该选择税前利润或税后净利润作为基准；非营利组织，最好选择资产类指标作为基准。比如，资产管理公司应选择净资产作为基准。

2. 合理选择百分比

对于固定比率，直接选取。《中国注册会计师执业准则第 1221 号——重要性》指南给出了参考比率，具体如下。①对以营利为目的的企业，来自经常性业务的税前利润或税后利润 5%，或总收入的 0.5%。在适当情况下，也可以总资产或净资产的一定比例。②对非营利组织，费用总额或总收入的 0.5%。③对共同基金公司，净资产的 0.5%。

对于变动比率，规模大的选低，反之选高。其目的主要是为了降低审计风险。

3. 计算和选择确定

重要性水平计算公式为

$$重要性水平=基准×百分比$$

选择确定思路：如果同一期间各会计报表的重要性水平不同，根据谨慎性原则，应取重要性标准（绝对值）最低者作为该审计业务的重要性水平。

 案例阅读与分析

审计人员受委托，对渝香食品有限公司 20×6 年财务报表进行审计。公司财务报表显示，20×6

年全年实现利润 800 万元，资产总额 4 000 万元，净利润和资产总额的重要性水平分别为 5% 和 0.5%。试确定财务报表层次的重要性水平。

分析：（1）根据净利润和资产总额计算重要性水平。

$$净利润基准的重要性水平=800×5\%=40（万元）$$

$$资产总额基准的重要性水平=4\ 000×0.5\%=20（万元）$$

（2）选择重要性水平。根据谨慎性原则，应取 20 万元作为财务报表层次的重要性水平。

（三）各类交易、账户余额、列报认定层次的重要性水平

各类交易、账户余额、列报认定层次的重要性水平称为**"可容忍错报"**，是在不导致财务报表存在重大错报的情况下，注册会计师对各类交易、账户余额、列报确定的可接受的最大错报。

可容忍错报是以财务报表层次重要性水平为基础进行调整而确定的。**具体步骤**：<u>按比例分配→根据规则调整确定</u>。

（1）按比例分配，计算公式为

$$每个项目的分配比例=选定的财务报表层次重要性水平/资产总额×100\%$$

（2）根据规则调整确定。调整规则主要有：①对于易出错的项目，可确定较高的重要性水平，即调高；②对于重要项目或不期望出现错误的项目，从严制定重要性水平，即调低。

 案例阅读与分析

假定东方公司的财务报表层次重要性水平为 10 万元，公司的资产类各账户余额及其重要性水平确定如表 4.1 所示。

表 4.1　账户认定层次的重要性水平确定　　　　　　（单位：万元）

账　户	余额	按比例分配的账户重要性水平	调整后的账户重要性水平
货币资金	50	50×2%=1	0.8（调低）
应收账款	50	50×2%=1	1.3（调高）
存货	100	100×2%=2	2.5（调高）
固定资产	300	300×2%=6	5.4（调低）
合　计	500	500×2%=10	10

每个项目的分配比例=选定的财务报表层次重要性水平/资产总额×100%=10/500×100%=2%。

说明：调高还是调低，是根据前面的规则确定的，而调整幅度则取决于注册会计师的经验。

五、评价审计结果时对重要性的考虑

（一）评价审计结果时所运用的重要性水平的确定

评价审计结果时所运用的重要性水平应该为最后一次调整的重要性水平。

（二）错报的汇总

注册会计师在评价审计结果时，应当汇总已发现但尚未调整的错报，以考虑其金额与性质是否对会计报表的反映产生重大影响。在汇总尚未调整的错报时，应当包括已发现的和推

断的错报，并考虑期后事项及或有事项是否已进行适当处理。

1. 已经识别的具体错报

已经识别的具体错报是指在审计过程中发现的，能够准确计量的错报，包括下列两类。

（1）对事实的错报。这类错报产生于被审计单位收集和处理数据的错误、对事实的忽略或误解，或故意舞弊行为。例如，注册会计师在实施细节测试时发现最近购入存货的实际价值为 15 000 元，但账面记录的金额却为 10 000 元。因此，存货和应付账款分别被低估了 5 000元，这里被低估的 5 000 元就是已识别的对事实的具体错报。

（2）涉及主观决策的错报。这类错报产生于两种情况：一是管理层和注册会计师对会计估计值的判断差异，例如，由于包含在财务报表中的管理层做出的估计超出了注册会计师确定的一个合理范围，导致出现判断差异；二是管理层和注册会计师对选择和运用会计政策的判断差异，由于注册会计师认为管理层选用会计政策造成错报，管理层却认为选用会计政策适当，导致出现判断差异。

2. 推断错报

推断错报也称可能误差或推断误差，是注册会计师对不能明确、具体识别的其他错报的最佳估计数。推断错报通常包括以下两种情况。

（1）通过测试样本估计出的总体错报减去在测试中发现的已经识别的具体错报。例如，应收账款年末余额为 2 000 万元，注册会计师抽查样本发现金额有 100 万元的高估，高估部分为账面金额的 20%，据此注册会计师推断总体的错报金额为 400 万元（即 2 000×20%），那么上述 100 万元就是已识别的具体错报，其余 300 万元即推断误差。

（2）通过实质性分析程序推断出的估计错报。例如，注册会计师根据客户的预算资料及行业趋势等要素，对客户年度销售费用独立地做出估计并与客户账面金额比较后发现：两者间有 50% 的差异。考虑到估计的精确性有限，注册会计师根据经验认为 10% 的差异通常是可接受的，而剩余 40% 的差异需要有合理解释并取得佐证性证据。假定注册会计师对其中 20%的差异无法得到合理解释或不能取得佐证，则该部分差异金额即为推断误差。

（三）汇总数与重要性水平比较及处理

1. 汇总数低于重要性水平的处理

如果尚未调整的错报汇总数**低于**财务报表层次重要性水平，注册会计师应当直接发表无保留意见的审计报告。

2. 汇总数接近重要性水平的处理

如果尚未调整的错报汇总数**接近**重要性水平，由于该汇总数连同尚未发现的错报可能超过重要性水平，注册会计师应当实施追加审计程序，或进一步提请被审计单位调整已发现的错报，以降低审计风险。如果注册会计师实施追加审计程序，没有发现错报增加，或被审计单位进一步调整会计报表后，尚未调整的错报汇总数低于财务报表层次重要性水平，则可以出具**无保留意见**的审计报告。反之，则考虑出具**非无保留意见**审计报告。

3. 汇总数超过重要性水平的处理

如果尚未调整的错报的汇总数**超过**重要性水平，注册会计师应当考虑扩大实质性程序范围或进一步提请被审计单位调整会计报表，以降低审计风险。如果上述程序实施后，汇总数降低至无保留意见的范围内，则出具无保留意见审计报告；如果仍超过，则考虑出具非无保留意见，即**保留意见**（影响重大但不广泛）**或否定意见**（影响重大且广泛）审计报告。

第四节　审　计　风　险

审计过程中，注册会计师必须关注审计风险。审计风险取决于重大错报风险和检查风险。评估重大错报风险既是审计计划的重要内容，又是风险导向审计流程的重要环节。

一、审计风险的内涵

风险是指发生伤害、毁损、损失的可能性。**审计风险**是指财务报表存在重大错报，而注册会计师审计后发表不恰当审计意见（而遭受损失）的可能性。可接受审计风险的确定，需要考虑会计师事务所对审计风险的态度、审计失败对会计师事务所可能造成损失的大小等因素。其中，审计失败对会计师事务所可能造成的损失大小又受所审计财务报表的用途、使用者的范围等因素的影响。但必须注意，审计业务是一种保证程度高的鉴证业务，可接受的审计风险应当足够低，以使注册会计师能够合理保证所审计财务报表不含有重大错报。

按审计主体和风险影响范围大小，审计风险分为职业风险和项目风险。审计职业风险是指审计职业整体面临的生存和发展风险。具体表现为：①审计范围拓宽；②注册会计师素质不适应社会发展和公众的要求；③审计方法不当。审计项目风险是指单个审计项目中注册会计师面临的风险。本书主要讲该类风险。

审计风险形成原因既有客观原因，也有主观原因。

客观原因是指被审计单位及社会法律环境的因素，不能改变。注册会计师对客观原因应该做到心中有数。客观原因具体包括：①被审计对象的复杂性；②审计报告的影响越来越大；③审计责任的扩大和期望差距（expectation gap，审计职业界对自身的认识与社会公众对审计职业界的认识的差距）的存在；④"深口袋"现象使审计人员更易遭受法律诉讼；⑤审计方法存在缺陷（抽样）。

主观原因是由注册会计师自身因素导致的，是可控的，具体表现为：①专业能力不强；②责任心不强和职业道德水平不高。

二、审计风险的组成要素及关系

审计风险取决于重大错报风险和检查风险。

1. 重大错报风险

重大错报风险是指财务报表在审计前存在重大错报的可能性。在设计审计程序以确定财务报表整体是否存在重大错报时，注册会计师应当从财务报表层次和各类交易、账户余额、列报认定层次考虑重大错报风险。重大错报风险取决于固有风险和控制风险。

固有风险指在不考虑被审计单位相关的内部控制政策或程序的情况下，其财务报表上某项认定产生重大错报的可能性。它是独立于财务报表审计之外存在的，是注册会计师无法改变其实际水平的一种风险。

控制风险是指被审计单位内部控制未能及时防止或发现其财务报表上某项错报的可能性。同固有风险一样，注册会计师只能评估其水平而不能影响或降低它的大小。

财务报表层次重大错报风险与财务报表整体存在广泛联系，它可能影响多项认定。此类风险通常与控制环境有关，如管理层缺乏诚信、治理层形同虚设而不能对管理层进行有效监督等；但也可能与其他因素有关，如经济萧条、企业所处行业处于衰退期。此类风险难以被界定于某类交易、账户余额、列报的具体认定，相反，却增大了一个或多个不同认定发生重大错报的可能性。此类风险对注册会计师考虑由舞弊引起的风险特别相关。

注册会计师评估财务报表层次重大错报风险的措施包括：考虑审计项目组承担重要责任的人员的学识、技术和能力，是否需要专家介入；考虑给予业务助理人员适当程度的监督指导；考虑是否存在怀疑被审计单位持续经营假设合理性的事项或情况。注册会计师还应同时考虑各类交易、账户余额、列报认定层次的重大错报风险，考虑的结果直接有利于注册会计师针对认定层次重大错报风险实施的进一步审计程序的性质、时间和范围。注册会计师在各类交易、账户余额、列报认定层次获取审计证据，以便在审计工作完成时，以可接受的低审计风险水平对财务报表整体发表意见。

2. 检查风险

检查风险是指某一认定存在错报，该错报单独或连同其他错报是重大的，但注册会计师未能发现这种错报的可能性。检查风险取决于审计程序设计的合理性和执行的有效性。由于注册会计师通常并不对所有的交易、账户余额和列报进行检查，以及其他原因的存在，检查风险不可能降为零。其他原因包括注册会计师可能选择了不恰当的审计程序、审计程序执行不当，或者错误理解了审计结论，这些其他原因可以通过适当计划、在项目组成员之间进行恰当的职责分配、保持职业怀疑态度以及监督、指导和复核助理人员所执行的审计工作得以解决。

3. 审计风险组成要素之间的关系

审计风险取决于重大错报风险和检查风险，三者之间关系用数学模型（也称审计风险模型）表示：**审计风险=重大错报风险×检查风险=固有风险×控制风险×检查风险**。在既定的审计风险水平下，可接受的检查风险水平与认定层次的重大错报风险成反向变动关系。

（1）审计风险取决于重大错报风险和检查风险。就是说，如果不存在重大错报风险，当然也不存在审计风险和检查风险；如果存在重大错报风险，审计检查时均已发现并按审计准则做了适当处理，这时检查风险为 0，当然也就排除了审计风险；如果检查风险不能排除，除非不存在重大错报，否则审计风险就无法排除。

（2）检查风险水平与认定层次重大错报风险的评估结果成反向变动关系。即评估的重大错报风险越高，财务报表错报的可能性则越大，确定的检查风险水平就越低；反之，评估的重大错报风险越低，财务报表错报的可能性则越小，确定的检查风险水平应越高。

 温馨提示

审计风险各要素中，重大错报风险、固有风险、控制风险是由被审计单位导致的，注册会计师只能客观评估，不能控制；唯有检查风险是注册会计师自身能够控制的。审计总风险，也称期望审计风险，一般与保证程度或可信赖程度互补，一般由审计主体根据行规和经验确定，基本是一个常数。

各审计风险与审计证据数量的关系为：①重大错报风险、固有风险、控制风险的评估水平与所需审计证据的数量成正向变动关系；②期望审计风险、可接受的检查风险与所需审计证据的数量成反向变动关系。

 案例阅读与分析

风险类别	情况一	情况二	情况三	情况四
可接受的审计风险	4%	3%	2%	1%
重大错报风险	80%	50%	50%	40%

表 4.2　可接受审计风险水平与重大错报风险评估水平情况

某注册会计师在评估被审计单位的审计风险时，分别设计了表 4.2 所示的四种情况，以帮助决定可接受的检查风险水平。

请回答：①上述四种情况下可接受的检查风险水平分别是多少？②哪种情况需要注册会计师获取最多的审计证据？为什么？

分析提示：①根据审计风险模型，检查风险=可接受的审计风险/重大错报风险，可以得出上述四种情况下的检查风险水平。情况一：检查风险=4%/80%=5%。情况二：检查风险=3%/50%=6%。情况三：检查风险=2%/50%=4%。情况四：检查风险=1%/40%=2.5%。②情况四需要获取最多的审计证据。因为可接受的检查风险与获取审计证据的数量成反向变动关系。

 本章小测试

一、单项选择题

1. 审计过程中，审计步骤是否应该执行，是否必要，往往取决于（　　　）。

　　A．注册会计师的判断　B．审计准则　　　　　C．内部控制评价　　　D．审计风险

2. 下列不属于准备阶段工作的是（　　　）。

　　A．签订审计业务约定书　　　　　　　　　B．控制测试

　　C．分析审计风险　　　　　　　　　　　　D．编写审计计划

3. 审计业务约定书具有（　　　）的性质，一经约定双方签字认可，即在法律上产生效力。

　　A．委托　　　　　　　B．经济合同　　　　　C．代理　　　　　　　D．协商

4. 被审计单位会计报表中错报的严重程度，是审计中所说的（　　　）。

　　A．审计风险　　　　　B．审计错误　　　　　C．重要性　　　　　　D．固有风险

5. 某一账户或交易单独或连同其他账户、交易产生重大错报，而未能被实质性测试发现的可能性，称为（　　　）。

　　A．固有风险　　　　　B．检查风险　　　　　C．控制风险　　　　　D．系统风险

6. 审计过程中采用恰当的审计流程是十分重要的，如果忽略了必要的步骤，将直接影响（　　　）。

　　A．审计效率　　　　　B．审计效果　　　　　C．审计效率和效果　　D．审计效率或效果

7. 审计计划应由（ ）编制。

A．被审计单位　　　B．审计项目的负责人　　C．审计执行人员　　　D．有关专家

8. 审计终结阶段，如果审计人员发现审计风险高于可接受的水平，应考虑（ ）。

A．重新审计　　　　B．结束审计　　　　　C．采用替代审计程序　D．追加审计程序

9. 在对财务报表进行分析后，确定资产负债表的重要性水平为 200 万元，利润表的重要性水平为 100 万元，则注册会计师应确定的财务报表层次的重要性水平为（ ）。

A．100 万元　　　　B．150 万元　　　　　C．200 万元　　　　　D．300 万元

二、多项选择题

1. 广义审计流程一般可划分为（ ）。

A．准备阶段　　　　B．试审阶段　　　　　C．实施阶段　　　　　D．终结阶段

2. 准备阶段的工作一般包括（ ）。

A．了解被审计单位基本情况　　　　　　B．签订审计业务约定书

C．初步评价被审计单位内控制度　　　　D．编制审计计划

3. 审计风险包括（ ）。

A．系统风险　　　　B．固有风险　　　　　C．控制风险　　　　　D．抽样风险

4. 审计计划包括（ ）。

A．总体审计计划　　B．具体审计计划　　　C．详细审计计划　　　D．项目审计计划

5. 注册会计师实施有关审计程序后，如认为某一重要账户或交易类别认定的检查风险不能降低至可接受水平，应当发表（ ）。

A．无保留意见　　　B．保留意见　　　　　C．否定意见　　　　　D．无法表示意见

6. 注册会计师执行年度会计报表审计时，运用重要性原则的主要目的有（ ）。

A．提高审计效率　　B．保证审计质量　　　C．查出错误和舞弊　　D．提高会计信息质量

三、判断题（凡正确者在题头括号内打"√"，错误则打"×"）

（　）1. 审计业务约定书是指注册会计师与被审计单位共同签署的，以此确认审计业务的委托与受托关系，明确委托目的、审计范围及双方责任等事项的书面合同。

（　）2. 注册会计师评价审计结果时所运用的重要性水平，可能与编制审计计划时所确定的重要性水平初步判断数不同，如前者大大低于后者，注册会计师应当重新评估所执行的审计程序是否充分。

（　）3. 具体审计计划包括注册会计师计划进一步实施的总体审计方案和拟实施的具体审计程序。

（　）4. 为了保证审计计划的严肃性，审计计划一经制订，在执行过程中就不得做出任何修改。

（　）5. 在任何情况下，注册会计师都应当要求管理层就已识别的错报调整财务报表。如果管理层拒绝调整财务报表，并且扩大审计程序范围的结果不能使注册会计师认为尚未更正错报的汇总数不重大，注册会计师应当考虑出具非无保留意见的审计报告。

（　）6. 注册会计师无法改变固有风险和控制风险的估计水平，但可以改变检查风险水平。

（　）7. 在既定的审计风险水平下，可接受的检查风险水平与认定层次重大错报风险的评估结果成反向变动关系。评估的重大错报风险越低，可接受的检查风险越高。

（　）8. 注册会计师实施有关审计程序后，如认为某一重要账户或交易类别认定的检查风险不

能降低至可接受水平，应当发表保留意见或否定意见。

（　　）9．注册会计师确定的重要性水平越高，可接受的检查风险水平也应越高。

（　　）10．注册会计师在对重要性水平做出初步判断时，应考虑被审计单位内部控制的有效性。

四、问答题

1．简述民间审计的基本流程。

2．简述尚未调整错报的汇总数对审计程序或审计意见的影响。

3．简述审计风险各组成要素的含义及其相互关系。

4．简述审计重要性、审计风险、审计证据之间的相互关系。

五、案例分析题

1．长江会计师事务所决定接受本市纺织公司的委托，对其会计报表进行审计，因此，由负责的项目经理注册会计师李山与纺织公司的财务主任签订审计业务约定书，基本内容如下：①签约双方的名称；②委托的目的；③审计范围；④签约双方的义务；⑤审计收费；⑥违约责任；⑦其他事项。

要求：

（1）该审计业务约定书的签订人有无问题？如果有，是什么？

（2）该审计业务约定书的内容中少了两项重要内容条款，是什么？会产生什么后果？

（3）审计业务约定书的第4款，审计双方的义务分别是什么？

表 4.3　XYZ 股份有限公司 20×5 年度简化会计报表

（单位：万元）

会计报表项目名称	金　额
资产总计	180 000
股东权益合计	88 000
主营业务收入	240 000
利润总额	36 000
净利润	24 120

2．A 和 B 注册会计师对 XYZ 股份有限公司 20×5 年度会计报表进行审计，其未经审计的有关会计报表项目金额如表 4.3 所示。

要求：

（1）如果以资产总额、净资产（股东权益）、主营业务收入和净利润作为判断基础，采用固定比率法，并假定资产总额、净资产、主营业务收入和净利润的固定百分比数值分别为 0.5%、1%、0.5% 和 5%，请代 A 和 B 注册会计师计算确定 XYZ 股份有限公司 20×5 年度财务报表层次的重要性水平（请列示计算过程）；

（2）简要说明重要性水平与审计风险、审计证据之间的关系。

 实训项目

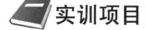
请扫描二维码，阅读实训资料，根据实训内容和要求，完成实训。

第五章　风险评估与风险应对

【学习目的与要求】

通过本章的学习，应该：①熟悉了解、记录内部控制的方法；②熟悉识别、评估及应对重大错报风险的理论；③理解控制测试和实质性程序；④理解和掌握内部控制各要素的内容与目标。

【引入案例】

老虎会计师事务所对雄狮公司的风险评估

老虎会计师事务所于 20×6 年 3 月对雄狮公司 20×5 年度财务报表进行审计。该公司为适应市场形势需要，在周边 10 多个城市增设了办事处，外地办事处数量达到了 25 个。同时从本公司及下属公司抽调了 20 多名非财会人员，进行简单培训后分派到各办事处从事会计工作。由于原财务经理与总经理在工作上存在意见分歧，原财务经理辞职，原行政部经理调任财务经理。新财务经理上任后，对财务部和驻外地办事处财会人员进行了岗位调整，有的财务人员被频繁调动。该公司五金制品销售情况很好，许多客户提前预交货款，使用现金交款的情况很频繁，而且有的数额较大。大多数外地办事处只有一名财务人员，缺乏有效的内部控制。注册会计师通过查阅以前年度的审计报告，发现销售退回和折让、应付利息以及按权益法核算的长期投资及投资收益等业务存在较多的漏记。

问题：

1．什么是风险评估程序？风险评估程序具体有哪些程序？

2．雄狮公司可能存在哪些风险点？

第一节　了解被审计单位及其环境

一、了解的目的及作用

了解被审计单位及其环境是**一个必经程序**，其目的是识别和评估财务报表层次的重大错报风险。了解可以为以下关键环节提供重要的判断基础：①确定重要性水平；②考虑会计政策的选择和运用是否恰当，以及财务报表的列报（包括披露）是否适当；③识别需要特别考虑的领域，包括关联方交易、管理层运用持续经营假设的合理性，或交易是否具有合理的商业目的等；④确定在实施分析程序时所使用的预期值；⑤设计和实施进一步审计程序，以将审计风险降至可接受的低水平；⑥评价所获取审计证据的充分性和适当性。

二、了解的主要程序

了解被审计单位及其环境的主要程序——**风险评估程序及其他程序**。

为了解被审计单位及其环境而实施的程序称为风险评估程序。注册会计师应当依据实施这些程序所获取的信息，评估重大错报风险。风险评估程序具体包括以下程序。

1．询问被审计单位管理层和内部其他相关人员

询问被审计单位管理层和其他相关人员是注册会计师了解被审计单位及其环境的一个重要信息来源。注册会计师可以考虑向管理层和财务负责人询问：①管理层所关注的主要问题，如新的竞争对手、新的税收法规的实施以及经营目标或战略的变化等；②被审计单位最近的财务状况、经营成果和现金流量；③可能影响财务报告的交易和事项，或者目前发生的重大会计处理问题；④被审计单位发生的其他重要变化，如所有权结构、内部控制的变化等。

注册会计师还应当考虑询问内部审计人员、采购人员、生产人员、销售人员等其他人员，并考虑询问不同级别的员工，以获取对识别重大错报风险有用的信息。

2．观察和检查

观察和检查程序可以印证对管理层和其他相关人员的询问结果，并可提供有关被审计单位及其环境的信息。注册会计师应当实施下列观察和检查程序：①**观察**被审计单位的生产经营活动；②**检查**文件、记录和内部控制手册；③**阅读**由管理层和治理层编制的报告；④**实地查看**被审计单位的生产经营场所和设备；⑤追踪交易信息系统中的处理过程（**穿行测试**）。

3．分析程序

分析程序是指注册会计师通过研究不同财务数据之间以及财务数据与非财务数据之间的内在关系，对财务信息做出评价。分析程序还包括调查识别出的、与其他相关信息不一致或与预期数据严重偏离的波动和关系。

分析程序既可用作风险评估程序和实质性程序，也可用于对财务报表的总体复核。

三、了解的主要内容

注册会计师应当从下列方面了解被审计单位及其环境：①行业状况、法律环境与监管环境以及其他外部因素；②被审计单位的性质；③被审计单位对会计政策的选择和运用；④被审计单位的目标、战略以及相关经营风险；⑤被审计单位财务业绩的衡量和评价；⑥被审计单位的内部控制。

 温馨提示

上述了解的内容中，①属于被审计单位的外部因素，②③④⑥属于内部因素，⑤既有内部因素，也有外部因素。被审计单位及其环境的各个方面可能会互相影响。例如，被审计单位的行业状况、法律环境、监管环境和其他外部因素可能影响被审计单位的目标、战略以及相关经营风险，而被审计单位的性质、目标、战略和相关经营风险可能影响被审计单位对会计政策的选择和运用，以及内部控制的设计和执行。

第二节　了解被审计单位的内部控制

一、内部控制目标和固有限制

内部控制是被审计单位为了合理保证财务报告的可靠性、经营的效率和效果以及对法律法规的遵守，由治理层、管理层和其他人员设计、执行的政策和程序。

内部控制是经济单位和各个组织在经济活动中建立的一种相互制约的业务组织形式和职责分工制度。内部控制的目的在于改善经营管理、提高经济效益。它是因加强经济管理的需要而产生的，随着经济的发展而完善。最早的内部控制主要着眼于保护财产的安全完整，会计信息资料的正确可靠，侧重于从钱物分管、严格手续、加强复核方面入手。随着商品经济的发展和生产规模的扩大，经济活动日趋复杂，内部控制才逐步发展成近代的内部控制系统。

1. 内部控制目标

内部控制目标（简称内控目标）是**合理保证以下事项**：①财务报告的可靠性，这一目标与管理层履行财务报告编制责任密切相关；②经营的效率和效果，即经济有效地使用企业资源，以最优方式实现企业的目标；③所有经营活动中遵守法律法规的要求，即在法规的框架下从事经营活动。

2. 内部控制的固有限制

内部控制存在固有局限性，无论如何设计和执行，只能对财务报告的可靠性提供合理的保证。内部控制存在的固有限制如下。

（1）在决策时人为判断可能出现错误或由于人为失误而导致内部控制失效。例如，被审计单位信息技术工作人员没有完全理解系统如何处理销售交易，为使系统能够处理新型产品的销售，可能错误地对系统进行更改；或者对系统的更改是正确的，但是程序员没能把此次更改转化为正确的程序代码。

（2）内部控制可能由于两个或更多的人员进行串通或管理层凌驾于内部控制之上而被规避。例如，管理层可能与客户签订背后协议，对标准的销售合同做出变动，从而导致收入确认发生错误。再如，软件中的编辑控制旨在发现和报告超过赊销信用额度的交易，但这一控制可能被逾越或规避。

（3）被审计单位内部行使控制职能的人员素质不适应岗位要求。

（4）被审计单位实施内部控制的成本效益问题影响其效能。当实施某项控制成本大于控制收益而发生损失时，就没有必要设置控制环节或控制措施。

（5）内部控制设计局限。内部控制一般都是针对经常而重复发生的业务而设置的，如果出现不经常发生或未预计到的业务，原有控制就可能不适用。

二、了解内部控制的深度

对内部控制了解的深度，是指在了解被审计单位及其环境时对内部控制了解的程度。了解内部控制包括评价控制的设计，并确定其是否得到执行，但不包括对控制是否得到一贯执行的测试。

1. 评价控制的设计

注册会计师在了解内部控制时，应当评估控制的设计，并确定其是否得到执行。评价控制的设计是指考虑一项控制单独或连同其他控制是否能够有效防止或发现并纠正重大错报。控制得到执行是指某项控制存在且被审计单位正在使用。设计不当的控制可能表明内部控制存在重大缺陷，注册会计师在确定是否考虑控制得到执行时，应当首先考虑控制的设计。如果控制设计不当，不需要再考虑控制是否得到执行。

2. 获取控制设计和执行的审计证据

注册会计师通常实施下列风险评估程序，以获取有关控制设计和执行的审计证据：①询问被审计单位人员；②观察特定控制的运用；③检查文件和报告；④追踪交易在财务报告信息系统中的处理过程（穿行测试）。

这些程序是风险评估程序在了解被审计单位内部控制方面的具体运用。询问本身并不足以评价控制的设计以及确定其是否得到执行，注册会计师应当将询问与其他风险评估程序结合使用。

3. 了解内部控制与测试控制运行有效性的关系

除非存在某些可以使控制得到一贯运行的自动化控制，注册会计师对控制的了解并不能够代替对控制运行有效性的测试。注册会计师通过询问、观察、检查和穿行测试了解被审计单位的内部控制，以评价内部控制设计得是否合理以及是否得到执行。

三、内部控制各要素的主要内容

控制环境、风险评估、控制活动、信息与沟通、监控**五要素**构成了内部控制的主要内容。

1. 控制环境

控制环境提供企业纪律与架构，塑造企业文化，并影响企业员工的控制意识，是所有其他内部控制组成要素的基础。控制环境的因素具体包括：诚信的原则和道德价值观、评定员工的能力、董事会和审计委员会、管理哲学和经营风格、组织结构、责任的分配与授权、人力资源政策及实务。

2. 风险评估

每个企业都面临来自内部和外部的不同风险，这些风险都必须加以评估。评估风险的先决条件是制定目标。风险评估就是分析和辨认实现所定目标可能发生的风险，具体包括目标、风险、环境变化后的管理等。

3. 控制活动

控制活动，是确保管理层的指令得以执行的政策及程序，如核准、授权、验证、调节、复核营业绩效、保障资产安全及职务分工等。控制活动在企业内的各个层级和职能之间都会出现，主要包括：高层经理人员对企业绩效进行分析、对直接部门的管理、对信息处理的控制、实体控制、绩效指标的比较、分工。

4. 信息与沟通

企业在其经营过程中，需按某种形式辨识、取得确切的信息，并进行沟通，以使员工能够履行其责任。信息系统不仅处理企业内部所产生的信息，同时也处理与外部的事项、活动及环境等有关的信息。企业所有员工必须从最高管理层清楚地获取承担控制责任的信息，而且必须有向上级部门沟通重要信息的方法，并对外界顾客、供应商、政府主管机关和股东等进行有效的沟通。

5. 监控

内部控制系统需要被监控。监控是由相关人员评估控制的设计和运作情况的过程。监控活动由持续监控、个别评估所组成，以确保企业内部控制能持续有效地运作。内部控制系统包括持续的监控活动、个别评估、报告缺陷。

思考与讨论

你认为内部控制五要素中哪一个更重要？为什么？

四、了解与记录内部控制

（一）了解内部控制

1. 在整体层面对内部控制的了解

在整体层面对被审计单位内部控制的了解和评估，通常由项目组中对被审计单位情况比较了解且较有经验的成员负责，同时需要项目组其他成员的参与和配合。对于连续审计，注册会计师可以重点关注整体层面内部控制的变化情况，包括由于被审计单位及其环境的变化而导致内部控制发生的变化以及采取的对策。注册会计师还需要特别考虑因舞弊而导致重大错报的可能性及其影响。

注册会计师可以考虑将询问被审计单位人员、观察特定控制的应用、检查文件和报告以及执行穿行测试等风险评估程序相结合，以获取审计证据。在了解上述内部控制的构成要素时，注册会计师需要特别注意这些要素在实际中是否得到执行，应当考虑管理层本身的理念和态度、实际设计和执行的控制，以及对经营活动的密切参与是否能够实现控制的目标。

注册会计师应当将对被审计单位整体层面内部控制各要素的了解要点和实施的风险评估程序及其结果等形成审计工作记录，并对影响注册会计师对整体层面内部控制有效性进行判断的因素加以详细记录。

2. 在业务层面对内部控制的了解

在初步计划审计工作时，注册会计师需要确定在被审计单位财务报表中相关账户及其认定可能存在重大错报风险，为此通常采取下列步骤。①确定重要业务流程和重要交易类别。在实务中，一般将被审计单位的整个经营活动划分为几个重要的业务循环进行了解，并评估重要业务流程及相关控制。制造企业经营活动可以划分为销售与收款循环、采购与付款循环、存货与仓储循环、筹资与投资循环等。②了解重要交易流程，并进行记录。③确定可能发生错报的环节。④识别和了解相关控制。⑤执行穿行测试，证实对交易流程和相关控制的了解。⑥初步评价和风险评估。

（二）记录内部控制

内部控制调查记录的方法通常有四种，即调查表（问卷）、文字表述、流程图和核对表。审查人员可根据工作的需要和以往的经验来选择特定的记录方法。下面着重介绍前三种方法。

1. 调查表

调查表就是将那些与保证会计记录的正确性和可靠性以及与保证资产的完整性有密切关系的事项列作调查对象，并设计成表格问卷，交由企业有关人员填写或由审查人员根据调查的结果自行填写。调查表大多采用问答式，一般要按调查对象分别设计。

调查表的优点：①能对所调查的对象提供一个简括的说明，有利于审查人员做分析评价；②编制调查表省时省力，可在审查项目初期就较快地编制完成。但是，这种方法也有其缺陷：①由于对被审查单位的内部控制只能按项目分别考查，因此往往不能得出一个完整的看法；②对于不同行业的企业或是小企业，标准一致的调查表常常显得不太适用。

2. 文字表述

文字表述是审查人员对被审查单位内部控制健全程度和执行情况的书面叙述。对内部控制进行书面叙述时，审查人员应按照不同的经济业务循环编写，阐明各项工作的负责人、经办人员以及由他们编写和记录的文件凭证等。文字表述方式适用于内部控制程序比较简单、比较容易描述的小企业。其优点是可对调查对象做出比较深入和具体的描述，弥补调查表只能表示简单肯定或否定的不足；其缺点是有时很难用简明易懂的语言来描述内部控制的细节，因而文字表述显得比较冗赘，不利于为进行内部控制分析和控制风险评价提供依据。

3. 流程图

流程图是用符号和图形来表示被审查单位经济业务和凭证在组织机构内部有序流动的文件。流程图能很清晰地反映出被审查单位内部控制的概况，是审查人员评价内部控制的有用工具。一份好的流程图，可使人直观地看到内部控制是如何运行的，从而有助于发现内部控制中的不足之处。与文字表述相比较，流程图最大的优点在于：便于表达内部控制的特征、便于修改。流程图的缺点是：编制流程图需要具备较娴熟的技术和花费较多的时间；另外，内部控制的某些弱点有时很难在图上明确地表达出来。

五、对内部控制的初步评价和风险评估

1. 对内部控制的初步评价和风险评估需考虑的因素

在识别和了解控制后，根据执行上述程序和获取的审计证据，注册会计师需要评价控制设计的合理性并确定其是否得到执行。注册会计师对控制的评价结论可能如下。

（1）所设计的内部控制单独或连同其他控制能够防止或发现并纠正重大错报，得到执行。

（2）控制本身的设计是合理的，但没有得到执行。

（3）控制本身的设计就是无效的或缺乏必要的控制。

由于对控制的了解和评价是在穿行测试完成后，但又在测试控制运行有效性之前进行的，因此，上述评价结论只是初步结论，仍可能随控制测试后实施实质性程序的结果而发生变化。

注册会计师对控制的评价，进而对重大错报风险的评估，需考虑以下因素：一是账户特征及已识别的重大错报风险，二是对被审计单位整体层面控制的评价。

2. 评价决策

在对控制进行初步评价及风险评估后，注册会计师需要利用实施上述程序获得的信息，回答以下问题：①控制本身的设计是否合理；②控制是否得到执行；③是否更多地信赖控制

并拟实施控制测试。

如果认为被审计单位控制设计合理并得到执行，能够有效防止或发现并纠正重大错报，那么，注册会计师通常可以信赖这些控制，减少拟实施的实质性程序。如果拟更多地信赖这些控制，需要确信所信赖的控制在整个拟信赖期间都有效地发挥了作用，即注册会计师应对这些控制在该期间内是否得到一贯运行进行测试。

如果控制测试的结果进一步证实内部控制是有效的，注册会计师可以认为相关账户及认定发生重大错报的可能性较低，对相关账户及认定实施实质性程序的范围也将减少。注册会计师也可能认为控制是无效的，这时就不需要测试控制运行的有效性，而直接实施实质性程序。但在评估重大错报风险时，需要考虑控制失效对财务报表及其审计的影响。

第三节　评估重大错报风险

评估重大错报风险是风险评估阶段的最后一个步骤。评估的重大错报风险将作为确定进一步审计程序的性质、范围和时间的基础，以应对识别的重大错报风险。

一、评估重大错报风险的内容

在对重大错报风险进行识别和评估时，注册会计师应当确定，识别的重大错报风险是财务报表层次的还是认定层次的。

只与特定的某类交易、账户余额、列报的认定相关的重大错报风险，属于认定层次的重大错报风险；与财务报表整体广泛相关，进而影响多项认定的重大错报风险，属于财务报表层次的重大错报风险。财务报表层次的重大错报风险很可能源于薄弱的控制环境，薄弱的控制环境带来的风险可能对财务报表产生广泛影响，难以限于某类交易、账户余额、列报，注册会计师应当采取总体应对措施。

二、评估重大错报风险的审计程序

在评估重大错报风险时，注册会计师应当实施下列审计程序：①在了解被审计单位及其环境的整个过程中识别风险，并考虑各类交易、账户余额、列报；②将识别的风险与认定层次可能发生错报的领域相联系；③考虑识别的风险是否重大，风险是否重大是指风险造成后果的严重程度；④考虑识别的风险导致财务报表发生重大错报的可能性。

注册会计师应当利用风险评估程序获取的信息（包括评价控制设计健全和确定控制是否得到执行的审计证据），将其作为支持风险评估结果的审计证据。注册会计师应当根据风险评估结果，确定实施进一步审计程序的性质、时间和范围。

三、确定风险性质需考虑的事项

确定风险性质需考虑的事项，主要包括：①风险是否属于舞弊风险；②风险是否与近期经济环境、会计处理方法和其他方面的重大变化有关；③交易的复杂程度；④风险是否涉及重大的关联方交易；⑤财务信息计量的主观程度，特别是对不确定事项的计量存在较大区间；⑥风险是否涉及异常或超出正常经营过程的重大交易。

四、需要特别考虑的重大错报风险——特别风险

作为风险评估的一部分，注册会计师应当运用职业判断，确定识别的风险哪些是需要特别考虑的重大错报风险（以下简称特别风险）。日常的、不复杂的、经正规处理的交易不太可能产生特别风险。对特别风险，注册会计师应当评价相关控制的设计情况，并确定其是否已经得到执行。特别风险通常与重大的非常规交易和判断事项有关。

1. 非常规交易

非常规交易是指由于金额或性质异常而不经常发生的交易。例如，企业购并、债务重组、重大或有事项等。由于非常规交易具有下列**特征**，与重大非常规交易相关的特别风险可能导致更高的重大错报风险：①管理层更多地介入会计处理；②数据收集和处理涉及更多的人工成分；③复杂的计算或会计处理方法；④非常规交易的性质可能使被审计单位难以对由此产生的特别风险实施有效控制。

2. 判断事项

判断事项通常包括做出的会计估计，如资产减值准备金额的估计、需要运用复杂估值技术确定公允价值等。由于下列原因，与重大判断事项相关的特别风险可能导致更高的重大错报风险：①对涉及会计估计、收入确认等方面的会计原则存在不同的理解；②所要求的判断可能是主观和复杂的，或需要对未来事项做出假设。

五、仅通过实质性程序无法应对的重大错报风险

注册会计师如果认为仅通过实质性程序获取的审计证据无法将认定层次的重大错报风险降至可接受的低水平，应当评价被审计单位针对这些风险设计的控制，并确定其执行情况。例如，在被审计单位对日常交易采用高度自动化处理的情况下，审计证据可能仅以电子形式存在，其充分性和适当性通常取决于自动化信息系统相关控制的有效性，注册会计师应当考虑依赖相关控制的有效性，并对其进行了解、评估和测试。

第四节　应对重大错报风险

注册会计师应当针对评估的重大错报风险实施程序，即针对评估的财务报表层次重大错报风险确定总体应对措施，并针对评估的认定层次重大错报风险设计和实施进一步审计程序，以将审计风险降至可接受的**低水平**。假定会计师事务所确定的可接受的审计风险水平为5%，如果评估的重大错报风险为50%，则根据审计风险模型可以计算出可接受的检查风险为10%；如果评估的重大错报风险为80%，则计算出可接受的检查风险为6.25%，设计和实施进一步审计程序应比检查风险为10%时更严谨，收集的审计证据应更充分。

一、应对重大错报风险的基本思路

注册会计师应对舞弊导致的认定层次重大错报风险的**基本思路**是，通过适当调整或改变拟实施审计程序的性质、时间和范围，增强审计程序的效果和审计证据的说服力。

（1）改变拟实施审计程序的性质，主要是指调整拟实施审计程序的类别及组合。

（2）改变实质性程序的时间，包括两层含义。①注册会计师通常在期末或接近期末时对某类交易或账户余额实施实质性程序，但针对舞弊导致的重大错报风险，注册会计师往往会早于期末实施实质性程序。②调整拟获取审计证据对应的期间或时点，针对本期较早时间发生的交易或事项或贯穿于整个本期的交易或事项实施测试。

（3）改变审计程序的范围包括扩大样本规模、采用更详细的数据实施分析程序等。

二、针对财务报表层次重大错报风险的总体应对措施

在财务报表重大错报风险的评估过程中，注册会计师应当确定识别的重大错报风险是与特定的某类交易、账户余额、列报的认定相关，还是与财务报表整体广泛相关，进而影响多项认定，如果是后者，则属于财务报表层次的重大错报风险。

注册会计师应当针对评估的财务报表层次重大错报风险确定下列**总体应对措施**：①向项目组强调在收集和评价审计证据过程中保持职业怀疑态度的必要性；②分派更有经验或具有特殊技能的审计人员，或利用专家的工作；③提供更多的督导；④在选择进一步审计程序时，应当注意使某些程序**不被管理层预见或事先了解**；⑤对拟实施审计程序的性质、时间和范围做出总体修改。

《中国注册会计师审计准则第 1211 号——通过了解被审计单位及其环境识别和评估重大错报风险》第一百条指出，财务报表层次的重大错报风险很可能源于薄弱的控制环境。薄弱的控制环境带来的风险可能对财务报表产生广泛影响，难以限于某类交易、账户余额、列报，注册会计师应当采取总体应对措施。有效的控制环境可以使注册会计师增强对内部控制和被审计单位内部产生的证据的信赖程度。如果控制环境存在缺陷，注册会计师应当考虑对拟实施审计程序的性质、时间和范围做出总体修改。

（1）在期末而非期中实施更多的审计程序。控制环境的缺陷通常会削弱期中获得的审计证据的可信赖程度。

（2）主要依赖实质性程序获取审计证据。控制环境存在缺陷通常会削弱其他控制要素的作用，导致注册会计师可能无法信赖内部控制，而应主要依赖实施实质性程序获取审计证据。

（3）修改审计程序的性质，获取更具说服力的审计证据。修改审计程序的性质主要是指调整拟实施审计程序的类别及组合，比如原先可能主要限于检查某项资产的账面记录或相关文件，而调整审计程序的性质后可能意味着更加重视实地检查该项资产。

（4）扩大审计程序的范围。例如，扩大样本规模，或采用更详细的数据实施分析程序。

 温馨提示

实务中，提高审计程序的不可预见性，即出其不意地实施审计程序，常见措施包括：①对某些未测试过的低于设定重要性水平或风险较小的账户余额和认定实施实质性程序；②临时调整审计程序的实施时间；③预先不告知测试地点。

三、针对认定层次重大错报风险实施进一步审计程序

进一步审计程序相对于风险评估程序而言，是指注册会计师针对评估的各类交易、账户余额、列报认定层次重大错报风险实施的审计程序，包括控制测试和实质性程序。

（一）控制测试

针对内部控制的运行进行的测试——确定内部控制运行的有效性。控制测试的程序包括询问、观察、检查、重新执行和穿行测试。

（二）实质性程序

对各类交易、账户余额、列报的细节测试以及实质性分析程序——发现认定层次的重大错报。**细节测试**是对各类交易、账户余额、列报的具体细节进行测试，目的在于**直接识别**财务报表认定是否存在错报。**实质性分析程序**主要是通过研究数据间关系评价信息，只是将分析方法用作实质性程序，即用于**间接识别**各类交易、账户余额、列报及相关认定是否存在错报，从技术特征上看仍然是分析程序。

进一步审计程序也可粗略分为**检查记录或文件、检查有形资产、观察、询问、函证、重新计算、重新执行和分析程序**等八大程序。本书将在第七章详述这八大程序。

（三）进一步审计程序的设计与实施

注册会计师应当根据认定层次重大错报风险合理设计和实施进一步审计程序，包括进一步审计程序的性质、时间和范围，特别是性质。

1. 进一步审计程序的性质

进一步审计程序的性质是指进一步审计程序的目的和类型。进一步审计程序的类型主要是指前述八大程序。

注册会计师在确定进一步程序的性质时，应考虑认定层次重大错报风险的评估结果和评估的认定层次重大错报风险产生的原因。如果在实施进一步审计程序时拟利用被审计单位信息系统生成的信息，注册会计师应当就信息的准确性和完整性获取审计证据。

2. 进一步审计程序的时间

进一步审计程序的时间是指注册会计师何时实施进一步审计程序，或审计证据适用的期间或时点。

注册会计师可以在期中或期末实施控制测试或实质性程序。当重大错报风险较高时，注册会计师应当考虑在期末或接近期末实施实质性程序，或采用不通知的方式、在管理层不能预见的时间实施审计程序。在期中实施进一步审计程序，可能有助于注册会计师在审计工作初期识别重大事项，并在管理层的协助下及时解决这些事项；或针对这些事项制订有效的实质性方案或综合性方案。期中实施进一步审计程序具有局限性，如果在期中实施了进一步审计程序，注册会计师还应当针对剩余期间获取审计证据。

3. 进一步审计程序的范围

进一步审计程序的范围是指实施进一步审计程序的数量，包括抽取的样本量、对某项控制活动的观察次数等。鉴于进一步审计程序的范围往往是通过一定的抽样方法加以确定的，

注册会计师需要慎重考虑抽样过程对审计程序范围的影响是否能够有效实现审计目的。注册会计师使用恰当的抽样方法通常可能得出有效结论。

如果存在下列情形，注册会计师使用恰当的抽样方法通常可能与对总体实施同样的审计程序得出的结论不同，出现不可接受的风险：①从总体中选择的样本量过小；②选择的抽样方法对特定目标不适当；③未对发现的例外事项进行恰当的追查。

 温馨提示

无论评估的重大错报风险结果如何，注册会计师都应当针对所有重大的各类交易、账户余额、列报实施实质性程序。

重大错报风险来自被审计单位，审计人员只能评估而不能控制，要将审计风险降至可接受的低水平，只能降低检查风险。可接受的检查风险与实质性程序的关系如表 5.1 所示。

表 5.1　可接受的检查风险与实质性程序的关系

可接受的检查风险	实质性程序性质	实质性程序时间	实质性程序范围
高	分析程序为主	期中审计为主	较小样本与较少证据
低	细节测试为主	期末与期后审计为主	较大样本与较多证据

第五节　控制测试和实质性程序

一、控制测试

控制测试指的是测试控制运行的有效性。控制运行有效性强调的是控制能够在各个不同的时点按照既定设计得以一贯执行。控制测试是为了确定被审计单位控制政策和程序的设计与执行是否完整与有效而实施的审计程序。注册会计师在了解被审计单位的内部控制之后，只有对那些准备依赖的内部控制执行控制测试，并确信其得到正确的执行时，才能减少实质性审计程序，从而减少审计取证工作，提高审计工作的效率。

（一）控制测试的要求

作为进一步审计程序的类型之一，控制测试并非在任何情况下都需要实施。当存在下列情形之一时，注册会计师**应当实施控制测试**：①在评估认定层次重大错报风险时，预期控制的运行是有效的；②仅实施实质性程序不足以提供认定层次充分、适当的审计证据。

如果在评估认定层次重大错报风险时预期控制的运行是有效的，注册会计师应当实施控制测试。如果注册会计师发现控制设计合理，能够防止或发现并纠正认定层次的重大错报，并得到了一贯执行，就可以采取较少的实质性程序，以提高审计效率。

（二）控制测试的性质、时间和范围

1. 控制测试的性质

控制测试的性质是指控制测试所使用的审计程序的类型及其组合。计划从控制测试中获取的保证水平是决定控制测试性质的主要因素之一。

注册会计师应当选择适当类型的审计程序以获取有关控制运行有效性的保证。计划的保证水平越高，对有关控制运行有效性的审计证据的可靠性要求越高。当拟实施的进一步审计程序主要以控制测试为主，尤其是仅实施实质性程序获取的审计证据无法将认定层次重大错报风险降至可接受的低水平时，注册会计师应当获取有关控制运行有效性的更高的保证水平。

例如，在被审计单位对日常交易或与财务报表相关的其他数据（包括信息的生成、记录、处理、报告）采用高度自动化处理的情况下，生成不正确信息或信息被不恰当修改的可能性就会大大增加，注册会计师必须通过实施控制测试，获取必要审计证据。

2. 控制测试的时间

控制测试的时间包含两层含义：一是何时实施控制测试，二是测试所针对的控制适用的时点或期间。如果测试特定时点的控制，注册会计师仅得到该时点控制运行有效性的审计证据；如果测试某一期间的控制，注册会计师可获取控制在该期间有效运行的审计证据。注册会计师应当根据控制测试目的确定控制测试的时间，并确定拟信赖的相关控制的时点或期间。但需要注意，关于控制在多个不同时点的运行有效性的审计证据的简单累加，不能构成控制在某期间运行有效性充分、适当的审计证据。

3. 控制测试的范围

对于控制测试的范围，其含义主要是指某项控制活动的测试次数。注册会计师应当设计控制测试，以获取控制在整个拟信赖期间有效运行的充分、适当的审计证据。注册会计师在确定某项控制的测试范围时通常考虑下列因素。

（1）在整个拟信赖的期间，被审计单位执行控制的**频率**。控制执行的频率越高，控制测试的范围越大。

（2）在所审期间，注册会计师拟信赖控制运行有效性的**时间长度**。拟信赖控制运行有效性的时间长度不同，发生的控制活动次数也不同；拟信赖期间越长，控制测试的范围越大。注册会计师需要根据拟信赖控制的时间长度确定控制测试的范围。

（3）为证实控制能够防止或发现并纠正认定层次重大错报，需要获取审计证据的相关性和可靠性。对**审计证据的相关性和可靠性要求**越高，控制测试的范围越大。

（4）通过测试与认定相关的其他控制获取**审计证据的范围**。针对同一认定，可能存在不同控制。当针对其他控制获取审计证据的充分性和适当性较高时，测试范围可适当缩小。

（5）在风险评估时**拟信赖控制运行有效性的程度**。注册会计师在风险评估时对控制运行有效性拟信赖程度越高，需要实施控制测试的范围就越大。

（6）控制的**预期偏差**。控制的预期偏差率越高，需要实施控制测试的范围越大。如果控制的预期偏差率过高，注册会计师应当考虑控制可能不足以将认定层次的重大错报风险降至可接受的低水平，从而针对某一认定实施的控制测试可能是无效的。

二、实质性程序

注册会计师实施的实质性程序应当包括下列与财务报表编制完成阶段相关的审计程序。

（1）将财务报表与其所依据的会计记录相核对。

（2）检查财务报表编制过程中做出的重大会计分录和其他会计调整。

注册会计师对会计分录和其他会计调整检查的性质和范围，取决于被审计单位财务报告过程的性质和复杂程度以及由此产生的重大错报风险。

注册会计师可能无法充分识别所有的重大错报风险，并且由于内部控制存在固有局限性，无论评估的重大错报风险结果如何，注册会计师都应当针对所有重大的各类交易、账户余额、列报实施实质性程序。

在审计实务中，通常依据被审计单位经营活动的性质及内容不同，将实质性审计程序分为销售与收款循环、采购与付款循环、存货与仓储循环（或生产与存货循环）、筹资与投资循环及货币资金循环等五方面进行。

1. 实质性程序的性质

实质性程序的性质是指实质性程序的类型及其组合。实质性程序的两种基本类型包括细节测试和实质性分析程序。细节测试是对各类交易、账户余额、列报的具体细节进行测试，目的在于直接识别财务报表认定是否存在错报。而实质性分析程序从技术特征上仍然是分析程序，主要是通过研究数据间关系评价信息，用以识别各类交易、账户余额、列报及相关认定是否存在错报。

2. 实质性程序的时间

实质性程序的时间选择与控制测试的时间选择有共同点，也有很大差异。共同点在于，两类程序都面临着对期中审计证据和对以前审计获取的审计证据的考虑。两者的差异如下。

（1）在控制测试中，期中实施控制测试并获取期中关于控制运行有效性审计证据的做法更具有一种常态；而由于实质性程序的目的在于更直接地发现重大错报，在期中实施实质性程序时更需要考虑其成本效益的权衡。

（2）在本期控制测试中拟信赖以前审计获取的有关控制运行有效性的审计证据，受到很大的限制；而对于以前审计中通过实质性程序获取的审计证据，则采取更加慎重的态度和更严格的限制。

3. 实质性程序的范围

评估的认定层次重大错报风险和实施控制测试的结果是注册会计师在确定实质性程序范围时的重要考虑因素。注册会计师评估的认定层次重大错报风险越高，需要实施实质性程序的范围越广；如果对控制测试结果不满意，注册会计师应当考虑扩大实质性程序的范围。

实质性分析程序的范围有以下两层含义。①对什么层次上的数据进行分析。注册会计师可以选择在高度汇总的财务数据层次进行分析，也可以根据重大错报风险的性质和水平调整分析层次。例如，按照不同产品线、不同季节或月份、不同经营地点或存货存放地点等实施实质性分析程序。②需要对什么幅度或性质的偏差展开进一步调查。实施分析程序可能发现偏差，但并非所有的偏差都值得展开进一步调查。可容忍或可接受的偏差（即预期偏差）越大，作为实质性分析程序一部分的进一步调查的范围就越小。

📖 本章小测试

一、单项选择题

1. 注册会计师了解被审计单位及其环境的目的是（　　）。

A．为了进行风险评估程序　　　　　B．收集充分适当的审计证据

C．为了识别和评估财务报表重大错报风险　　D．控制检查风险

2．内控目标不包括（　　　）。

A．财务报告的可靠性　　　　　　B．审计风险处在低水平

C．经营的效率和效果　　　　　　D．在所有经营活动中遵守法律法规的要求

3．以下说法中不正确的是（　　　）。

A．内部控制只能对财务报告的可靠性提供合理的保证，而非绝对的保证

B．在了解被审计单位的内部控制时，只需关注控制的设计

C．特别风险通常与重大的非常规交易和判断事项有关

D．在某些情况下，仅通过实施实质性程序不能获取充分、适当的审计证据

4．了解被审计单位及其环境一般（　　　）进行。

A．在承接客户和续约时　　　　　B．在进行审计计划时

C．在进行期中审计时　　　　　　D．贯穿于整个审计过程的始终

5．在既定的审计风险水平下，可接受的检查风险水平与认定层次的重大错报风险评估结果（　　　）。

A．成反向变动关系　　B．成正向变动关系　　C．没有关系　　　D．根据具体情况确定

6．注册会计师设计和实施的进一步审计程序的性质、时间和范围，应当与评估的（　　　）重大错报风险具备明确的对应关系。

A．财务报表层次　　　B．认定层次　　　C．账户余额　　　D．交易或事项

7．下列关于财务报表层次重大错报风险的说法中不正确的是（　　　）。

A．通常与控制环境有关

B．与财务报表整体存在广泛联系

C．可能影响多项认定

D．可以界定于某类交易、账户余额、列报的具体认定

8．《中国注册会计师审计准则第1211号——通过了解被审计单位及其环境识别和评估重大错报风险》作为专门规范风险评估的准则，规定注册会计师应当（　　　），以充分识别和评估财务报表重大错报风险，设计和实施进一步审计程序。

A．了解被审计单位的内部控制　　　B．了解被审计单位及其环境

C．了解被审计单位公允价值计量和披露的程序　　D．了解被审计单位的业务和经营情况

9．注册会计师没有义务实施的程序是（　　　）。

A．查找被审计单位内部控制运行中的所有重大缺陷

B．了解被审计单位情况及其环境

C．实施审计程序，以了解被审计单位内部控制的设计

D．实施穿行测试，以确定被审计单位相关控制活动是否得到执行

10．为了应对财务报表层次较高的重大错报风险，注册会计师可以提高审计程序的不可预见性。下列各项程序中，不能够提高审计程序不可预见性的是（　　　）。

A．采取不同的审计抽样方法，使当期抽取的测试样本与以前有所不同

B．对应收账款进行函证时，将其函证账户的截止日期推迟

C．对以前由于低于设定的重要性水平而未曾测试过的固定资产进行测试

D．进行存货监盘时，事先通知被审计单位的盘点地点，以便其做好准备

二、多项选择题

1．注册会计师了解被审计单位及其环境时应当实施的观察和检查程序有（　　）。

　　A．追踪交易信息系统中的处理过程　　　　B．实地查看生产经营场所和设备

　　C．阅读由管理层和治理层编制的报告　　　D．检查文件、记录和内部控制手册

2．对内部控制事项进行记录的常见方式包括（　　）。

　　A．文字叙述　　　　B．问卷　　　　C．核对表　　　　D．流程图

3．注册会计师在确定审计程序的范围时，下列说法中正确的有（　　）。

　　A．确定的重要性水平越低，注册会计师实施进一步审计程序的范围越广

　　B．评估的重大错报风险越高，注册会计师实施的进一步审计程序的范围也越广

　　C．可容忍错报与样本规模是正向变动关系

　　D．计划获取的保证程度越高，注册会计师实施的进一步审计程序的范围越广

4．风险评估程序包括（　　）。

　　A．询问被审计单位相关人员　　　　　　　B．分析程序

　　C．观察和检查　　　　　　　　　　　　　D．穿行测试

5．内部控制要素包括（　　）。

　　A．控制环境　　　　B．风险评估　　　　C．信息与沟通　　　　D．控制活动

三、判断题（凡正确者在题头括号内打"√"，错误则打"×"）

（　　）1．无论内部控制设计多么合理、运行多么有效，注册会计师都应对会计报表的重要账户余额和交易类别实施实质性程序。

（　　）2．如果认为仅通过实质性程序获取的审计证据无法将认定层次的重大错报风险降至可接受的低水平，注册会计师应当评价被审计单位针对这些风险设计的控制，并确定其执行情况。

（　　）3．注册会计师在执行财务报表审计业务时，不论被审计单位规模大小，都应当对相关的内部控制进行控制测试。

（　　）4．注册会计师评估的认定层次重大错报风险越高，注册会计师就应通过控制测试来获取更多的审计证据。

（　　）5．在审计实施阶段，注册会计师可以将分析程序直接作为实质性程序，以收集与各类交易、账户余额和列报相关的特殊认定的证据。

（　　）6．注册会计师应当针对评估的财务报表层次重大错报风险确定总体应对措施，并针对评估的认定层次重大错报风险设计和实施进一步审计程序，以将审计风险降至可接受的低水平。

（　　）7．如果不拟依赖内部控制，注册会计师就无须对内部控制进行了解、测试和评价。

（　　）8．进一步审计程序相对风险评估程序而言，是指注册会计师针对评估的各类交易、账户余额、列报认定层次重大错报风险实施的审计程序，包括控制测试和实质性程序。

（　　）9．内部控制存在固有局限，无论如何设计和执行，只能对财务报告可靠性提供合理保证。

（　　）10．内部控制对大企业和小企业同样重要。

四、问答题

1．简述注册会计师需了解的被审计单位及其环境的六个方面的内容。

2．注册会计师了解被审计单位及其环境后，应如何识别和评估重大错报风险？

3．什么是特别风险？特别风险通常与什么有关？应从哪些方面考虑特别风险？

4．简述注册会计师应当针对评估的财务报表层次重大错报风险确定的总体应对措施。

五、案例分析题

1．ABC会计师事务所正在准备接受甲公司的委托，审计20×6年的财务报表。甲公司以前年度财务报表是由XYZ会计师事务所审计的，并对20×5年的财务报表出具了带强调事项段的保留意见。在接受委托之前，主管此项业务的ABC会计师事务所合伙人A注册会计师经甲公司的允许与XYZ会计师事务所进行了沟通，了解到一些XYZ会计师事务所对这个客户的审计经验。以下是A注册会计师了解到的一些主要信息。

（1）甲公司是集团公司，有多个子公司从事药品生产，同时投资房地产、服装、软件等产业。

（2）日益激烈的竞争与我国药品市场的管制使公司受到变现能力和赢利能力恶化的压力。

（3）公司的管理层最大限度地挤压利润，竭尽全力地使报告的收入和每股收益最大化。在20×5年度，甲公司的收入被XYZ会计师事务所的注册会计师调减了1 200万元，占原报告收入的30%。

（4）甲公司管理层不愿意接受审计调整，董事会中缺少审计委员会，致使审计工作开展困难。

（5）甲公司大多数交易采用计算机管理系统进行核算，核算系统内部控制政策和程序是比较健全的，但对存货的控制很差；最近实现的电算化系统中的永续盘存记录并不是很准确；而且，该公司没有内部审计人员，银行账户也没有定期调整。

（6）甲公司20×5年财务报表附注中提到了一起由该公司药物使用者所提起的诉讼，该药物被检查发现有可能导致癌症。XYZ会计师事务所在20×5年度审计报告中增加了一个说明段，表示了对甲公司持续经营能力的怀疑。

（7）甲公司近三年的收益水平持续下降，但20×6年度未经审计的净收入比20×5年有大幅上升。

请结合上述材料回答以下问题。

（1）根据所了解的情况，你认为甲公司的重大错报风险水平是高、中还是低？为什么？

（2）根据题目所给的信息，你认为甲公司认定层次的重大错报风险集中在哪些领域？

2．ABC会计师事务所对X公司20×6年6月30日与财务报表相关的内部控制有效性的认定进行审核。A和B注册会计师接受指派实施该项审核。审核工作底稿中记载的有关X公司内部控制设计和运行的部分内容摘录如下。

为统一财务管理、提高会计核算水平，设置内部审计部，与财务部一并由财务总监分管。内部审计的主要职责是对公司内部控制的健全、有效，会计及相关信息的真实、合法、完整，资产的安全、完整，经营绩效以及经营合规性进行检查、监督和评价。

要求：

（1）指出在测试和评价X公司内部控制执行的有效性时，A和B注册会计师通常应当实施哪些审核程序；

（2）假定X公司的其他内部控制不存在缺陷，请指出X公司上述内部控制在设计与运行方面的缺陷，并简要说明理由。

 **实训项目**

请扫描二维码，阅读实训资料，根据实训内容和要求，完成实训。

第六章 审计方法

【学习目的与要求】

通过本章的学习，能够：①掌握并能熟练运用各种审计方法；②掌握审计抽样中样本的设计与选取；③熟悉审计抽样在控制测试和实质性程序中的运用。

【引入案例】

A 股财务造假案

2021 年 11 月 12 日，"康美案"终于迎来一审判决的结果。广州中院当庭宣告，康美药业（现*ST 康美）等相关被告承担投资者损失总金额达 24.59 亿元。根据广州中院的判决，各被告的赔偿责任认定如下：康美药业作为上市公司，承担 24.59 亿元的赔偿责任；公司实际控制人马××夫妇及邱××等 4 名原高管人员组织策划实施财务造假，属故意行为，承担 100%的连带赔偿责任；另有 13 名相关责任人按过错程度分别承担一定比例的连带赔偿责任。同时，审计机构正中珠江会计师事务所未实施基本的审计程序，承担 100%的连带赔偿责任，正中珠江会计师事务所合伙人和签字会计师杨××在正中珠江会计师事务所承责范围内承担连带赔偿责任。2020 年 5 月证监会下发的《中国证监会行政处罚决定书》（〔2020〕24 号）显示，2016 年至 2018 年，*ST 康美涉嫌累计虚增营业收入 206.44 亿元，累计虚增营业利润 20.72 亿元，累计虚增货币资金 886.80 亿元。

问题：

1．审计常用方法有哪些？

2．查找资料，分析康美药业的主要造假手段，并提出相应的防范措施。

第一节 审计方法体系

审计方法是指审计人员为了行使审计职能、完成审计任务、达到审计目标所采取的方式、手段和技术的总称。审计方法贯穿于整个审计工作过程。

随着审计环境的变化，审计方法从账项基础审计发展到风险导向审计，这是注册会计师为了适应审计环境的变化而做出的调整。

审计方法有自己的体系。广义的审计方法体系由四个部分构成，即审计方法指导思想、审计规划方法、审计实施方法、审计管理方法，其主要内容如表 6.1 所示。狭义的审计方法体系主要指审核稽查方法，本章主要介绍狭义的审计方法体系。

审计人员实施审计时，应该选择运用多种合理的方法，获取充分适当的审计证据。

表 6.1　审计方法体系

	审计方法指导思想	马克思列宁主义、毛泽东思想、中国特色社会主义理论		
审计方法体系	审计规划方法	①计划制订方法；②程序确定方法；③方案设计方法		
	审计实施方法（最基本）	①审核稽查方法	审查书面资料的方法	按审查书面资料的技术分，包括审阅、核对、复算、查询、比较等方法 按审查书面资料的顺序分，包括顺查、逆查等 按审查书面资料的范围分，包括详查、抽查等
			证实客观事物的方法	观察法、盘点法、调节法和鉴定法等
			分析经济问题的方法	专题调查法、专案调查法和比率分析法等
		②审计记录方法；③审计评价方法；④审计报告方法		
	审计管理方法	① 审计主体管理方法	对审计机构和审计人员的管理，如机构设置、人员编制、岗位责任、人员培训考核等管理方法	
		② 审计质量管理方法	质量标准制定、质量控制与考核等管理方法	
		③ 审计信息管理方法	对审计信息收集、处理、存储与应用的各种措施和手段，如信息管理的一般方法、审计统计方法、审计档案管理方法等	

一、审查书面资料的方法

审查书面资料的方法较多，主要分类如下。

（一）按审查书面资料的技术分类

审查书面资料的方法按审查书面资料的技术可分为审阅法、核对法、复算法、查询法和比较法。

1. 审阅法

审阅法是对凭证、账簿和报表，以及经营决策、计划、预算、合同等文件和资料的内容详细阅读和审查，以检查经济业务是否合法规，经济资料是否真实正确，是否符合会计准则的要求。凡是书面资料均可用审阅法，审阅法的对象主要包括凭证、账簿、报表和其他资料，其中最重要的是原始凭证审阅。审阅法获取的证据主要是书面证据。

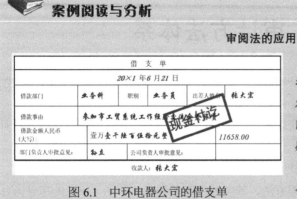

图 6.1　中环电器公司的借支单

案例阅读与分析

审阅法的应用

查账人员 20×1 年 8 月 26 日在审阅北京市中环电器公司 6 月的原始凭证时发现一张借支单有疑点，请你仔细看一下图 6.1 所示的原始凭证，分析其存在哪些疑点。

分析提示：①业务员参加市内交流会，需要预借 1 万多元的差旅费吗？

②一次性付出 1 万多元现金是否违反现金管理规定？是否存在坐支现金？③人民币小写金额前没有按规定书写货币符号"￥"。④人民币大写金额与小写金额不符。⑤"公司负责人审批意见"栏内没有领导审批签名。⑥小写金额前的"1"字比较粗大，大写金额前的"壹万"这两个字的字体也与后面的字体不同，结合小写金额前没有按规定书写货币符号"￥"来分析，"1"和"壹万"这两个数字是后来添加上去的，因此贪污企业资金的可能性比较大。

2. 核对法

核对法是指对会计凭证、会计账簿和财务报表等书面资料，按照其内在联系进行对照检查，通过查明证证、证账、账账、账表、表表和账实之间是否相符，以获取审计证据的一种复核查对的方法。核对一般包括证证核对、证账核对、账账核对、账表核对、表表核对和账实核对，其中最重要的是账实核对。核对法获取的证据主要也是书面证据。

3. 复算法

复算法就是对凭证、账簿和报表以及预算、计划、分析等书面资料**重新复核**、**验算**的一种方法。这种方法是包含在核对法之中的。

复核验算的主要内容包括：①原始凭证中单价乘数量的积数、小计、合计等；②记账凭证中的明细金额合计；③账簿中每页各栏金额的小计、合计、余额；④报表中有关项目的小计、合计、总计及其他计算；⑤预算、计划、分析中的有关数据。

复算法一般与审阅法结合运用，这样可提高审计的质量。

4. 查询法

查询法是指注册会计师根据审计过程中发现的问题和疑点，向被审计单位内外有关人员进行调查和询问，以弄清事实真相并获取审计证据的一种查证询问的方法。

注册会计师征询意见、获取证据时，可以采用面谈或书面函询问的方式。**面谈**是注册会计师当面向被审计单位内外有关人员了解情况，以获取审计证据的一种方式，形成口头证据；而**书面函询问**则是通过向与被审计单位有关的组织发函来调查情况，以获取审计证据的一种方式，也称为函证，形成书面证据。

函证的目的是验证账户相关信息的真实性、正确性。例如，对应收账款余额或银行存款的函证。函证获取的证据可靠性较高，函证是受到高度重视并经常被使用的一种重要程序。

（1）**函证方式的分类**。函证分为肯定式函证和否定式函证。<u>肯定式函证就是向债务人发出询证函，要求其证实所函证的欠款是否正确，无论对错都要求复函的形式。肯定式函证也称积极的函证方式。**否定式函证**是向债务人发出询证函，函证的款项相符时不必复函，只有不符时才要求债务人复函的形式。否定式函证也称消极的函证方式。</u>

这两种方式各有优缺点：前者所获取的审计证据较为可靠，但审计成本较高；后者因不可知因素的存在，所获取的审计证据较前者来说不可靠，但成本相对较低。这里值得注意的是，对于重要的应收款项不应以审计成本的高低作为减少审计程序的理由。

（2）**函证方式的选择**。具体采用哪种函证方式应根据不同情况做出选择：<u>当个别账户欠款金额较大，或有理由相信欠款可能会存在争议、差错等问题时采用肯定式函证。</u>

<u>当符合以下所有条件时，可采用否定式函证：重大错报风险评估为低水平；涉及大量余额较小的账户；预期不存在大量的错误；没有理由相信被询证者不认真对待函证。</u>

温馨提示

　　函证方式的选择并不是绝对的，有时候将两种方式结合起来使用，可能会更适宜。例如，按照重要性原则，对于大余额账项采用肯定式函证，对于小余额账项则采用否定式函证。应收账款函证是必经程序。如果认为函证很可能无效，注册会计师应当实施替代审计程序。

　　（3）**函证的内容**。函证的内容通常涉及下列账户余额或其他信息：银行存款、借款（包括零余额账户和在本期内注销的账户）及与金融机构往来的其他重要信息；应收账款；短期投资；应收票据；其他应收款；预付账款；由其他单位代为保管、加工或销售的存货；长期投资；委托贷款；应付账款；预收账款；保证、抵押或质押；或有事项；重大或异常的交易。

　　（4）**函证的过程控制**。<u>当实施函证时，注册会计师应当对选择被询证者、设计询证函以及发出和收回询证函保持控制</u>。注册会计师应当采取下列措施对函证实施过程进行控制：将被询证者的名称、地址与被审计单位有关记录核对；将询证函中列示的账户余额或其他信息与被审计单位有关资料核对；在询证函中指明直接向接受审计业务委托的会计师事务所回函；询证函经被审计单位盖章后，由注册会计师直接发出；将发出询证函的情况形成审计工作记录；将收到的回函形成审计工作记录，并汇总函证结果。

　　（5）**函证结果差异分析**。如果函证结果与账面记录不一致，要进一步分析原因，以便采取相应的策略。一般来说，函证结果与账面记录**产生差异的原因有两大类：一是未达账项，二是记账差错或舞弊**。

　　5. **比较法**

　　比较法就是通过对相同被审计项目的实际与计划、本期与前期、本企业与同类企业的数额进行对比分析，检查有无异常情况和可疑问题，以便跟踪追查提供线索，取得审计证据。比较法可以分为纵比（企业自身同一项目不同时点的比较）和横比（同一时间点不同企业之间的比较），还可分为绝对数比较和相对数比较。

　　（二）按审查书面资料的顺序分类

　　审查书面资料的方法按审查书面资料的顺序可分为顺查法和逆查法。

　　1. **顺查法**

　　顺查法就是按照经济活动发生的先后顺序，<u>依次从起点查到终点的审计方法</u>。对会计资料的审查就按照会计核算程序的先后顺序，依次审核和分析凭证、账簿和报表。

　　具体做法：首先审查原始凭证及记账凭证，然后进一步结合凭证查账簿，最后根据账簿审阅会计报表。

　　优点：简便易行，审查结果较为可靠。缺点：费时费力，审计成本高、审计效率低。这种方法一般适用于规模较小、业务不多的单位审计。

　　2. **逆查法**

　　逆查法就是按照经济活动进行的相反顺序，<u>从终点查到起点的审计方法</u>。在财务收支审计中，它就是按照会计核算程序的相反次序，先审查会计报表，从中发现错弊和问题，然后有针对性地依次审查和分析报表、账簿和凭证。

主要优点：①易于查清主要问题；②审计效率较高。不足之处：①着重审查分析报表，难以揭露错弊；②逆查法难度较大，对审计人员业务素质要求较高。

顺查法和逆查法各有侧重，为发挥审计作用，实际中常将两者结合起来运用，即采用逆查法时，对于需要深入了解的部分，可以兼用顺查法详细审核。

 温馨提示

> 顺查法和逆查法的主要区别在于审计的顺序是否与会计记账程序一致。按"经济业务发生→原始凭证、记账凭证→账簿（明细账→总账）→会计报表"的顺序审计即为顺查法，反之，则为逆查法。两种方法都有自己的适用范围，但现代审计以逆查法为主。

（三）按审查书面资料的范围分类

审查书面资料的方法按审查书面资料的范围可分为详查法和抽查法。

1. 详查法

详查法是指对被审计单位一定时期内的全部资料，特别是对重点项目的全部会计资料，包括会计凭证、会计账簿、财务报表等进行全面详细审查的一种方法。详查法的特点是对被审计单位一定时期内的全部会计资料，包括会计凭证、会计账簿、财务报表等以及其所反映的财务收支及相关经济活动进行详细而全面的审查。

优点：①审查全面而详细，不易疏漏，特别是对弄虚作假、营私舞弊等违法乱纪行为；②审计风险小，审计质量高。缺点：费时费力，审计成本较高。

详查法与顺查法的过程基本相同，其优缺点和适用范围也基本相同，一般适用于规模不大、业务不多的单位或特定情况。

2. 抽查法

抽查法是指从被审计单位一定时期的会计资料中选择其中一部分或者选择某一时期的会计资料进行审查的一种方法。抽查法通常与审计抽样联系在一起。审计抽样在现代审计中应用广泛，其主要特点是根据审计期间被审计对象的总体情况，结合审计目的与要求，选取具有代表性的样本，然后根据抽取样本的审查情况来推断总体或其余未抽查部分有无错误和弊端情况。有时，这种方法也称为抽样法。

抽查法可分为任意抽样法、判断抽样法和统计抽样法三种。

（1）**任意抽样法**。审计人员在总体中任意抽取一部分进行审计，抽查的出发点纯粹是减少审计人员的工作量。选取哪些内容，什么经济资料和经济活动，选取多少内容、多少样本等都无一定规律和依据。因此，它所取得的审计证据，风险较大，有时带有极大的偶然性和任意性。

（2）**判断抽样法**。判断抽样法又称重点抽查法，它是根据审计目的、被审计单位内部控制完备程度和所需要的证据，由审计人员根据经验，有选择、有重点地对审计总体中一部分内容进行审计，据以对总体做出推断的方法。这种方法重点突出，针对性强，但所得的抽查结果是否有效不好判定。此项抽查法和审计人员的素质是密不可分的。

（3）**统计抽样法**。统计抽样法又称数理抽查法，它是指审计人员运用概率论的原理，按随机原则在审计总体中抽取一定数量内容作为样本进行审计，再根据样本结果推断总体特征的方法。统计抽样法有**三个主要特点**：①依靠概率论的原理进行抽查，不依赖审计人员的经验和判断能力，样本规模由审计总体的数量因素决定；②样本不是人为的重点选择，而是根据随机原则，保证了被审计项目总体各部分被选择的机会均等；③根据随机抽取的样本得出的结果来推断总体的特征，较为科学合理。统计抽样的具体运用有两种，一是在控制测试中用来估计总体特征的发生率，二是在细节测试中用来估计总体数额的差异值，前者称属性抽样，后者称变量抽样。

抽查法的优点：①审查有重点，省时省力；②成本低、效率高，往往能够取得事半功倍的效果。缺点：①审计结论过分依赖审计抽样的样本；②如果审计样本的选取不合理或者不具有代表性，则很可能出现以偏概全的情况，不能发现问题，做出错误的审计结论。

思考与讨论
　　你认为现代审计中主要使用详查还是抽查，顺查还是逆查？为什么？

抽查法通常与逆查法紧密相连，一般适用于规模较大、业务较复杂、会计基础良好、内控制度健全的单位。在财务收支审计和财经法纪审计中，抽查法往往不及详查法，实际中常将此方法与其他方法配合运用。

二、证实客观事物的方法

证实客观事物的方法，是审计人员搜集书面资料以外的审计证据，以证明和落实客观事物的形态、性质、存放地点、数量和价值等的一类审计方法。这类方法包括观察法、盘点法、调节法和鉴定法等。

（一）观察法

观察法是指审计人员进驻被审计单位，亲临现场实地考察被审计单位生产经营管理工作的进行、内部控制系统的运行等情况，以获取审计证据的一种方法。通常，观察法广泛应用于财政财务审计和经济效益审计。通过这种方法，审计人员一般可直接或间接地获取环境证据。

（二）盘点法

盘点法是指审计人员对各项财产物资进行实地盘点，以确定其品种、规格、数量和金额等的实际情况，通过比较盘点记录与实物记录，以证实有关实物账户的余额是否真实、正确，并证实账实是否相符，进而从中搜集审计证据的一种方法。有时，这种方法也称为实物盘存法。

1. 盘点对象

盘点法的盘点对象是实物资产，比如库存现金、存货、固定资产、有价证券等。

2. 盘点方式

盘点方式按**组织方式**可分为以下两种。①**直接盘点**，是指审计人员亲临现场组织实施，并要求被审计单位有关人员协同执行的一种盘点。这种方法常用于对库存现金、有价证券、贵重物品的盘点。②**监督盘点，也称监盘**，是指由被审计单位的财产经管人及其他有关人员进行实物盘点，审计人员亲临现场监督，发现疑点可要求复盘核实甚或亲自实施的一种盘点。

它常用于存量较大的实物，如厂房、机器设备、大宗原材料、产成品等的盘点，但对大宗原材料、产成品等往往采用抽查方式进行盘点。

盘点方式按**盘点范围**可分为**全面盘点**和**抽样盘点**。在具体实施中，盘点的范围应视财物的品种、数量和内控制度的完善程度等具体情况而定。一般来说，对库存现金、有价证券、贵重物品等，应进行全面盘点，而对其他数量大、品种多的财物，可通过抽查进行局部盘点。

3. 盘点获取的证据

盘点获取的证据主要为实物证据，比如盘点记录表。

（三）调节法

调节法是指由于被审计单位报告日数据与审计日数据存在差异，或由于被审计项目存在未达账项时，通过调整有关数据，从而获得需要证实数据的一种方法。有时，这种方法也称为数据调节法。

1. 调节法适用的情形

调节法主要用于以下两种情况：①对银行存款实存数的调节，运用调节法编制银行存款余额调节表，对企业与银行之间的未达账项进行增减调节；②对原材料、半成品、在产品、产成品等存货的检查，运用调节法以证实财产物资是否账实相符。

2. 调节法的基本原理

结账日实存数量=盘点日盘点数量+结账日至盘点日发出数量

－结账日至盘点日收入数量

将结账日实存数量与结账日账存数量比较，判断盘盈盘亏。实存数量大于账存数量，为盘盈；反之，为盘亏。

3. 错账调节思路

首先调节收益、费用（利润总额调节），然后调节所得税（净利润调节），最后调节盈余公积（留存收益）等。

【例 6.1】 东方公司 20×1 年 12 月 31 日账面结存甲产品 1 000 件，经审阅与核对并无错弊。20×2 年 1 月 1 日到 16 日期间收入 18 000 件，发出 17 600 件。20×2 年 1 月 1 日的期初余额及 20×2 年 1 月 1 日到 16 日期间收发数额均经核对、审阅和复算无误。20×2 年 1 月 16 日下班后，监督盘点的实存数为 1 430 件。请说明东方公司 20×1 年 12 月 31 日甲产品账簿记录可能存在的问题。

分析：首先运用调节法计算东方公司结账日（20×1 年 12 月 31 日）甲产品数量，为 1030 件（1 430+17 600－18 000），表明 20×1 年 12 月 31 日甲产品实存数为 1 030 件，与账面记录的甲产品 1 000 件不符，盘盈 30 件。对此，审计人员应要求有关人员说明原因，并进行核实。如有弄虚作假，则应进一步查明责任人员，并追究其责任。

（四）鉴定法

鉴定法是指在分析与鉴别书面资料、财产实物和经济活动时，审计工作超过了一般审计人员的能力和知识水平，从而邀请有关专门部门或人员运用专门技术进行确定和识别的一种方法。鉴定法广泛应用于财政财务审计、财经法纪审计和经济效益审计中，它往往是在通过观察法不能取证时使用的一种方法。

三、分析经济问题的方法

分析经济问题的方法是指对被审计单位的重要比率或趋势进行分析，包括调查异常变动以及这些重要比率或趋势与预期数额和相关信息的差异。具体方法包括专题调查法、专案调查法、比较分析法、比率分析法、平衡分析法、趋势分析法、账户分析法、账龄分析法等。

四、审计方法的选用原则

审计方法的选用不是随意的，应该注意以下几个原则。

（1）依据**审计对象和审计目标的具体情况**选用。一般来说，财务审计主要运用审阅法、核对法、函证法等；经济效益审计既要运用财务审计的一般方法，又要运用多种分析方法及现代管理方法，如经济活动分析、技术经济分析、决策分析和数学分析等。但就每个具体的审计项目而言，则应具体分析以后才能决定选用何种方法。

（2）依据被审计单位的**实际情况**选用。被审计单位情况不同，需要选用的审计方法也不相同。

（3）依据不同的**审计类型**选用。一般来说，不同类型的审计项目或同一类型的不同审计项目，或是同一审计项目，可能都需要经过不同途径获取多种证据，不同证据要用不同方法才能获得。如实物证据的获得必须运用盘点法，第三方的外来证据则主要运用函证法。

（4）依据**审计人员的素质**来选用。审计是一项技术性很强的工作，为充分利用每个审计人员的业务能力，且保证收集到所需的合理证据，在选用审计方法时必须考虑审计人员的素质是否与所选用的方法相适应。

（5）依据**审计方式**选用。审计方式不同，选用的审计方法也不同。如行政事业单位实行报送审计，则一般就不需要运用盘存法去核实资产；而进行就地审计时，使用盘存法则是核实资产实有数的必要步骤。如在进行全面审计时，则一般可以采用逆查法和抽查法；若进行专题审计，则一般要用详查法、顺查法等。如要真正彻底查清问题，则需要很多方法配合使用。

（6）依据**审计结论的保证程度和审计成本**选用。审计结论的保证程度不同，需要办理的审计手续也不相同。保证程度越高，办理的审计手续要求越精密。若要保证审计结论 100%可靠，则必须进行详查，其结果也就必然要综合运用各种审计方法；如果保证程度是 90%，那么就可以采用抽样审查。审计成本也是决定审计方法选用的重要因素。审计人员既要降低审计成本，又要考虑降低成本对审计结论产生的影响，再决定应选用的审计方法。

第二节 审 计 抽 样

审计中选取测试项目，通常有以下三种方法。①**选取全部项目**。应当选取全部项目的情形：总体由少量的大额项目构成，存在特别风险且其他方法未提供充分、适当的审计证据，符合成本效益原则。②**选取特定项目**。特定项目包括：大额或关键项目，超过某一金额的全部项目，被用于获取某些信息的项目，被用于测试控制活动的项目。③**选取具有代表性的项目**。这就是审计抽样。

一、审计抽样的定义与适用范围

1. 审计抽样的定义

审计抽样是指审计人员先对特定审计对象总体抽取部分样本进行审查，然后以其审查结果来推断该总体正确性的方法。注册会计师审计中将其定义为：审计抽样是指注册会计师对某类交易或账户余额中低于百分之百的项目实施审计程序，在机会均等的原则下抽取有关证据，以形成或帮助形成对从中抽取样本的总体的结论。

审计抽样的**演变路径**为：任意抽样（其特点为任意性）→判断抽样（其特点为主观性）→统计抽样（是现代形式，其特征有三个）。统计抽样应当具备的**三个基本特征**：①对某类交易或账户余额中低于百分之百的项目实施审计程序；②所有抽样单元都有被选取的机会；③审计测试的目的是评价该账户余额或交易类型的某一特征。

2. 审计抽样的适用范围

随着被审计单位规模的扩大和经营复杂程度不断增加，审计抽样愈加普遍。但审计抽样并非在所有审计程序中都可使用。注册会计师拟实施的审计程序将对运用审计抽样产生重要影响。风险评估程序通常不涉及审计抽样；控制测试涉及审计抽样，但对于内部控制运行轨迹不涉及，通常实施询问、观察等程序；实质性程序中对各类交易、账户余额、列报的细节测试可以采用审计抽样，但在实施实质性分析程序时，不宜使用审计抽样。

二、审计抽样的种类

审计抽样根据其**基本特征**的不同可以**分为**统计抽样和非统计抽样。统计抽样按了解总体特征不同又分为属性抽样和变量抽样，非统计抽样主要包括任意抽样和判断抽样两种。对某类交易或账户余额使用审计抽样时，既可以使用统计抽样，也可以使用非统计抽样。

（一）统计抽样

统计抽样是指同时具备下列特征的抽样方法：①随机选取样本；②运用概率论评价样本结果，包括计量抽样风险。统计抽样分为属性抽样和变量抽样。

（1）**属性抽样**（在控制测试中的运用）。这是一种用来对总体中某一事件发生率得出结论的统计抽样方法。属性抽样在审计中最常见的用途是测试某一控制的偏差率，以支持注册会计师评估的控制有效性。在属性抽样中，设定控制的每一次发生或偏离都被赋予同样的权重，而不管交易金额的大小。

（2）**变量抽样**（在细节测试中的运用）。这是一种用来对总体金额得出结论的统计抽样方法。变量抽样通常回答金额是多少、账户是否存在错报。变量抽样在审计中的主要用途是进行细节测试，以确定记录金额是否合理。

一般而言，属性抽样得出的结论与总体发生率有关，而变量抽样得出的结论与总体的金额有关。但有一个例外，即统计抽样中的概率比例规模抽样，却运用属性抽样的原理得出以金额表示的结论。

统计抽样的**优点**：①能够客观地计量抽样风险，并通过调整样本规模精确地控制风险，这也是与非统计抽样最重要的区别；②有助于注册会计师高效地设计样本，计量所获取证据的充分性，以及定量评价样本结果。统计抽样的**缺点**：可能发生额外的成本。统计抽样的**理**

论依据：①充分的数学依据；②健全的内部控制依据；③合理的经济依据。

（二）非统计抽样

不同时具备统计抽样上述两个特征的抽样方法为非统计抽样。注册会计师应当根据具体情况并运用职业判断，确定使用统计抽样或非统计抽样方法，以最有效率地获取审计证据。例如，在控制测试中，与仅仅对偏差的发生进行定量分析相比，对偏差的性质和原因进行定性分析通常更为重要。在这种情况下，使用非统计抽样可能更为适当。非统计抽样如果设计适当，也能提供与设计适当的统计抽样方法同样有效的结果。注册会计师使用非统计抽样时，也必须考虑抽样风险并将其降至可接受水平，但不能精确地测定出抽样风险。

不管统计抽样还是非统计抽样，两种方法都要求注册会计师在设计、实施和评价样本时运用职业判断。另外，对选取的样本项目实施的审计程序通常也与使用的抽样方法无关。

 温馨提示

理解统计抽样与非统计抽样时应注意：①审计实务中，既可以运用统计抽样，也可以运用非统计抽样，而且可以把两者结合起来使用；②无论采用哪种抽样技术，都离不开职业判断，而且这两种抽样技术，只要运用得当，都能够获得充分适当的证据；③两种抽样技术都存在抽样风险和非抽样风险；④统计抽样和非统计抽样最根本的区别就是统计抽样可以用概率发生额来量化抽样风险。

（三）抽样风险与非抽样风险

在获取审计证据时，注册会计师应当运用职业判断，评估重大错报风险，并设计进一步审计程序，以确保将审计风险降至可接受的低水平。在使用审计抽样时，审计风险既可能受到抽样风险的影响，又可能受到非抽样风险的影响。抽样风险和非抽样风险通过影响重大错报风险的评估和检查风险的确定而影响审计风险。

1. 抽样风险

抽样风险是指注册会计师根据样本得出的结论，和对总体全部项目实施与样本同样的审计程序得出的结论存在差异的可能性，也就是抽出的样本不能代表总体的风险。

无论在控制测试还是在细节测试中，抽样风险都可以分为两种类型：一类是影响审计效果的抽样风险，包括控制测试中的信赖过度风险和细节测试中的误受风险；另一类是影响审计效率的抽样风险，包括控制测试中的信赖不足风险和细节测试中的误拒风险。

控制测试中的抽样风险包括两类。①**信赖过度风险**。该风险是指推断的控制有效性高于其实际有效性的风险，也可以说，尽管样本结果支持注册会计师计划信赖内部控制的程度，但实际偏差率不支持该信赖程度的风险。②**信赖不足风险**。该风险是指推断的控制有效性低于其实际有效性的风险。控制测试中的抽样风险类型参见表6.2。

表6.2 控制测试中的抽样风险类型

项　　目		被审计单位控制活动、政策或程序的实际运行有效性	
		控制风险初步评估结果适当	控制风险初步评估结果不适当
注册会计师根据样本结果得出的结论	支持初步评估的控制风险水平	正确结论	信赖过度风险：评估的控制风险太低（审计无效）
	不支持初步评估的控制风险水平	信赖不足风险：评估的控制风险太高（审计效率低）	正确结论

在实施**细节测试**时，注册会计师也要关注两类抽样风险：①**误受风险**，该类风险是指注册会计师推断某一重大错报不存在而实际上存在的风险；②**误拒风险**，该类风险是指注册会计师推断某一重大错报存在而实际上不存在的风险。细节测试中的抽样风险类型见表6.3。

表 6.3　细节测试中的抽样风险类型

项　　目		被审计单位交易或账户余额记录的实际情况	
		不存在重大错报	存在重大错报
注册会计师根据样本结果得出的结论	交易或账户余额记录不存在重大错报	正确结论	误受风险（审计无效）
	交易或账户余额记录存在重大错报	误拒风险（审计效率低）	正确结论

只要使用了审计抽样，抽样风险总会存在。抽样风险与样本规模反方向变动：样本规模越小，抽样风险越大；样本规模越大，抽样风险越小。无论是控制测试还是细节测试，注册会计师都可以通过扩大样本规模降低抽样风险。如果对总体中的所有项目都实施检查，就不存在抽样风险，此时审计风险完全由非抽样风险产生。

2. 非抽样风险

非抽样风险是指由于某些与样本规模无关的因素而导致注册会计师得出错误结论的可能性。非抽样风险是由人为错误造成的，因而可以降低、消除或防范。

在审计过程中，可能导致非抽样风险的原因包括以下类型。①注册会计师选择的**总体不适合于测试目标**。例如，注册会计师在测试应收账款销售的完整性认定时，选择主营业务收入日记账作为总体。②注册会计师**未能适当地定义误差**（包括控制偏差或错报），导致注册会计师未能发现样本中存在的偏差或错报。例如，注册会计师在测试现金支付授权控制的有效性时，未将签字人未得到适当授权的情况界定为控制偏差。③注册会计师**选择了不适用于实现特定目标的审计程序**。例如，注册会计师依赖应收账款函证来揭露未入账的应收账款。④注册会计师**未能适当地评价**审计发现的情况。例如，注册会计师错误解读审计证据可能导致没有发现误差。注册会计师对所发现误差的重要性判断有误，从而忽略了性质十分重要的误差，也可能导致得出不恰当的结论。⑤**其他**原因。

温馨提示

抽样审计的审计风险包括抽样风险与非抽样风险两个部分。抽样风险主要与样本量相关，该风险对审计的影响总结见表6.4。

表 6.4　抽样风险对审计的影响

抽样风险	控 制 测 试		实质性程序（细节测试）	
	信赖过度风险	信赖不足风险	误受风险	误拒风险
影响	效果、质量	效率	效果、质量	效率

三、审计抽样基本原理——样本设计阶段

注册会计师在控制测试和细节测试中使用审计抽样方法，主要分为**三个阶段**。①样本设计阶段。该阶段旨在根据测试的目标和抽样总体，制订选取样本的计划。②选取样本阶段。该阶段旨在按照适当的方法从相应的抽样总体中选取所需的样本，并对其实施检查，以确定是否存在误差。③评价样本结果阶段。该阶段旨在根据对误差的性质和原因的分析，将样本结果推断至总体，形成对总体的结论。

审计抽样流程可以用图 6.2 表示。

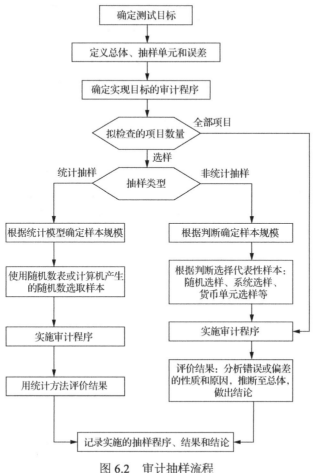

图 6.2　审计抽样流程

在设计审计样本时，注册会计师应当考虑审计程序的目标和抽样总体的属性。该阶段的工作主要包括以下几项。

1. 确定测试目标

确定测试目标是样本设计阶段的第一项工作。一般而言，控制测试是为了获取关于某项控制的设计或运行是否有效的证据，而细节测试的目的是确定某类交易或账户余额的金额是否正确，获取与存在的错报有关的证据。

2. 定义总体与抽样单元

总体可以包括构成某类交易或账户余额的所有项目，也可以只包括某类交易或账户余额中的部分项目。总体应具备下列**两个特征**：①适当性，注册会计师确定的总体应适合于特定的审计目标，包括适合于测试的方向；②完整性，注册会计师应当从总体项目内容和涉及时间等方面确定总体的完整性。

在定义抽样单元时，注册会计师应使其与审计测试目标保持一致。在控制测试中，抽样单元通常是能够提供控制运行证据的文件资料；而在细节测试中，抽样单元可能是一个账户余额、一笔交易或交易中的一项记录，甚至每个货币单元。

如果总体项目存在重大的变异性，注册会计师应当考虑分层。分层是指将一个总体划分为多个子总体的过程，每个子总体由一组具有相同特征（通常指金额）的抽样单元组成。分层可以降低每一层中项目的变异性，从而在抽样风险没有成比例增加的前提下减小样本规模。注册会计师可以考虑将总体分为若干个离散的具有识别特征的子总体(层)，以提高审计效率。

3. 定义误差构成条件

注册会计师必须事先准确定义构成误差的条件，否则执行审计程序时就没有识别误差的标准。在控制测试中，误差是指控制偏差，注册会计师要仔细定义所要测试的控制及可能出现偏差的情况；在细节测试中，误差是指错报，注册会计师要确定哪些情况构成错报。

注册会计师定义误差构成条件时要考虑审计程序的目标。清楚地了解误差构成条件，对于确保在推断误差时，将所有与审计目标相关的条件包括在内至关重要。

4. 确定审计程序

注册会计师必须确定能够最好地实现测试目标的审计程序组合。例如，如果注册会计师的审计目标是通过测试某一阶段的适当授权证实交易的有效性，审计程序就是检查特定人员已在某文件上签字以示授权的书面证据。注册会计师预计样本中该文件每一张上都有适当的签名。

注册会计师应当将交易类型、账户余额，以及列报和披露的认定与重大错报风险的评估和进一步审计程序的设计及实施相联系。通常注册会计师在获取关于财务报表中列报和披露的审计证据时不采用抽样方法，因而审计测试目标通常与获取关于某类交易或账户余额的财务报表认定的审计证据有关，如表 6.5 所示。

表 6.5　注册会计师获取审计证据时使用的认定

关于被审计期间交易和事项类型的认定	关于期末账户余额的认定
发生	存在
完整	权利和义务
准确	完整
截止	计价和分摊

四、审计抽样基本原理——选取样本阶段

（一）确定样本规模

样本规模是指从总体中选取样本项目的数量。在审计抽样中，如果样本规模过小，就不能反映出审计对象总体的特征，注册会计师就无法获取充分的审计证据，其审计结论的可靠性就会大打折扣，甚至可能得出错误的审计结论；相反，如果样本规模过大，则会增加审计工作量，造成不必要的时间和人力上的浪费，加大审计成本，降低审计效率，失去审计抽样的意义。

影响样本规模的因素主要包括可接受的抽样风险、可容忍误差、预计总体误差、总体变异性和总体规模。表 6.6 列示了审计抽样中影响样本规模的因素。

表 6.6　影响样本规模的因素

影 响 因 素	控 制 测 试	细 节 测 试	与样本规模的关系
可接受的抽样风险	可接受的信赖过度风险	可接受的误受风险	反向变动
可容忍误差	可容忍偏差率	可容忍错报	反向变动
预计总体误差	预计总体偏差率	预计总体错报	同向变动
总体变异性	—	总体变异性	同向变动
总体规模	总体规模	总体规模	影响很小

（二）选取样本

不管使用统计抽样还是非统计抽样，在选取样本项目时，注册会计师都应当使总体中的所有抽样单元均有被选取的机会。选取样本的基本方法包括随机数选样、系统选样和随意选样。控制测试中的审计抽样有**两种方法**。①发现抽样。发现抽样的预计总体偏差率是 0，检查样本时，一旦发现偏差就立即停止抽样；如果没有发现偏差，则得出总体偏差率可以接受的结论。②属性估计抽样。属性估计抽样用以估计被测试控制程序的偏差发生率或未有效运行的频率。

1．随机数选样

使用随机数选样需以总体中的每一项目都有不同的编号为前提。注册会计师可以使用计算机生成的随机数，如电子表格程序、随机数码生成程序、通用审计软件程序等计算机程序产生的随机数，也可以使用随机数表获得所需的随机数。

随机数是一组从长期来看出现概率相同的数码，且不会产生可识别的模式。随机数表也称乱数表，它是由随机生成的 0～9 共 10 个数字所组成的数表，每个数字在表中出现的次数是大致相同的，它们出现在表上的顺序是随机的。表 6.7 所示是 5 位随机数表的一部分。

表 6.7　随机数表

	1	2	3	4	5	6	7	8	9	10
1	32044	69037	29655	92114	81034	40582	01584	77184	85762	46505
2	23821	96070	82592	81642	08971	07411	09037	81530	56195	98425
3	82383	94987	66441	28677	95961	78346	37916	09416	42438	48432
4	68310	21792	71635	86089	38157	95620	96718	79554	50209	17705
5	94856	76940	22165	01414	01413	37231	05509	37489	56459	52983
6	95000	61958	83430	98250	70030	05436	74814	45978	09277	13827
7	20764	64638	11359	32556	89822	02713	81293	52970	25080	33555
8	71401	17964	50940	95753	34905	93566	36318	79530	51105	26952
9	38464	75707	16750	61371	01523	69205	32122	03436	14489	02086
10	59442	59247	74955	82835	98378	83513	47870	20795	01352	89906

应用随机数表选样的步骤如下。

（1）对总体项目进行编号，建立总体中的项目与表中数字的一一对应关系。一般情况下，编号可利用总体项目中原有的某些编号，如凭证号、支票号、发票号等。在没有事先编号的情况下，注册会计师需按一定的方法进行编号。

（2）确定连续选取随机数的方法。即从随机数表中选择一个随机起点和一个选号路线，随机起点和选号路线可以任意选择，但一经选定就不得改变。从随机数表中任选一行或一栏开始，按照一定的方向（上下左右均可）依次查找，符合总体项目编号要求的数字，即为选中的号码，与此号码相对应的总体项目即为选取的样本项目，一直到选足所需的样本量为止。例如，从应收账款明细表的 2 000 个记录中选择 10 个样本，总体编号规则为"前两位数字不能超过 40，后两位数字不能超过 50"。如从表 6.7 第一行第一列开始，使用前 4 位随机数，逐行向右查找，则选中的样本为编号 3204、0741、0903、0941、3815、2216、0141、3723、0550、3748 的 10 个记录。

随机数选样不仅使总体中每个抽样单元被选取的概率相等，而且使相同数量的抽样单元组成的每种组合被选取的概率相等。这种方法在统计抽样和非统计抽样中均适用。由于统计抽样要求注册会计师能够计量实际样本被选取的概率，这种方法尤其适合于统计抽样。

2. 系统选样

系统选样也称等距选样，是指按照相同的间隔从审计对象总体中等距离地选取样本的一种选样方法。采用系统选样法的**步骤**为：①对总体各抽样单位连续编号；②建立对应关系；③确定抽样规模；④计算抽样间距；⑤确定随机选择起点；⑥根据抽样间距顺序选择样本。抽样间距的计算公式如下。

$$抽样间距=总体规模÷样本规模$$

【例 6.2】如果销售发票的总体范围是 652～3 151，设定的样本量是 125，那么抽样间距为 20[（3 152−652）÷125]。注册会计师必须从 0～19 中选取一个随机数作为抽样起点。如果随机选择的数码是 9，那么第一个样本项目是发票号码为 661（652+9）的那一张，其余的 124 个项目是 681（661+20），701（681+20）……以此类推，直至第 3 141 号。

系统选样的主要优点是使用方便，比其他选样方法节省时间，并可用于无限总体；使用这种方法时，对总体中的项目可以不编号，注册会计师只要简单数出每一个间距即可。系统选样的主要缺点是使用此方法要求总体必须是随机排列的，否则容易发生较大的偏差，造成非随机的、不具代表性的样本。如果测试项目的特征在总体内的分布具有某种规律性，则选择样本的代表性就可能较差。

为克服系统选样法的这一缺点，可采用两种办法：一是增加随机起点的个数，二是在确定选样方法之前对总体特征的分布进行观察。如发现总体特征的分布呈随机分布，则采用系统选样法；否则，可考虑使用其他选样方法。

特别说明：N 个随机起点等距选样的抽样间距是 1 个随机起点等距选样的抽样间距的 N 倍。

3. 随意选样

随意选样也叫任意选样，是指注册会计师**不带任何偏见**地选取样本，即不考虑样本项目的性质、大小、外观、位置或其他特征选取总体项目。随意选样的主要缺点在于很难真正完全无偏见地选取样本项目，常受个人偏好影响，使样本失去代表性。例如，从发票柜中取发票时，某些注册会计师可能倾向于抽取柜子中间位置的发票，这样就会使柜子上面部分和下面部分的发票缺乏相等的选取机会。因此，在运用随意选样方法时，注册会计师要避免由于项目性质、大小、外观和位置等不同所引起的偏见，尽量使所选取的样本具有代表性。

 温馨提示

以上三种基本方法均可选出代表性样本。但随机数选样和系统选样属于随机基础选样方法，即对总体的所有项目按随机规则选取样本，因而可以在统计抽样中使用，当然也可以在非统计抽样中使用。而随意选样虽然也可以选出代表性样本，但它属于非随机基础选样方法，因而不能在统计抽样中使用，只能在非统计抽样中使用。

（三）对样本实施审计程序

注册会计师应当针对选取的每个项目，实施适合于具体审计目标的审计程序。对选取的样本项目实施审计程序旨在发现并记录样本中存在的误差。如果选取的项目不适合实施审计程序，注册会计师通常使用替代项目。

注册会计师通常对每一样本项目实施适合于特定审计目标的审计程序。如果注册会计师无法对选取的抽样单元实施计划的审计程序（如由于原始单据丢失等原因），应评价其影响。如果未检查项目可能存在的错报会导致该类交易或账户余额存在重大错报，注册会计师就要考虑实施替代程序，为形成结论提供充分的证据。例如，对应收账款的积极式函证没有收到回函时，注册会计师必须审查期后收款的情况，以证实应收账款的余额。

五、审计抽样基本原理——评价样本结果阶段

（一）分析样本误差

注册会计师应当考虑样本的结果、已识别的所有误差的性质和原因，及其对具体审计目标和审计的其他方面可能产生的影响。

无论是统计抽样还是非统计抽样，对样本结果的定性评估和定量评估一样重要。即使样本的统计评价结果在可以接受的范围内，注册会计师也应对样本中的所有误差（包括控制测试中的控制偏差和细节测试中的金额错报）进行定性分析。

（二）推断总体误差

在实施控制测试时，注册会计师将样本中发现的偏差数量除以样本规模，就计算出样本偏差率。由于样本的误差率就是整个总体的推断误差率，注册会计师无须推断总体误差率。

在控制测试中，无论使用统计抽样还是非统计抽样方法，样本偏差率都是注册会计师对总体偏差率的最佳估计，但注册会计师必须考虑抽样风险。

当实施细节测试时，注册会计师应当根据样本中发现的误差金额推断总体误差金额，并考虑推断误差对特定审计目标及审计的其他方面的影响。在细节测试中，非统计抽样推断总体错报的具体方法包括比率估计法和差异估计法两种，统计抽样推断总体错报的具体方法包括均值估计抽样、差额估计抽样、比率估计抽样和概率比例规模抽样。

（三）形成审计结论

注册会计师应当评价样本结果，以确定对总体相关特征的评估是否得到证实或需要修正。

1. 控制测试中的样本结果评价

在控制测试中，注册会计师应当将总体偏差率与可容忍偏差率比较，但必须考虑抽样风险。

第一，统计抽样结果的评价。在统计抽样中，注册会计师通常使用表格或计算机程序计算抽样风险。注册会计师利用计算机程序和样本数据，可以计算出信赖过度风险条件下可能发生的偏差率上限估计值。该偏差率上限估计值即总体偏差率与抽样风险允许限度之和。

如果估计的总体偏差率上限远低于可容忍偏差率，则总体可以接受；如果估计的总体偏差率上限低于但接近可容忍偏差率，注册会计师应当结合其他审计程序的结果，考虑是否接受总体，并考虑是否需要扩大测试范围，以进一步证实计划评估的控制有效性和重大错报风险水平；如果估计的总体偏差率上限大于或等于可容忍偏差率，则总体不能接受，注册会计师应当修正重大错报风险评估水平，并增加实质性程序的数量，也可以对影响重大错报风险评估水平的其他控制进行测试，以支持计划的重大错报风险评估水平。

第二，非统计抽样结果的评价。在非统计抽样中，抽样风险无法直接计量。注册会计师通常将样本偏差率（即估计的总体偏差率）与可容忍偏差率相比较，以判断总体是否可以接受。

如果样本偏差率**大大低于**可容忍偏差率，注册会计师通常认为总体可以接受；如果样本偏差率大于可容忍偏差率，其结论和注册会计师的做法与统计抽样下的一样；如果样本偏差率虽然**低于**可容忍偏差率，但两者**很接近**，注册会计师通常认为总体实际偏差率高于可容忍偏差率的抽样风险很高，总体不可接受，要考虑扩大样本规模，以进一步搜集证据。

2. 细节测试中的样本结果评价

在细节测试中，注册会计师首先必须根据样本中发现的实际错报要求被审计单位调整账面记录，然后将调整后的推断总体错报与该类交易或账户余额的可容忍错报相比较。

（1）统计抽样结果的评价。在统计抽样中，注册会计师利用计算机程序或数学公式计算出总体错报上限，并将计算的总体错报上限与可容忍错报比较。总体错报上限应等于推断的总体错报（调整后）与抽样风险允许限度之和。

如果计算的总体错报上限大于或等于可容忍错报，则总体不能接受。这时注册会计师对总体做出的结论为所测试的交易或账户余额存在重大错报。在评价财务报表整体是否存在重大错报时，注册会计师应将该类交易或账户余额的错报与其他审计证据一起考虑。通常，注册会计师会建议被审计单位对错报进行调查，且在必要时调整账面记录。

（2）非统计抽样结果的评价。在非统计抽样中，注册会计师运用其经验和职业判断评价抽样结果。

如果调整后的总体错报**远远小于**可容忍错报，注册会计师可以做出总体实际错报小于可容忍错报的结论，即总体可以接受。

如果调整后的总体错报虽然**小于**可容忍错报，但两者之间的差距**很接近**（既不很小又不很大），注册会计师必须特别仔细地考虑，总体实际错报超过可容忍错报的风险是否能够接受，并考虑是否需要扩大细节测试的范围，以获取进一步的证据。

如果调整后的总体错报**大于**可容忍错报，注册会计师通常做出总体实际错报大于可容忍错报的结论，即总体不能接受。

如果对样本结果的评价显示，对总体相关特征的评估需要修正，注册会计师可以单独或综合采取下列措施：①提请管理层对已识别的误差和存在更多误差的可能性进行调查，并在必要时予以调整；②修改进一步审计程序的性质、时间和范围；③考虑对审计报告的影响。

本章小测试

一、单项选择题

1. 选用的审计方法是否恰当（　　　）。

    A. 直接影响审计效率，不影响审计效果   B. 直接影响审计效果，不影响审计效率

    C. 只会影响审计意见类型   D. 直接影响审计工作的效率和效果

2. 审计人员根据审计项目的具体情况，结合自身的实际经验和观察能力，通过主观判断，有重点、

有选择地从总体中选取一部分样本进行审查的抽样方法是（　　　）。

  A．随机选样   B．统计选样   C．任意抽样   D．判断抽样

  3．对存放于不同地点的存货要同时进行盘点，原因是（　　　）。

    A．为了提高盘点效率   B．为了防止被审计单位移东补西

    C．为了统一编制存货盘点表   D．审计人员较多时的一种正常分工

  4．根据随机原则，任意地从总体中选取部分样本，这种选样方法称为（　　　）法。

    A．任意抽样   B．统计抽样   C．随机抽样   D．判断抽样

  5．下列情况中（　　　）不宜采用抽样审计。

    A．对内控制度的控制测试   B．对账户余额的细节测试

    C．对违反财经法纪行为的专案审计   D．对应收账款的函证

  6．审计人员从 1 200 张现金支票中采取等距抽样法抽取 100 张作样本进行审查，假设选择 6 个随机起点，则抽样间距为（　　　）。

    A．12   B．72   C．10   D．20

  7．为获得有关应收账款真实性和可收回性的证据，主要应采用（　　　）。

    A．盘点法   B．核对法   C．比较法   D．函证法

  8．下列属于属性抽样方法的是（　　　）。

    A．属性估计抽样   B．均值估计抽样   C．差异估计抽样   D．比率估计抽样

  9．下列各项风险中，对审计工作效率和效果都产生影响的是（　　　）。

    A．信赖过度风险   B．信赖不足风险   C．误受风险   D．非抽样风险

  10．下列属于信赖不足风险的是（　　　）。

    A．根据抽样结果对实际存在重大错误的账户余额得出不存在重大错误的结论

    B．根据抽样结果对实际不存在重大错误的账户余额得出存在重大错误的结论

    C．根据抽样结果对内部控制制度的信赖程度高于其实际应信赖的程度

    D．根据抽样结果对内部控制制度的信赖程度低于其实际应信赖的程度

二、多项选择题

  1．下列各项中，与审计人员设计样本时所确定的样本规模存在反向变动关系的有（　　　）。

    A．可接受的抽样风险 B．可信赖程度   C．可容忍误差   D．预计总体误差

  2．下列项目的实质性审查中，一般需要审计人员进行实地盘点的有（　　　）。

    A．现金的审查   B．银行存款的审查 C．存货的审查   D．长期投资的审查

  3．导致审计结果偏离事实而演变为审计失败的抽样风险有（　　　）。

    A．信赖过度风险   B．信赖不足风险   C．误拒风险   D．误受风险

  4．注册会计师审计已发生的销货业务是否均已登记入账时，常用的控制测试程序有（　　　）。

    A．检查发运凭证连续编号的完整性   B．检查赊销业务是否经过授权批准

    C．检查销售发票连续编号的完整性   D．观察已经寄出的对账单的完整性

  5．选用适当的审计方法，可以（　　　）。

    A．降低审计成本   B．降低审计风险

    C．提高注册会计师综合素质   D．提高审计效率

6．属于证实客观事物的审计方法的有（　　　　）。

　　A．盘点法　　　　　　B．复算法　　　　　　C．调节法　　　　　　D．函证法

7．按照抽样决策的依据不同，审计抽样可分为（　　　　）。

　　A．统计抽样　　　　　B．属性抽样　　　　　C．非统计抽样　　　　D．变量抽样

8．注册会计师在审计实务中使用审计抽样方法，主要分为三个阶段进行，包括（　　　　）。

　　A．样本设计阶段　　　B．误差调整阶段　　　C．评价样本结果阶段　D．选取样本阶段

9．审计抽样在细节测试中应用的变量抽样技术有（　　　　）。

　　A．均值估计抽样　　　B．PPS 抽样　　　　　C．差额估计抽样　　　D．比率估计抽样

三、判断题（凡正确者在题头括号内打"√"，错误则打"×"）

（　　）1．检查是审计人员对被审计单位所有事项的可靠程度的审阅与复核。

（　　）2．一般地，对金额大、账龄长的应收账款，期末都应实施肯定式函证。

（　　）3．通常，一种审计程序可以获得多种审计证据，要获取某类证据，也可用多种审计程序。

（　　）4．信赖不足风险和误受风险通常会使审计人员执行额外的审计程序，而降低审计效率。

（　　）5．可容忍误差越大，则要求的抽样规模越大。

四、问答题

1．简述函证的基本原理。

2．简述盘点法和调节法的基本原理。

3．抽样审计的一般程序是什么？

4．影响样本规模的因素有哪些？它们与样本量的关系是什么？

五、案例分析题

1．审计人员在审查某企业银行存款时，发现该企业 20×6 年 6 月 30 日银行存款日记账账面余额为 133 750 元，银行对账单余额为 127 000 元，经查后发现以下几笔未达账项。

（1）6 月 29 日，委托银行收款 12 500 元，银行已入该企业账户，收款通知尚未送达企业。

（2）6 月 30 日，该企业开出现金支票一张，计 400 元，银行尚未入账。

（3）6 月 30 日，银行已代付企业电费 250 元，企业尚未收到付款通知。

（4）6 月 30 日，企业收到外单位转账支票一张，计 16 000 元，银行尚未入账。

要求：根据上述情况，编制银行存款余额调节表，并得出简要审计结论。

2．为审核 20×6 年某企业的年度决算，审计人员于 20×7 年 1 月 20 日对甲材料库存进行盘点，结果为 8 500 千克。从 20×7 年 1 月 1 日到 20 日共收入 3 000 千克、发出 3 500 千克。20×6 年 12 月 31 日甲材料的账面余额为 10 000 千克，余额为 100 000 元。

要求：

（1）分别计算 20×6 年 12 月 31 日的甲材料应存数、盘亏（盈）数；

（2）指出审计中所运用的审计方法，并做出简要审计结论。

3．被审计单位 A 为一家上市公司，一般纳税人，主营单一产品——甲产品购销。甲产品平均进价成本为 100 元/件，20×6 年度平均售价为 120 元/件（均不含增值税）。适用税率或征收率为：增值税 13%，所得税 25%，城市维护建设税 7%，教育费附加 3%。审计人员在对 A 公司 20×6 年度存货业务

进行审查时，取得并证实以下资料。

（1）年度利润表列"营业收入"18 000万元，"营业成本"15 000万元。

（2）20×6年甲产品期初、期末余额分别为2 000万元和6 000万元。

（3）20×6年度甲产品全年进货190万件，计19 000万元。

（4）审计人员于20×7年1月31日营业结束时开始对存货进行盘点，证实库存为20万件，并审查20×7年1月永续盘存记录证实1月的进销分别为20万件和10万件。

要求：

（1）根据20×7年1月31日的盘点结果，运用调节法和核对法，确定20×6年12月31日甲产品的结存数及盘盈（亏）数；

（2）假定上述盘盈（亏）是A公司为人为调节损益而故意虚记（或隐瞒）销售形成的，计算应退（或补交）的税费金额；

（3）分析上述错误对20×6年度利润表有关项目的影响；

（4）编制调整分录。

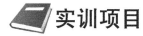 实训项目

请扫描二维码，阅读实训资料，根据实训内容和要求，完成实训。

第七章　审计证据与审计工作底稿

【学习目的与要求】

通过本章的学习，应该：①掌握审计证据的特点与可靠性判断原则，审计工作底稿的编制、复核；②熟悉审计证据的种类及其与具体审计目标的关系，审计档案的管理；③了解审计证据的定义和作用，审计证据的收集与综合，审计工作底稿的定义、分类和作用。

【引入案例】

助理人员张子宜编制审计工作底稿的困惑

20×5 年 12 月 31 日，助理人员张子宜经注册会计师宋江的安排，前去奥博股份公司验证存货的账面余额。在盘点前，张子宜在过道上听到几个工人在议论，得知存货中可能存在不少无法出售的变质产品。对此，张子宜对存货进行实地抽点，并比较了库存量与最近销量。抽点结果表明，存货数量合理，收发亦较为有序。由于该产品技术含量较高，张子宜无法鉴别出存货中是否有变质产品，于是，他不得不询问该公司的存货部高级主管。高级主管的答复是，该产品绝无质量问题。

张子宜在盘点工作结束后，开始编制审计工作底稿。张子宜将听说有变质产品的事填入备注栏，并建议在下阶段的存货审计程序中，应特别注意是否存在变质产品。宋江在复核审计工作底稿时，向张子宜详细了解了存货盘点情况，特别是有关变质产品的情况。除此之外，宋江还特别对当时议论此事的工人进行询问，但这些工人矢口否认了此事。于是，宋江与存货部高级主管商讨后，得出结论，认为存货价值公允且均可出售。复核底稿后，宋江在备注栏后填写了"变质产品问题经核实尚无证据，但下次审计时应加以考虑"。奥博股份公司总经理抱怨宋江前几次出具了保留意见的审计报告，使得他们贷款遇到了不少麻烦。审计结束后，注册会计师宋江对该年的财务报表出具了无保留意见的审计报告。

两个月后，奥博股份公司资金周转不灵，主要原因是存货中存在大量变质产品无法出售，致使到期的银行贷款无法偿还。银行拟向会计师事务所索赔，认为注册会计师在审核存货时，具有重大过失。债权人在法庭上出示了宋江的审计工作底稿，认为注册会计师明知存货高估，但迫于总经理的压力，没有揭示财务报表中存在问题，因此，应该承担银行的贷款损失。

问题：

1. 什么是审计证据？审计证据在审计工作中有何作用？本案例中涉及了哪些审计证据？

2. 什么是审计工作底稿？审计工作底稿在审计工作中有何作用？

第一节　审计证据

审计人员应当获取充分、适当的审计证据，以得出合理的审计结论，作为形成审计意见的基础。因此，审计人员工作时需要确定什么构成审计证据，如何获取审计证据，如何确定已收集的证据是否充分、适当，收集的审计证据如何支持审计意见。

一、审计证据的作用和分类

审计证据是审计人员在执行审计过程中采用各种方法和技术获取的能反映被审计事项的所有信息资料。它是审计人员形成审计结论、做出审计报告的凭据。审计人员在整个审计过程中，采用各种审计方法对被审计单位进行审计，其目的就是取得充分、适当的审计证据。所以，整个审计过程就是收集、鉴定和综合审计证据的过程。审计证据是审计工作的核心，也是考核、评定审计工作质量的关键。

 温馨提示

　　《中国注册会计师审计准则第 1301 号——审计证据》对审计证据的定义为：注册会计师为了得出审计结论和形成审计意见而使用的信息。审计证据包括构成财务报表基础的会计记录所含有的信息和从其他来源获取的信息。其中，会计记录信息主要包括原始凭证、记账凭证、总分类账和明细分类账、未在记账凭证中反映的对财务报表的其他调整，以及支持成本分配、计算、调节和披露的手工计算表和电子数据表。其他信息包括注册会计师从被审计单位内部或外部获取的会计记录以外的信息，如被审计单位会议记录、内部控制手册、询证函的回函、分析师的报告、与竞争者的比较数据等；通过询问、观察和检查等审计程序获取的信息，如通过检查存货获取存货存在性的证据等；以及自身编制或获取的可以通过合理推断得出结论的信息，如注册会计师编制的各种计算表、分析表等。

（一）审计证据的作用

审计证据在审计工作中具有十分重要的作用，它直接关系着审计质量的高低、审计结论的正确与否，也关系着审计自身的发展和社会中的地位。审计证据在审计工作中的作用表现为：①证明经济活动真相；②揭示经济责任；③提供审计结论的依据；④控制审计工作质量。

（二）审计证据的种类

审计证据的种类从不同角度看，有不同的类别。

1．按证据形态分类

审计证据按其**形态**可分为实物证据、书面证据、口头证据和环境证据。

实物证据是指通过实际观察或盘点所获取的、用以证实实物资产的真实性和完整性的证据。例如，审计人员可以通过监盘的方式，对各种存货和固定资产加以证明是否存在。实物证据通常是证明实物资产是否存在的最有说服力的证据，它可以有效地证实实物资产的状态、数量、特征和质量等，但实物证据并不能完全证实被审计单位对实物资产的所有权和实物资产价值情况。

书面证据是指审计人员所获取的各种以书面形式存在的证实经济活动的一类证据，是基本的证据。它包括与审计有关的各种会计凭证、账簿、报表、经济合同、总结报告等。它既包括被审计单位的书面资料，也包括审计人员从外部单位获得的书面资料。书面证据数量多、来源广，是审计人员取证的主要部分，也是审计人员形成审计报告、做出审计结论的重要基础。

口头证据，或叫陈述证据，是指被审计单位的负责人、职工、法律顾问、鉴定人等对审计人员的提问所作的口头答复形成的一类证据。一般而言，口头证据可能带有个人观点，可靠性较差，证明力较小，但具有一定的旁证的作用，能够帮助发现一些重要线索。在审计过程中，审计人员应对各种重要的口头证据尽快做成记录，并注明时间、地点、被询问者等要素，必要时还应获得被询问者的签名确认。

环境证据，也称情况证据，是指对被审计单位产生影响的各种环境因素所形成的一类证据，具体包括被审计单位内部控制情况、管理人员素质情况、各种管理条件和管理水平等对被审计单位产生的影响。情况证据一般不属于基本证据，但它可以帮助审计人员了解被审计单位及其经济活动所处的环境，是审计人员进行判断必须掌握的资料。

 温馨提示

一般说来，对实物资产（现金、有价证券、存货、固定资产等）均应取得实物证据，实物证据的获取方法主要为清查盘点或观察。实物证据是对实物的存在性具有强的证明力的证据，但不能证明实物的所有权和价值（另行审计，配合使用）。书面证据是针对书面资料审查而获取的以书面文件形式存在的证据，是证据存在的主要形式。实物证据、口头证据等均以书面文件的形式存在（但本质不是书面证据）。口头证据本身不具备可靠性，主要是提供审计线索。环境证据不是基本证据，主要帮助审计人员对已获取证据进行判断和利用。

2. **按证据取得来源分类**

审计证据按证据**取得来源**可分为外部证据和内部证据。

外部证据是指从被审计单位之外的机构或人员取得的证据，包括对查询问题的答复、银行对账单、鉴定材料等。外部证据主要是书面证据，其虚构和篡改的可能性较小，一般具有较强的证明力。外部证据又可以分两种：①由被审计单位以外的机构或人员编制并直接递交审计人员的外部证据，如应收账款函证回函等；②由被审计单位以外的机构或人员编制，但为被审计单位持有的外部证据，如银行对账单、**购货发票**等。前者比后者更可靠。

内部证据主要是指从被审计单位取得的证据，比如会计记录、被审计单位管理当局声明书等。内部证据又可以分两种：①由被审计单位产生并经其处理、保存的证据，如被审计单位的会计凭证、账簿、统计资料、业务技术资料、经济合同、会计记录等；②由被审计单位产生经过外部单位处理或保存的证据，如被审计单位签发的支票、开出的收据和**销货发票**等，这些证据经过外部单位加工或审核，具有较强的可靠性。内部证据主要是书面证据。内部证据的可靠性一般不如外部证据。

【例7.1】下面是某注册会计师在审计过程中所收集的书面证据：①销售发票；②明细账；

③银行对账单；④应收票据；⑤有限责任公司章程；⑥采购合同；⑦董事会会议记录；⑧应收账款函证回函；⑨管理当局声明书；⑩货运提单复印件。

问题：请将上述书面审计证据按其来源划分为外部证据和内部证据。

解析：外部证据有③④⑥⑧⑩；内部证据有①②⑤⑦⑨。

3. 按证据作用分类

审计证据按证据作用可分为直接证据和间接证据。

直接证据是指可以直接证明被审计事项的重要证据，如通过实地盘存取得的库存现金、库存材料数额等。由于是直接接触事实获取的证据，所以直接证据具有较强的证明力。

间接证据是指可以间接证明被审计事项的证据。间接证据的证明力不如直接证据。

二、审计证据的特点

（一）审计证据的一般特点

构成审计证据的信息资料一般具有以下几个基本特点。

1. 客观性

审计证据的客观性是指审计证据应能如实反映客观存在的事实。审计证据的客观性关系到审计意见、审计结论的公允性和合理性，关系到审计证据的可靠程度，还关系到审计目标是否能够实现。

2. 充分性

审计证据的充分性是对审计证据数量的衡量。审计证据的数量要能够足以支持审计人员的审计意见。审计证据的数量并不是越多越好，审计证据数量的多少要根据审计项目对审计证据的需要量进行具体分析。

3. 相关性

审计证据的相关性是指审计证据与审计目标相关联，才具有证明力。审计人员在收集资料时，应收集与被审计项目有关的资料，无关的资料不能作为审计证据。如存货监盘结果只能证明存货是否存在、是否有毁损和短缺，而不能证明存货的计价和所有权的情况。

4. 可靠性

审计证据的可靠性是指审计证据的可信程度。审计证据受其来源和性质的影响而呈现出不同的可靠性。审计人员在判断审计证据的可靠性时，通常会考虑下列**五项原则**。

（1）从外部独立来源获取的审计证据比从其他来源获取的审计证据更可靠。从外部独立来源获取的审计证据未经过被审计单位有关人员之手，减少了更改、伪造的可能性，故其证明力最强，如应收账款函证回函、银行询证回函等。其他来源的审计证据，因与被审计单位存在经济或行政关系，其可靠程度受到质疑，如被审计单位内部的会计记录、会议记录等。

（2）被审计单位内部控制有效时内部生成的审计证据比内部控制薄弱时内部生成的审计证据更可靠。如与销售业务有关的内部控制有效，审计人员就能从销售发票和发货单中取得比内部控制不健全时更加可靠的审计证据。

（3）审计人员直接获取的审计证据比间接获取或推论得出的审计证据更可靠。

（4）以文件记录形式（无论是纸质、电子还是其他介质）存在的审计证据比口头形式存在的审计证据更可靠。

（5）从原件获取的审计证据比从传真或复印件获取的审计证据更可靠。

5. 时效性

审计证据的时效性是指审计证据的效力受一定的时间限制。

（二）注册会计师审计证据的基本特征

根据《中国注册会计师审计准则第 1301 号——审计证据》的要求，注册会计师应当根据具体情况设计和实施恰当的审计程序，以获取充分适当的审计证据。

1. 审计证据的充分性——数量要求

审计证据的充分性是对审计证据数量的衡量，主要与注册会计师确定的样本量有关。注册会计师需要获取的审计证据的数量受错报风险的影响，并受到错报发生的可能性以及记录金额的重要性影响。

2. 审计证据的适当性——质量要求

审计证据的适当性是对审计证据质量的衡量，即审计证据在支持各类交易、账户余额、列报（包括披露，下同）的相关认定方面的相关性和可靠性。具体内容归纳为以下两点。

（1）审计证据的相关性确定应当考虑：特定的审计程序可能只为某些认定提供相关的审计证据，而与其他认定无关；针对同一项认定可以从不同来源获取审计证据或获取不同性质的审计证据；只与特定认定相关的审计证据并不能替代与其他认定相关的审计证据。

（2）审计证据的可靠性受其来源和性质的影响，并取决于获取审计证据的具体环境。审计证据的可靠性判断除了遵循前面五个原则外，还应当注意可能出现的重大例外情况。

 温馨提示

重大例外情况包括：①审计证据从外部独立获取，但是由不知情者或不具备资格者提供，可能也不可靠；②不具备专业评价能力的注册会计师直接获取的证据不一定可靠，比如不懂玉石的注册会计师获取的天然玉石或人造玉石的证据就不可靠；③即使是内部证据，只要其涉及多个部门的牵制，其可靠性较高。

3. 充分性和适当性的关系

充分性和适当性是审计证据的两个重要特征，两者缺一不可。审计证据质量越高，需要的审计证据数量可能越少。但如果审计证据的质量存在缺陷，注册会计师仅靠获取更多的审计证据可能无法弥补其质量上的缺陷。

三、审计证据的收集、鉴定与整理分析

审计证据的收集是指根据审计目的需要而收集、获得证据的审计活动，是审计过程的中

心环节。由于审计证据数量多、来源广、内容复杂、形式多样，所以在审计证据的收集阶段，审计人员应通过各种途径，采用各种方法，如调查、观察、询问、函证、计算等，收集各种审计证据，并加以初步整理。

（一）收集审计证据的基本要求

在收集审计证据过程中，必须保证审计证据的客观性、相关性、可靠性、充分性、时效性与合法性。

（二）收集审计证据的基本方法

收集审计证据主要有调查、观察、询问、函证、计算等基本方法。对不同类型的证据，需要使用各种不同的技术方法才能取得。如通过观察、盘点等方法取得实物证据，通过审阅、核对、函证及分析性计算等方法取得各种文件资料证据。

根据《中国注册会计师鉴证业务基本准则》应用指南，获取审计证据可以使用检查记录或文件、检查有形资产、观察、询问、函证、重新计算、重新执行和分析程序等审计方法。

1. 检查记录或文件

检查记录或文件是指注册会计师对被审计单位内部或外部生成的，以纸质、电子或其他介质形式存在的记录或文件进行审查。

检查记录或文件的目的是对财务报表所包含或应包含的信息进行验证。检查记录或文件可提供可靠程度不同的审计证据（主要为书面证据），审计证据的可靠性取决于记录或文件的来源和性质。

2. 检查有形资产

检查有形资产是指注册会计师对资产实物进行审查，以获取实物证据。该程序主要适用于存货、现金、有价证券、应收票据和固定资产等。

检查有形资产可为其存在性提供可靠的审计证据，但不一定能够为权利和义务或计价认定提供可靠的审计证据。要验证资产是否为被审计单位所拥有，仅靠检查实物证据是不够的，并且在许多情况下，注册会计师也没有能力准确判断资产的质量状况。

3. 观察

观察是指注册会计师察看相关人员正在从事的活动或执行的程序。例如，对被审计单位执行的存货盘点或控制活动进行观察。

观察提供的审计证据仅限于观察发生的时点，并且在相关人员已知被观察时，相关人员从事活动或执行程序可能与日常的做法不同，从而会影响注册会计师对真实情况的了解。因此，注册会计师有必要获取其他类型的佐证证据。

4. 询问

询问是指注册会计师以口头方式，向被审计单位内部或外部的知情人员获取财务信息和非财务信息，并对答复进行评价的过程。

知情人员对询问的答复可能为注册会计师提供尚未获悉的信息或佐证，也可能提供与已获悉信息存在重大差异的信息，注册会计师应当根据询问结果考虑修改审计程序或实施追加的审计程序。询问本身不足以发现认定层次存在的重大错报，也不足以测试内部控制运行的有效性，注册会计师还应当实施其他审计程序以获取充分、适当的审计证据。

5. 函证

函证是指注册会计师为了获取影响财务报表或相关披露认定项目的信息，通过直接来自第三方的对有关信息和现存状况的声明，获取和评价审计证据的过程。

6. 重新计算

重新计算是指注册会计师以人工方式或使用计算机辅助审计技术，对记录或文件中的数据计算的准确性进行核对。重新计算通常包括计算销售发票和存货的总金额、加总日记账和明细账、检查折旧费用和预付费用的计算、检查应纳税额的计算等。

7. 重新执行

重新执行是指注册会计师以人工方式或使用计算机辅助审计技术，重新独立执行作为被审计单位内部控制组成部分的程序或控制。例如，注册会计师利用被审计单位的银行存款日记账和银行对账单，重新编制银行存款余额调节表，并与被审计单位编制的银行存款余额调节表进行比较。

8. 分析程序

分析程序是指注册会计师通过研究不同财务数据之间以及财务数据与非财务数据之间的内在关系，调查识别与其他相关信息的不一致或与预期数据严重偏离的波动，并对财务信息做出评价。

（三）审计证据的鉴定

审计证据的鉴定是审计人员根据形成审计意见所必需的审计证据应具有的充分性和适当性的特点，对初步整理后的审计证据进行鉴定判别，以保证所收集整理的审计证据足以支持审计人员发表的审计意见。审计人员对审计证据的鉴定主要包括对审计证据的可靠性、相关性和重要性的鉴定：①鉴定可靠性即判断审计证据是否真实、可靠；②鉴定相关性即判断审计证据与被审计事项是否相关；③鉴定重要性即判断审计证据是否重要。

审计人员不可能把审计证据所反映的内容全部包括在审计报告中，因此，审计人员应对反映不同内容的审计证据，按照重要性原则进行适当的取舍，只选择具有代表性的审计证据在审计报告中加以反映。审计人员在对审计证据进行适当的取舍时需注意两个因素：金额的大小和问题的严重性。

（四）审计证据的整理分析

为了使分散的审计证据结合起来形成具有充分证明力的审计证据，必须将收集、鉴定的审计证据加以综合分析，评价被审计单位的经济活动，得出审计意见和结论。常见的审计证据整理分析方法包括分类、计算、比较、小结、综合等。

在综合、评价阶段，审计人员凭借专业知识水平和业务经验，对经过鉴定的具有现实证明力的审计证据进行归纳、整理和分析，具有现实证明力的审计证据就转化为具有充分证明力的审计证据，审计证据便可以用来证明被审计事项，最终形成审计意见和结论。

第二节　审计工作底稿

一、审计工作底稿的分类与作用

审计工作底稿是审计人员在执行审计业务过程中形成的全部审计工作记录和获取的资料，是审计证据的载体，也是审计人员撰写审计报告、表达审计意见的依据。

审计工作底稿通常包括总体审计策略、具体审计计划、分析表、问题备忘录、重大事项概要、询证函回函、管理层声明书、核对表、有关重大事项的往来信件（包括电子邮件），以及对被审计单位文件记录的摘要或复印件等。审计工作底稿通常不包括已被取代的审计工作底稿的草稿或财务报表的草稿、不全面或初步思考的记录、存在印刷错误或其他错误而作废的文本，以及重复的文件记录等。审计工作底稿可以以纸质、电子或其他介质形式存在。注册会计师应严格按照审计准则的要求，做好有关审计工作底稿的各项工作。

（一）审计工作底稿的分类

1. 按性质和作用分类

审计工作底稿按性质和作用可以分为综合类审计工作底稿、业务类审计工作底稿和备查类审计工作底稿。

综合类审计工作底稿，主要指注册会计师在计划和报告阶段，为规划、控制和总结整个审计工作，并发表审计意见所形成的工作底稿，主要包括审计业务约定书、审计计划、审计报告书未定稿、审计总结、审计调整分录汇总表等综合性的审计记录。

业务类审计工作底稿，主要指注册会计师在审计实施阶段，执行具体审计程序所编制和取得的工作底稿，主要包括执行预备调查、控制测试和实质性程序所形成的记录。

备查类审计工作底稿，主要指注册会计师在整个审计过程中形成的，对审计工作仅具备备查作用的工作底稿，主要包括与审计业务约定事项有关的重要法律文件、重要的会议记录与纪要、重要的经济合同与协议、企业营业执照、公司章程等原始资料的副本或复印件。

2. 按归档后的使用时间分类

审计工作底稿按归档后的使用时间可以分为归入永久性档案的审计工作底稿和归入当期档案的审计工作底稿。

归入永久性档案的审计工作底稿，是指那些记录内容相对稳定，具有长期使用价值，并对以后审计工作具有重要影响和直接作用的审计记录。例如，被审计单位的组织结构、批准证书、营业执照、章程、重要资产的所有权或使用权证文件复印件。

归入当期档案的审计工作底稿，是指那些记录内容经常变动，只供当期审计使用和下期审计参考的审计记录。比如，总体审计策略和具体审计计划。

3. 按资料来源分类

审计工作底稿按资料来源可以分为自编的工作底稿和获取的工作底稿。

自编的工作底稿，主要是指由审计人员自己编制所形成的审计工作底稿。如审计工作计划、审计日程表、试算表。

获取的工作底稿，主要是指由审计人员从被审计单位和其他单位取得的或与被审计单位共同编制的审计工作底稿。如从被审计单位获得的有关法律性文件、合同及审计业务约定书。

【例7.2】一张审计工作底稿上半页登记的是被审计单位的领料制度流程规定，下半页登记的是执行情况，即上半页是备查类审计工作底稿，下半页是业务类审计工作底稿。

讨论：如果让你选择，归档时你将其归入备查类还是业务类？

分析：最好归入备查类，因为唯有这样才能满足两类审计工作底稿的保管要求。

（二）审计工作底稿的作用

审计工作底稿对于整个审计工作具有十分重要的意义。具体表现在以下方面。

（1）审计工作底稿便于组织审计工作。审计工作底稿是连接整个审计工作的纽带。审计人员通过审计工作底稿，就能将不同人员的审计工作有机地结合起来，以便对被审计单位的会计报表发表意见。

（2）审计工作底稿是编写审计报告的依据。审计工作底稿记录、汇集了大量审计证据，并进行了判断与分析，这就为编写审计报告做出审计结论提供了依据。

（3）审计工作底稿便于控制审计工作的质量。审计负责人可以通过审计工作底稿检查审计计划的制订和执行情况，了解审计工作进度，指导审计工作，以监督审计人员做好工作，保证审计方案的实施，达到预期的审计目的，控制审计工作的质量。

（4）审计工作底稿是进行后续审计的依据。被审计单位对审计结论和决定不服的，可以向上级审计机关申请复审。上级审计机关在办理复审事项时，将根据原审计结论和决定并区别情况进行处理。如果原审计结论和决定认定事实清楚、定性处理恰当，那自然维持原审计结论和决定；如果原审计结论和决定认定事实不清，结论和决定处理不当，则重新进行审查核实后，纠正原结论和决定。

二、审计工作底稿的编制

（一）编制审计工作底稿的基本要求

审计工作底稿反映审计工作的轨迹，其编制质量直接影响审计结论。编制审计工作底稿应该做到：资料翔实、内容完整、重点突出、格式规范、标识一致、记录清晰、结论明确。

审计业务不同、被审计单位的经营性质不同，其审计工作底稿的形式也不同。

（二）审计工作底稿的基本要素

审计工作底稿通常包括下列全部或部分要素：审计工作底稿的标题；审计过程记录；审计结论；审计标识及其说明；索引号及页次；编制人姓名及编制日期；复核人姓名及复核日期；其他应说明事项。其中，审计过程记录和审计结论是核心内容。审计工作底稿的基本要素可以通过表7.1来说明。各要素具体说明如下。

表7.1　应收账款审计工作底稿

索引号：
被审计单位名称：W公司　　　编制人：李×× 　 20×6-4-19
审计项目名称：应收账款　　　复核人：陈×× 　 20×6-4-24

单位名称	未审计数	审计调整	重分类	审 定 数	索引号	备 注
A公司	52 000 S	0	0	520 000 < C\	D-1	
B公司	630 000 S	20 000	0	650 000 < C\	D-2	
C公司	80 000 S	0	0	80 000 <		
……	……	……	0	……		
合　计	2 866 000 G∧	40 000 ∧	0 ∧	2906000 < T／B∧		
审计标识及其说明	S：与明细账核对一致；G：与总账核对一致；T／B：与审计后的试算平衡表核对一致；C\：已收回询证函，且与审定数一致；∧：纵加核对；<：横加核对；D-1、D-2：应收账款询证函					
审计结论	调整后的应收账款余额可以确认					

（1）审计工作底稿的标题。标题应当包括被审计单位的名称、审计项目的名称以及资产负债表日或底稿覆盖的会计期间（如果与交易相关）。其中，被审计单位的名称指财务报表的编报单位，审计项目名称指某一财务报表项目名称或某一审计程序及实施对象的名称，资产负债表日或底稿覆盖的会计期间指资产负债类项目的报告时点或损益类项目的报告期间。

（2）审计过程记录。指审计人员对审计程序实施的全过程详细记录，它体现了审计人员的工作轨迹与专业判断。

（3）审计结论。指审计人员通过实施必要的审计程序后，对某一审计事项所做出的专业判断。如就符合性测试来说，审计结论指审计人员判断出的内部控制的有效性以及可信赖程度；就实质性测试来说，审计结论是指审计人员对某一审计事项判断出的余额或发生额是否真实。

（4）审计标识及其说明。指审计工作底稿中所使用的标识符号以及对各种标识符号所代表含义的说明，目的是便于其他人理解。常见标识如下：①∧：纵加核对；②<：横加核对；③B：与上年结转数核对一致；④T：与原始凭证核对一致；⑤G：与总账核对一致；⑥S：与明细账核对一致；⑦T/B：与审计后的试算平衡表核对一致；⑧C：已发询证函；⑨C\：已收回询证函。应在每张审计工作底稿中说明审计标识的含义，且前后一致。

（5）索引号及页次。索引号是审计人员为整理利用审计工作底稿，将同一性质或反映同一具体审计事项的底稿归类，所做的特定编号；页次是同一索引号下不同的审计工作底稿的顺序编号。如A-3就表示综合类审计工作底稿的第3张。

（6）编制人姓名及编制日期。指审计人员在其编制的审计工作底稿上的签名和签署的日期。

（7）复核人姓名及复核日期。指审计人员在其复核过的审计工作底稿上的签名和签署的日期。

（8）其他应说明事项。指审计人员根据其专业判断，认为应在审计工作底稿上说明的事项。

三、审计工作底稿的复核

审计工作底稿复核的工作是主要检查：①引用的**资料**是否**可靠**；②获取的审计**证据**是否**充分**；③审计程序和审计**方法**是否**恰当**；④审计**结论**是否**正确**。

为了保证审计工作底稿的真实、完整和可靠，保证审计质量，还应该对审计工作底稿建立严格的**分级复核制度**。对审计工作底稿的复核可分为以下**两个层次**。

（1）项目组内部复核。**项目组内部复核**具体操作由项目负责人安排，代表项目组的责任，一般由审计项目组内经验较多的人员（包括项目负责人）复核经验较少人员的工作。复核的主要事项：①审计工作是否已按照法律法规、相关职业道德要求和审计准则的规定执行；②重大事项是否已提请进一步考虑；③相关事项是否已进行适当咨询，由此形成的结论是否得到记录和执行；④是否需要修改已执行审计工作的性质、时间和范围；⑤已执行的审计工作是否支持形成的结论，并已得到适当记录；⑥获取的审计证据是否充分、适当，足以支持审计结论；⑦审计程序的目标是否已经实现。

（2）项目质量控制复核。**项目质量控制复核**是指在出具报告前，对项目组做出的重大判断和在准备报告时形成的结论做出客观评价的过程。项目质量控制复核是体现会计师事务所质量控制和事务所层次责任的复核，是由会计师事务所指定专门的机构或人员对审计项目组执行的审计实施的最高层次复核。

各复核人在复核审计工作底稿时，应做好复核记录，书面表示复核意见并签名，督促修改、完善审计工作底稿。

四、审计工作底稿的管理

1. 审计工作底稿的归档期限

审计工作底稿形成后，审计人员应对其进行分类、整理和归档，形成审计档案。审计工作底稿的**所有权**属于进行审计工作的会计师事务所。

审计工作底稿的**归档期限**：①如果已完成审计业务，归档期限为审计报告日后 60 天内；②如果注册会计师未能完成审计业务，归档期限为审计业务中止后的 60 天内。

2. 审计工作底稿的保存期限

审计档案是审计工作的重要历史资料，审计机构应妥善保管。永久性审计档案，应当长期保存；一般审计档案，应当自审计报告日起至少保存 10 年。

3. 审计工作底稿的变动

在完成最终审计档案的归整工作后，注册会计师不得在规定的保存期限届满前删除或废弃审计工作底稿。

注册会计师发现有必要修改现有审计工作底稿或增加新的审计工作底稿的情形主要有以下两种。①注册会计师已实施了必要的审计程序，取得了充分、适当的审计证据并得出了恰当的审计结论，但审计工作底稿的记录不够充分。②审计报告日后，发现例外情况要求注册会计师实施新的或追加审计程序，或导致注册会计师得出新的结论。例外情况主要是指审计报告日后发现与已审计财务信息相关且在审计报告日已经存在的事实，该事实如果被注册会计师在审计报告日前获知，可能影响审计报告。在完成最终审计档案的归整工作后，如果发现有必要修改现有审计工作底稿或增加新的审计工作底稿，无论修改或增加的性质如何，注册会计师均应当记录下列事项：①修改或增加审计工作底稿的时间和人员，以及复核的时间和人员；②修改或增加审计工作底稿的具体理由；③修改或增加审计工作底稿对审计结论产生的影响。

4．审计档案的保密与调阅

审计档案包含了很多被审计单位的商业秘密，审计单位应建立严格的保密制度，调阅要按照有关规定办理手续。

 温馨提示

审计工作底稿保密的例外情况（必须是办理了相关手续后）具体包括：①获得客户授权；②依法查阅（法院、检察院及其他部门因工作需要，可查阅有关底稿）；③行业内部检查（注册会计师协会对会计师事务所进行执业情况检查）；④不同会计师事务所因工协作（更换会计师事务所，后任调阅前任会计师事务所档案；合并会计报表审计；联合审计；其他）。

 本章小测试

一、单项选择题

1．实物证据通常能证明（ 　　 ）。

 A．实物资产的所有权   B．实物资产是否存在

 C．实物资产的计价准确性   D．有关会计记录是否正确

2．会计师事务所接受委托对被审计单位进行审计所形成的审计工作底稿，其所有权应归属于（ 　　 ）。

 A．进行审计的会计师事务所   B．被审计单位

 C．进行审计的注册会计师   D．委托单位

3．有关审计证据可靠性的下列表述中，审计人员认同的是（ 　　 ）。

 A．书面证据与实物证据相比是一种辅助证据，可靠性较弱

 B．内部证据在外部流转并获得其他单位承认，则具有较强的可靠性

 C．被审计单位管理当局声明书有助于审计结论的形成，具有较强的可靠性

 D．环境证据比口头证据重要，属于基本证据，可靠性较强

4．丙会计师事务所与 D 公司于 20×4 年 1 月 20 日签订了 20×3 年度会计报表审计业务约定书，作为审计档案，应当（ 　　 ）。

 A．至少保存至 20×5 年   B．至少保存 10 年

 C．至少保存至 20×6 年   D．长期保存

5．审计人员执行会计报表审计业务获取的下列审计证据中，可靠性最强的证据是（ 　　 ）。

 A．购货发票   B．销货发票   C．采购订货单副本   D．应收账款函证回函

6．审计人员对重大错报风险的估计水平与所需审计证据的数量（　　　）。

  A．成同向变动关系 B．成反向变动关系 C．成比例变动关系 D．不存在关系

7．审计人员为发现被审计单位的会计报表和其他会计资料中的重要比率及其趋势的异常变动，应采用（　　　）获取审计证据。

  A．检查   B．计算   C．分析性程序   D．估价

8．一般情况下，实物证据不能证实的是（　　　）。

  A．实物资产的数量 B．实物资产的质量 C．有价证券的数量 D．现金的数量

9．审计人员获取的下列审计证据中，证明力最弱的是（　　　）。

  A．购货发票   B．支票存根   C．领料单   D．律师声明书

10．审计人员获取的下列书面证据中，证明力最强的是（　　　）。

  A．银行存款函证的回函   B．购货发票

  C．销货发票   D．应收账款明细账

11．下列提法中，不正确的是（　　　）。

  A．管理当局的可信赖程度越低，所需审计证据的数量越多

  B．被审计单位管理水平越高，所需审计证据的数量越多

  C．控制风险越低，所需审计证据的数量越少

  D．控制风险越高，所需审计证据的数量越多

12．下面审计证据中，其证明能力由强到弱排列的顺序是（　　　）。

  A．审计人员自编的分析表、购货发票、销货发票、管理当局声明书

  B．购货发票、销货发票、审计人员自编的分析表、管理当局声明书

  C．销货发票、管理当局声明书、购货发票、审计人员自编的分析表

  D．审计人员自编的分析表、销货发票、管理当局声明书、购货发票

13．下列审计工作底稿中属于业务类工作底稿的是（　　　）。

  A．企业营业执照   B．审计调整分录汇总表

  C．审计报告书未定稿   D．控制测试时形成的工作底稿

14．下列各项中，提法正确的是（　　　）。

  A．内部控制越健全，固有风险越低

  B．内部控制越不健全，固有风险越高

  C．管理当局的可信赖程度越高，所需审计证据的数量越少

  D．管理当局的可信赖程度越低，所需审计证据的数量越少

二、多项选择题

1．审计人员运用专业判断确定已获取的审计证据是否充分、适当时，应当考虑的主要因素包括（　　　）。

  A．审计的成本与效益   B．审计风险与具体审计项目的重要性

  C．审计经验   D．审计证据的类型与获取途径

2．审计人员在审计过程中收集的环境证据包括的内容主要有（　　　）。

  A．被审计单位的章程、合同、协议和营业执照

B．被审计单位有关内部控制情况

C．被审计单位管理人员的素质

D．被审计单位各种管理条件和管理水平

3．实物证据通常是证明实物资产是否存在的非常有力的证据，审计人员还应就其（　　）另行审计。

A．报表披露　　　　B．所有权归属　　　　C．价值　　　　D．年末余额

4．下列各项对审计证据充分性和适当性之间的关系表述正确的有（　　）。

A．审计证据的相关性越强，所需审计证据的数量可以越少

B．审计证据的充分性较强，就可以降低审计证据的质量

C．审计证据的可靠程度较低时，就需要更多的审计证据

D．审计证据的质量越高，可以适当减少审计证据的数量

5．备查类工作底稿是审计人员在审计过程中形成的，其包括（　　）。

A．重要会议记录　　　　　　　　B．公司章程原件

C．与审计约定事项有关的重要经济合同和协议　D．企业营业执照、批文等复印件

6．在评价审计证据适当性时，审计人员一般应考虑（　　）。

A．审计证据的相关性　　　　　　B．审计证据的充分性

C．审计证据的来源和及时性　　　D．审计证据的客观性

7．外部证据是由被审计单位以外的组织机构或人士所编制的书面证据，其中包括（　　）。

A．应收账款函证回函　B．收到的支票　　C．购货发票　　　D．签发的支票

8．会计师事务所对工作底稿进行复核的要点包括（　　）。

A．所获取的审计证据是否充分、适当　B．所引用的资料是否翔实可靠

C．审计判断是否有理有据　　　　　　D．审计结论是否恰当

9．下列证据中属于内部书面证据的有（　　）。

A．会计记录　　　　　　　　　　　B．被审计单位盘点单

C．董事会会议记录　　　　　　　　D．被审计单位律师对审计询证函的回函

10．下列各项审计证据中，属于内部审计证据的有（　　）。

A．被审计单位已对外报送的会计报表　B．被审计单位提供的销售合同

C．被审计单位提供的供应商开具的发票　D．被审计单位管理当局声明书

三、判断题（凡正确者在题头括号内打"√"，错误则打"×"）

（　　）1．当期档案是指那些所记录内容经常变化，只供当期审计使用的审计档案。

（　　）2．审计过程中，如果发现被审计单位存在错误或者舞弊行为，则审计人员一般应增加审计证据的数量。

（　　）3．当被审计单位面临财务困境时，被审计单位会计报表中存在舞弊的可能性增加。

（　　）4．实物证据是证实实物资产最有力的证据。

（　　）5．审计工作底稿的记录内容只包括与审计意见有关的重要事项。

（　　）6．审计人员应对各种重要的口头证据做成记录，必要时还应获得被询问者的签名确认，从而形成书面证据。

（　　）7．被审计单位内部控制的完善程度对审计人员收集审计证据的数量有直接的影响。

（　　）8．审计人员在获取审计证据时应考虑成本效益原则，通常应取得当时条件下最为妥当的证据。

（　　）9．审计人员对重大错报风险的估计水平与所需证据的数量成反向变动关系。

（　　）10．因为提供资料者应对资料的真实性负责，所以审计人员对获取的资料可直接作为自己的工作底稿使用。

（　　）11．口头证据往往需要得到其他相应证据的支持。

（　　）12．被审计单位内部控制的健全程度与审计证据反向变动。

（　　）13．审计工作底稿保存 10 年即可自行销毁。

（　　）14．审计方法和审计证据之间并不是——对应的关系，通常一种方法可以产生多种类型的审计证据，而要获得某类审计证据也可以选择用多种审计方法和程序。

四、问答题

1．简要说明注册会计师审计证据的基本特征及其相互关系。

2．简要说明审计证据可靠性判断应考虑的主要原则。

3．注册会计师获取审计证据的审计方法有哪些？

4．审计工作底稿的基本要素包括哪些？

5．简述审计工作底稿项目组内部复核和项目质量控制复核的含义。

五、案例分析题

1．注册会计师张敏在对复兴公司 20×6 年度财务报表进行审计时，收集到以下六组审计证据：①收料单与购货发票；②销货发票副本与产品出库单；③领料单与材料成本计算表；④工资计算单与工资发放单；⑤存货盘点表与存货监盘记录；⑥银行询证函回函与银行对账单。

要求：请分别说明每组审计证据中哪项审计证据较为可靠，并简要说明理由。

2．注册会计师在对昌盛公司进行审计时，发现该公司内控制度具有严重缺陷。在审计过程中，注册会计师获取了以下证据：①销货发票副本；②监盘存货（不涉及检查相关的所有权凭证）记录；③律师提供的声明书；④管理层声明书；⑤会计记录。

要求：说明在此情况下，注册会计师能否依赖这些证据。

3．注册会计师负责审计甲公司 20×6 年度财务报表。与审计工作底稿相关的部分事项如下。

（1）注册会计师在具体审计计划中记录拟对固定资产采购与付款循环采用综合性方案，因在测试控制时发现相关控制运行无效，将其改为实质性方案，重新编制具体审计计划工作底稿，并替代原具体审计计划工作底稿。

（2）注册会计师拟利用 20×5 年度审计中获取的有关存货和成本循环的控制运行有效性的审计证据，将信赖这些控制的理由和结论记录于审计工作底稿。

（3）注册会计师在对销售发票进行细节测试时，将相关销售发票所载明的发票日期以及商品的名称、规格和数量作为识别特征记录于审计工作底稿。

（4）审计报告日后，注册会计师对在审计报告日前收到的应付账款询证函回函中存在的差异进行调查，确认其金额和性质均不重大，并记录于审计工作底稿。

（5）在归整审计档案时，注册会计师删除了固定资产减值测试审计工作底稿初稿。

（6）在完成审计档案归整工作后，注册会计师收到一份应收账款询证函回函，其结果显示无差异。注册会计师将其归入审计档案，并删除了在审计过程中实施的相关替代程序的审计工作底稿。

要求：针对上述第（1）至（6）项，逐项指出注册会计师的做法是否恰当。如不恰当，简要说明理由。

4．指出下列审计证据的类型（属于实物证据、书面证据、口头证据还是环境证据）：①被审计单位律师的声明书；②被审计单位管理当局的声明书；③银行对账单；④被审计单位的销售发票；⑤注册会计师对存货监盘取得的证据；⑥注册会计师亲自对固定资产折旧重新计算取得的证据；⑦注册会计师对被审计单位有关人员的口头询问记录；⑧注册会计师了解被审计单位管理条件和管理水平取得的证据；⑨应收账款函证的回函；⑩注册会计师实地观察被审计单位的内部控制运行取得的证据。

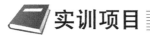 **实训项目**

请扫描二维码，阅读实训资料，根据实训内容和要求，完成实训。

第八章　终结审计和审计报告

【学习目的与要求】

通过本章的学习，应该：①了解期初余额、期后事项、持续经营假设、管理层声明对审计的影响；②熟悉审计报告的定义、作用、种类；③熟悉注册会计师审计报告的结构和内容，掌握五种意见类型审计报告的判断和关键段编写。

【引入案例】

*ST 科迪被出具无法表示意见的审计报告

河南科迪乳业股份有限公司（以下简称科迪公司），属国家财政参股企业。2015 年 6 月 30 日，科迪公司在深交所挂牌上市，股票代码002770。公司拥有年产 40 万吨液态奶项目，主导产品有利乐砖、百利包、爱克林、屋顶包、八连杯等 UHT 超高温瞬时灭菌奶和巴氏杀菌奶系列，前景可期。但在 2021 年 4 月 30 日，亚太（集团）会计师事务所（特殊普通合伙）对其 2020 年年报审计时，出具了无法表示意见的审计报告。（资料来源：东方财富网）

问题：

1. 何谓无法表示意见的审计报告？

2. 在何种情况下，注册会计师应当出具无法表示意见的审计报告？

第一节　终结审计工作

审计终结阶段是审计的最后一个阶段。注册会计师按业务循环完成各财务报表项目的审计测试和一些特殊项目的审计工作后，在审计完成阶段应汇总审计测试结果，进行更具综合性的审计工作，汇总审计差异，撰写审计总结，编制并致送审计报告，终结审计工作。

一、完成审计前需关注的几个问题

（一）期初余额

对于注册会计师来说，如果是初次审计，则必须验证期初余额的正确性。如果被审计单位是第一次接受审计，注册会计师必须采用适当的方法验证期初余额的正确性；如果被审计单位不是第一次接受审计，注册会计师可以采用适当的方法验证期初余额的正确性，也可直接借鉴前任注册会计师的结论。

（二）期后事项

期后事项是指财务报表日至审计报告日之间发生的事项以及注册会计师在审计报告日后知悉的事实。为了确定期后事项对被审计单位财务报表公允性的影响，有两类期后事项需要被审计单位管理层考虑，并需要注册会计师审计。

1. 期后调整事项

期后调整事项是指对资产负债表日**已存在**的情况提供了新的或进一步证据的事项。这类事项既为被审计单位管理层确定资产负债表日账户余额提供信息，也为注册会计师核实这些余额提供补充证据。如果这类期后事项的金额重大，应提请被审计单位对本期财务报表及相关的账户金额进行调整，如以下几种情况。

（1）诉讼案件结案。法院判决证实了被审计单位在资产负债表日已经存在现时义务，需要调整原先确认的与该诉讼案件相关的预计负债，或确认一项新负债。

（2）资产减值。资产负债表日后取得确凿证据，表明某项资产在资产负债表日发生了减值或者需要调整该项资产原先确认的减值金额。

（3）跨期确认。资产负债表日后进一步确定了资产负债表日前购入资产的成本或售出资产的收入。

（4）报表错弊。资产负债表日后发现了财务报表舞弊或差错。

2. 期后非调整事项

期后非调整事项是指资产负债表日后**新发生**的事项。这类事项虽不影响财务报表金额，但可能影响报表使用者对财务报表的正确理解，需提请被审计单位管理层在财务报表的附注中进行适当披露。

被审计单位在资产负债表日后发生的，需要在财务报表上披露而非调整的事项通常包括：①资产负债表日后发生重大诉讼、仲裁、承诺；②资产负债表日后资产价格、税收政策、外汇汇率发生重大变化；③资产负债表日后因自然灾害导致资产发生重大损失；④资产负债表日后发行股票和债券以及其他巨额举债；⑤资产负债表日后资本公积转增资本；⑥资产负债表日后发生巨额亏损；⑦资产负债表日后发生企业合并或处置子公司；⑧资产负债表日后企业利润分配方案中拟分配的以及经审议批准宣告发放的股利或利润。

（三）或有事项

或有事项，是指过去的交易或事项形成的，其结果须由某些未来事项的发生或不发生才能决定的不确定事项。常见的或有事项主要包括未决诉讼或仲裁、债务担保、产品质量保证（含产品安全保证）、承诺、亏损合同、重组义务、环境污染整治等。由于或有事项本质上属于不确定事项，相应地，其重大错报风险较高，需要注册会计师予以充分关注。

视野拓展

律师询证函及回函格式范例

（四）律师声明书

被审计单位律师对函证问题的答复和说明，就是**律师声明书**。对律师的函证，通常以被审计单位的名义，通过寄发审计询证函的方式实施。律师声明书所用的格式和措辞并没有定式。单位不同或情况不同，律师出具的声明书也不相同。注册会计师应根据该律师的职业水准和声誉情况来确定律师声明书的可靠性。如果注册会计师对律师并不熟悉，则应查询诸如该律师的职业背景、声誉及其在法律界的地位等情况，并考虑从律师事务所获取信息。如果律师声明书表明或暗示律师拒绝提供信息，或隐瞒信息，注册会计师应将其视为审计范围受到限制。

（五）持续经营假设

持续经营假设是指被审计单位在编制财务报表时，假定其经营活动在可预见的将来会继续下去，不拟也不必终止经营或破产清算，可以在正常的经营过程中变现资产、清偿债务。在执行财务报表审计业务时，注册会计师的责任是考虑管理层运用持续经营假设的适当性和披露的充分性。注册会计师应当按照审计准则的要求，实施必要的审计程序，获取充分、适当的审计证据，确定可能导致对持续经营能力产生重大疑虑的事项或情况是否存在重大不确定性，并考虑对审计报告的影响。

（六）管理层声明

管理层声明是指被审计单位管理层向注册会计师提供的关于财务报表的各项陈述。管理层声明具有明确管理层对财务报表的责任和提供审计证据的作用。如果管理层拒绝提供注册会计师认为必要的声明，注册会计师应当将其视为审计范围受到限制，出具保留意见或无法表示意见的审计报告。管理层声明包括书面声明和口头声明。书面声明作为审计证据通常比口头声明可靠。

管理层书面声明可采取下列形式：①管理层声明书，它是列示管理层所作声明的书面文件；②注册会计师提供的列示其对管理层声明的理解并经管理层确认的函；③董事会及类似机构的相关会议纪要，或已签署的财务报表副本。

管理层声明书是列示管理层所作声明的书面文件。当要求管理层提供声明书时，注册会计师应当要求将声明书径送注册会计师本人。声明书应当包括要求列明的信息，标明适当的日期并经签署。管理层声明一般包括以下三个方面的内容。

视野拓展

管理层声明书格式范例

1. 关于财务报表

关于财务报表的具体内容包括：①管理层认可其对财务报表的编制责任；②管理层认可其设计、实施和维护内部控制以防止或发现并纠正错报的责任；③管理层认为注册会计师在审计过程中发现的未更正错报，无论是单独还是汇总起来考虑，对财务报表整体均不具有重大影响。

2. 关于信息的完整性

关于信息的完整性的具体内容包括以下方面。①所有财务信息和其他数据的可获得性。②所有股东会和董事会会议记录的完整性和可获得性。③就违反法规行为事项，被审计单位与监管机构沟通的书面文件的可获得性。④与未记录交易相关资料的可获得性。⑤涉及下列人员舞弊行为或舞弊嫌疑的信息的可获得性：管理层；对内部控制具有重大影响的雇员；对财务报表的编制具有重大影响的其他人员。

3. 关于确认、计量和列报

关于确认、计量和列报的具体内容包括：①对资产或负债的确认或列报具有重大影响的计划或意图；②关联方交易，以及涉及关联方的应收或应付款项；③需要在财务报表中披露的违反法规行为；④需要确认或披露的或有事项，对财务报表具有重大影响的承诺事项和需要偿付的担保等；⑤对财务报表具有重大影响合同的遵循情况；⑥对财务报表具有重大影响的重大不确定事项；⑦被审计单位对资产的拥有或控制情况，以及抵押、质押或留置资产；⑧持续经营假设的合理性；⑨需要调整或披露的期后事项。

管理层声明书标明的日期通常与审计报告日一致。管理层声明书通常由管理层中对被审计单位及其财务负主要责任的人员签署。在某些情况下，注册会计师也可以向管理层中的其他人员获取管理层声明书。

二、编制审计差异调整表

审计差异内容按是否需要调整账户记录可分为**核算错误**和**重分类错误**。核算错误是因企业对经济业务进行了不正确的会计核算而引起的错误，重分类错误是因企业未按企业会计准则列报财务报表而引起的错误。为便于审计项目的各级负责人综合判断、分析和决定，以及有效编制试算平衡表和代编经审计的财务报表，审计人员通常需要将这些建议调整的不符事项、未调整不符事项和重分类错误分别汇总至"账项调整分录汇总表""重分类调整分录汇总表""未更正错报汇总表"。三张汇总表的格式分别见参考格式 8.1、参考格式 8.2 和参考格式 8.3。

参考格式 8.1

账项调整分录汇总表

被审计单位：＿＿＿＿＿＿＿　　　　索引号：＿＿＿＿＿＿＿
项目：＿＿＿＿＿＿＿　　　　　　财务报表截止日/期间：＿＿＿＿＿＿＿
编制：＿＿＿＿＿＿＿　　　　　　复核：＿＿＿＿＿＿＿
日期：＿＿＿＿＿＿＿　　　　　　日期：＿＿＿＿＿＿＿

序　号	内容及说明	索引号	调整内容				影响利润表 +（−）	影响资产负债表 +（−）
			借方项目	借方金额	贷方项目	贷方金额		

与被审计单位的沟通：
参加人员：＿＿＿＿＿＿＿＿＿＿＿＿＿＿＿＿＿＿＿＿＿＿＿＿＿＿＿＿＿＿＿＿
被审计单位：＿＿＿＿＿＿＿＿＿＿＿＿＿＿＿＿＿＿＿＿＿＿＿＿＿＿＿＿＿＿＿
审计项目组：＿＿＿＿＿＿＿＿＿＿＿＿＿＿＿＿＿＿＿＿＿＿＿＿＿＿＿＿＿＿＿
被审计单位的意见：＿＿＿＿＿＿＿＿＿＿＿＿＿＿＿＿＿＿＿＿＿＿＿＿＿＿＿
结论：＿＿＿＿＿＿＿＿＿＿＿＿＿＿＿＿＿＿＿＿＿＿＿＿＿＿＿＿＿＿＿＿＿＿
是否同意上述审计调整　　　　　　被审计单位授权代表签字：＿＿＿＿　日期：＿＿＿＿

参考格式 8.2

重分类调整分录汇总表

被审计单位：＿＿＿＿＿＿＿　　　　索引号：＿＿＿＿＿＿＿
项目：＿＿＿＿＿＿＿　　　　　　财务报表截止日/期间：＿＿＿＿＿＿＿
编制：＿＿＿＿＿＿＿　　　　　　复核：＿＿＿＿＿＿＿
日期：＿＿＿＿＿＿＿　　　　　　日期：＿＿＿＿＿＿＿

序　号	内容及说明	索引号	调整项目和金额			
			借方项目	借方金额	贷方项目	贷方金额

说明：本参考格式未列示完整，剩余内容与参考格式 8.1 相同。

参考格式 8.3

未更正错报汇总表

被审计单位：_____　　　索引号：_____

项目：_____　　　　　　财务报表截止日/期间：_____

编制：_____　　　　　　复核：_____

日期：_____　　　　　　日期：_____

序　号	内容及说明	索引号	未调整内容				备　注
			借方项目	借方金额	贷方项目	贷方金额	

未更正错报的影响：

项目	金额	百分比	计划百分比
1. 总资产	_____	_____	_____
2. 净资产	_____	_____	_____
3. 销售收入	_____	_____	_____
4. 费用总额	_____	_____	_____
5. 毛利	_____	_____	_____
6. 净利润	_____	_____	_____

结论：

被审计单位授权代表签字：_____　　　日期：_____

　　注册会计师确定核算错误和重分类错误后，应以书面方式及时征求被审计单位的意见。若被审计单位予以采纳，应取得其同意调整的书面确认；若被审计单位不予采纳，应分析原因，并根据错报的性质和重要程度，确定是否在审计报告中予以反映，以及如何反映。

三、编制试算平衡表

　　试算平衡表是注册会计师在被审计单位提供未审财务报表的基础上，考虑调整分录、重分类分录等内容以确定已审数与报表披露数的表。资产负债表和利润表的试算平衡表的格式分别见参考格式 8.4 和参考格式 8.5。需要说明以下几点。

　　（1）试算平衡表中的"期末未审数"列，应根据被审计单位提供的未审计财务报表填列。

　　（2）试算平衡表中的"账项调整"列，应根据经被审计单位同意的"账项调整分录汇总表"列示。

　　（3）试算平衡表中的"重分类调整"列，应根据经被审计单位同意的"重分类调整分录汇总表"填列。

　　（4）在编制完试算平衡表时，应注意核对相应的钩稽关系。例如，资产负债表试算平衡表左边的"重分类调整"列中的借方合计数与贷方合计数之差应等于右边的"重分类调整"列中的贷方合计数与借方合计数之差等。

资产负债表试算平衡表

被审计单位：＿＿＿＿＿＿＿＿＿＿＿　　索引号：＿＿＿＿＿＿＿＿＿＿＿

项目：＿＿＿＿＿＿＿＿＿＿＿＿＿＿　　财务报表截止日/期间：＿＿＿＿＿＿＿＿

编制：＿＿＿＿＿＿＿＿＿＿＿＿＿＿　　复核：＿＿＿＿＿＿＿＿＿＿＿

日期：＿＿＿＿＿＿＿＿＿＿＿＿＿＿　　日期：＿＿＿＿＿＿＿＿＿＿＿

项　目	期末未审数	账项调整		重分类调整		期末审定数	项　目	期末未审数	账项调整		重分类调整		期末审定数
		借方	贷方	借方	贷方				借方	贷方	借方	贷方	
货币资金							短期借款						
交易性金融资产							交易性金融负债						
应收票据及应收账款							应付票据及应付账款						
其中：应收账款							其中：应付票据						
预付款项							应付账款						
……							……						
合　计							合　计						

利润表试算平衡表

被审计单位：＿＿＿＿＿＿＿＿＿＿＿　　索引号：＿＿＿＿＿＿＿＿＿＿＿

项目：＿＿＿＿＿＿＿＿＿＿＿＿＿＿　　财务报表截止日/期间：＿＿＿＿＿＿＿＿

编制：＿＿＿＿＿＿＿＿＿＿＿＿＿＿　　复核：＿＿＿＿＿＿＿＿＿＿＿

日期：＿＿＿＿＿＿＿＿＿＿＿＿＿＿　　日期：＿＿＿＿＿＿＿＿＿＿＿

项　目	未审数	调整金额		审定数	索引号
		借方	贷方		
一、营业收入					
减：营业成本					
税金及附加					
销售费用					
管理费用					
研发费用					
财务费用					
……					
二、营业利润					
加：营业外收入					
减：营业外支出					
三、利润总额					
减：所得税费用					
四、净利润					

四、对财务报表总体合理性实施分析程序

在审计结束或临近结束时，注册会计师应当运用分析程序确定审计调整后的财务报表整

体是否与其对被审计单位的了解一致。

在运用分析程序进行总体复核时，如果识别出以前未识别的重大错报风险，注册会计师应当重新考虑对全部或部分各类交易、账户余额、列报评估的风险是否恰当，并在此基础上重新评价之前计划的审计程序是否充分，是否有必要追加审计程序。

五、评价审计结果

注册会计师评价审计结果，主要为了确定将要发表的审计意见的类型以及在整个审计工作中是否遵循了审计准则。为此，注册会计师必须完成以下两项工作。

1. 对重要性和审计风险进行最终评价

对重要性和审计风险进行最终评价是注册会计师决定发表何种类型审计意见的必要过程。该过程可通过以下两个步骤来完成。①确定可能错报金额。可能错报金额包括已经识别的具体错报和推断误差，详见本书第四章。②根据财务报表层次重要性水平，确定可能的错报金额的汇总数（即可能错报总额）对财务报表的影响程度。

2. 对被审计单位已审计财务报表形成审计意见并草拟审计报告

在所有项目测试完成之后，审计项目经理应汇总所有成员的审计结果，对财务报表整体发表适当的意见。负责该审计项目的主任会计师对这些工作负有最终责任。一般情况下，先由审计项目经理完成初步意见，然后再逐级交给部门经理和主任会计师认真复核。

在对审计意见形成最后决定之前，会计师事务所通常要与被审计单位召开沟通会，主要沟通审计所发现的问题，建议被审计单位做必要调整或表外披露，并达成协议。如达成协议，注册会计师一般签发标准审计报告，否则，注册会计师则可能发表其他类型的审计意见。

第二节 审计报告的作用、种类和内容

一、审计报告的作用

审计报告是审计人员实施审计后，向审计授权人或委托者提出的，反映审计结果、阐明审计意见和建议的书面文件。

审计按主体不同可以分为政府审计、内部审计和注册会计师审计，相应的审计报告也可以分为政府审计报告、内部审计报告和注册会计师审计报告。这里主要介绍注册会计师审计报告，同时也简要说明其余两类审计报告。

注册会计师审计报告一般又称为独立审计报告，是指注册会计师根据审计准则的要求，在实施审计工作的基础上对被审计单位年度会计报表发表意见的书面文件。

注册会计师应当复核与评价由审计证据得出的结论，以审计报告的形式清楚地表达对会计报表的整体意见。注册会计师审计报告主要具有以下作用。

1. 鉴证作用

鉴证是注册会计师审计报告的最主要作用。注册会计师以独立的第三者身份，在审计报告中对被审计单位会计报表的合法性、公允性发表意见,这种意见实际上就起到了鉴证作用。

2. 保护作用

注册会计师通过审计,可以对被审计单位出具不同类型审计意见的审计报告,以提高或降低会计报表信息使用者对会计报表的信赖程度,能够在一定程度上帮助被审计单位的债权人、股东和潜在投资者等利益相关者做出正确决策,从而起到保护作用。

3. 证明作用

审计报告是对注册会计师审计任务完成情况及其结果所做的总结,它可以证明审计工作的质量并明确注册会计师的审计责任。审计报告可以证明注册会计师在审计过程中是否实施了必要的审计程序,是否以审计工作底稿为依据发表审计意见,审计意见是否与被审计单位的实际情况相一致,审计工作质量是否符合要求,即可以证明注册会计师审计责任的履行情况。

4. 促进作用

注册会计师在审计过程中可以发现被审计单位存在的问题,提出改进管理的意见和建议,并根据具体情况出具不同类型审计意见的审计报告,这可以促使被审计单位采取措施纠正企业存在的问题,促进企业加强经营管理,提高经济效益。

二、审计报告的种类

审计报告可以按照不同的标准进行分类。

1. 按审计报告的使用目的分类

审计报告按其**使用目的**可以分为公布目的的审计报告和非公布目的的审计报告。

公布目的的审计报告是指向社会大众公开、不具有保密性的审计报告。这种报告一般是用于对企业股东、投资者、债权人等非特定利益关系者公布的附送会计报表的审计报告。

非公布目的的审计报告是指为特定目的而撰写的审计报告。这种审计报告一般只分发给特定使用者,如经营管理者、企业合并或业务转让的关系人等,不对外公开。

2. 按审计报告内容的详细程度分类

审计报告按其内容的**详细程度**可以分为简式审计报告和详式审计报告。

简式审计报告,又称短式审计报告,是指简单地说明审计范围、审计意见以及例外事项的审计报告。这种审计报告简明扼要、短小精悍,主要适用于公布目的的审计报告。

详式审计报告,又称长式审计报告,是指对审查的事实和结果都要进行详细叙述、分析、评价,并提出改进意见或建议的审计报告。这种审计报告的详细程度,取决于所发现问题的重要性和解决问题的必要性,以及审计委托人要求的详细程度。详式审计报告范围广泛、内容详细,主要适用于非公布目的的审计报告。

3. 按审计报告的性质分类

审计报告按其**性质不同**可以分为标准审计报告和非标准审计报告。

标准审计报告是指引言段、范围段和意见段等措辞标准的无保留意见审计报告,不附加任何说明段、强调事项段或修正用语。标准审计报告以外的其他审计报告统称为**非标准审计报告**。

4. 按其他标准分类

此外，审计报告还可以按其内容的不同，分为财政财务审计报告、财经法纪审计报告和经济效益审计报告；按其范围的不同，分为综合审计报告和专项审计报告；按签发主体不同，分为政府审计报告、内部审计报告和注册会计师审计报告；按审查的会计报表不同，分为年度审计报告、中期审计报告和清算查账报告。

三、详式审计报告的结构和内容

政府审计报告和内部审计报告一般为详式审计报告。

（一）政府审计报告的结构和内容

1. 政府审计报告的概念

政府审计报告是指审计机关按照规定程序对审计组的审计报告进行审议后，对被审计单位财政财务收支的真实、合法、效益发表审计意见的书面文件。

政府审计报告分为两个层次：审计组的审计报告和审计机关的审计报告。审计组的审计报告是审计组对审计事项实施审计后，就审计实施情况和审计结果向派出本审计组的审计机关提交的审计报告。它属于审计机关的内部业务文件，是形成审计机关审计报告的基础。审计机关按照审计规定程序对审计组的审计报告进行审议，并对被审计对象对审计组的审计报告提出的意见一并研究后，提出审计机关的审计报告。

2. 政府审计报告的要素

政府审计报告的要素是指构成审计报告必不可少的组成部分。一份完整的政府审计报告应当包括下列七项基本要素。

（1）标题。标题统一表述为"×××审计报告"。

（2）编号。编号由审计机关按公文发文字号编制规则统一确定。

（3）被审计单位名称。被审计单位名称指的是接受审计单位或者项目的名称。

（4）审计项目名称。审计项目名称一般表述为"××××年度××××审计"。

（5）内容。内容即指审计报告的正文。

（6）出具单位。出具单位是指派出审计组的审计机关。

（7）签发日期。签发日期是指审计机关分管或者主要负责人签发审计报告的日期。

3. 政府审计报告正文的内容

审计机关的审计报告正文一般包括以下七个方面的具体内容。

（1）审计依据。审计机关应当坚持依法审计。审计依据是审计机关对被审计单位实施审计所依据的法律、法规和规章的具体规定，如《审计法》。

（2）被审计单位的基本情况。被审计单位的基本情况主要包括：被审计单位的经济性质、管理体制、财政财务隶属关系或者国有资产监督管理关系，财政财务收支状况，被审计单位的名称、住所、法人代表、业务范围或职能、组织机构、人员编制等。

（3）实施审计的基本情况。实施审计的基本情况一般包括审计

视野拓展

政府审计报告格式范例

范围、审计方式和审计实施的起止时间。其中：审计范围应说明审计所涉及的被审计单位财政财务收支所属会计期间和有关审计事项；审计方式应说明是报送审计还是就地审计，是法定审计还是授权审计，是统一组织审计还是非统一组织审计；审计实施的起止时间应当说明是从审计机关向被审计单位发送审计通知书后开始实施审计，到征求被审计单位意见后离开被审计单位的时间，不包括审计准备阶段和终结阶段的时间。

（4）审计评价意见。审计评价意见是审计机关以审计结果为基础，根据审计实施方案确定的审计目标，对被审计单位财政财务收支真实性、合法性和效益性情况发表的评价意见。必要时，审计报告也可以对被审计单位内控制度做出评价，主要是评价内控制度的健全性和有效性。其中，健全性是对被审计单位内控制度设置情况的评价，有效性是对被审计单位内控制度执行情况的评价。

（5）以往审计决定执行情况和审计建议采纳情况。

（6）审计查出问题的事实、定性及处理处罚。审计查出问题的事实、定性及处理处罚一般包括审计查出被审计单位违反国家规定的财政财务收支行为的事实和定性，处理处罚决定及其法律、法规、规章依据，有关移送处理的决定。审计报告应当说明审计发现被审计单位违反国家规定的财政财务收支行为，并引用现行有效的法律、法规、规章对上述行为进行定性和处理处罚。需要交由有关主管机关处理处罚的，还应当做出移送处理决定。

（7）审计意见和建议。必要时，审计机关可以对被审计单位提出改进财政财务收支管理的意见和建议。审计报告可以就被审计单位进一步加强财政财务收支管理，建立、健全内控制度以及相关的管理制度提出改进意见和建议。审计意见和建议应有针对性和可操作性。

需要说明的是，根据《中华人民共和国国家审计准则》第一百五十八条，审计机关公布的审计和审计调查结果主要包括下列信息：①被审计（调查）单位基本情况；②审计（调查）评价意见；③审计（调查）发现的主要问题；④处理处罚决定及审计（调查）建议；⑤被审计（调查）单位的整改情况。

（二）内部审计报告的结构和内容

1. 内部审计报告的概念

内部审计报告是指内部审计人员根据审计计划对被审计单位实施必要的审计程序后，就被审计单位经营活动和内部控制的适当性、合法性和有效性出具的书面文件，是对被审计单位经营活动及内部控制的适当性、合法性和有效性所做出的相对保证。

内部审计人员应在审计实施结束后，以经过核实的审计证据为依据，形成审计结论与建议，出具审计报告。如有必要，内部审计人员可以在审计过程中提交期中审计报告，以便被审计单位及时采取有效的纠正措施改善经营活动和内部控制。

视野拓展
内部审计报告格式范例

2. 内部审计报告的要素

内部审计报告应当包括标题、收件人、正文、附件、签章、报告日期等基本要素。

3. 内部审计报告正文的内容

内部审计报告的正文包括以下几项内容。

（1）审计概况。内部审计报告应说明审计立项依据、审计目的和范围、审计重点和审计标准等内容。

（2）审计依据。应声明内部审计报告是按照内部审计准则的规定实施，若存在未遵循准则的情形，应对其做出解释和说明。

（3）审计发现与结论。审计发现与结论即根据已查明的事实，对被审计单位经营活动和内部控制的评价。

（4）审计意见。审计意见即针对审计发现的主要问题提出的处理、处罚意见。

（5）审计建议。审计建议即针对审计发现的主要问题提出的改善经营活动和内部控制的建议。

四、注册会计师审计报告的结构和内容

审计报告的类型不同，其结构和内容也不一样。注册会计师审计报告为短式审计报告。但注册会计师审计报告，由于审计意见的不同，又形成了多种类型，包括**无保留意见**、**保留意见**、**否定意见**和**无法表示意见**四种类型，其中，无保留意见又可以分为**标准无保留意见**和**带强调事项段的无保留意见**两种。按照《中国注册会计师审计准则第 1501 号——对财务报表形成审计意见和出具审计报告》的规定，审计报告应包括下列基本要素。

1. 标题
我国注册会计师审计报告的标题统一规范为"审计报告"。

2. 收件人
审计报告的收件人是指审计业务的委托人，即注册会计师按照业务约定书的要求致送审计报告的对象。审计报告应当载明审计委托人的全称。合伙企业委托人一般为"××公司"，有限责任公司（包括股份有限公司）委托人一般为"××公司全体股东（或董事会）"。

3. 审计意见
审计意见部分应当包括下列方面：①指出被审计单位的名称；②说明财务报表已经审计；③指出构成整套财务报表的每一财务报表的名称；④提及财务报表附注，包括重大会计政策和会计估计；⑤指明构成整套财务报表的每一财务报表的日期或涵盖的期间。

如果对财务报表发表无保留意见，除非法律法规另有规定，审计意见应当使用"我们认为，后附的财务报表在所有重大方面按照。适用的财务报告编制基础（如企业会计准则等）的规定编制，公允反映了……"的措辞。

4. 形成审计意见的基础
该部分应当紧接在审计意见部分之后，并包括下列方面。①说明注册会计师按照审计准则的规定执行了审计工作。②提及审计报告中用于描述审计准则规定的注册会计师责任的部分。③声明注册会计师按照与审计相关的职业道德要求独立于被审计单位，并履行了职业道德方面的其他责任。声明中应当指明适用的职业道德要求，如中国注册会计师职业道德守则。④说明注册会计师是否相信获取的审计证据是充分、适当的，为发表审计意见提供了基础。

5. 管理层对财务报表的责任
管理层对财务报表的责任应当说明以下两方面。①按照适用的财务报告编制基础的规定

编制财务报表，使其实现公允反映，并设计、执行和维护必要的内部控制，以使财务报表不存在由于舞弊或错误导致的重大错报。②评估被审计单位的持续经营能力和使用持续经营假设是否适当，并披露与持续经营相关的事项（如适用）。对管理层评估责任的说明应当包括描述在何种情况下使用持续经营假设是适当的。

治理层（若适用）负责监督公司的财务报告过程。

6. 注册会计师对财务报表审计的责任

注册会计师对财务报表审计的责任，应当说明下列内容。

（1）注册会计师的目标是对财务报表整体是否不存在由于舞弊或错误导致的重大错报获取合理保证，并出具包含审计意见的审计报告。

（2）合理保证是高水平的保证，但并不能保证按照审计准则执行的审计在某一重大错报存在时总能发现。

（3）错报可能由于舞弊或错误导致。在说明错报可能由于舞弊或错误导致时，注册会计师应当从下列两种做法中选取一种：①描述如果合理预期错报单独或汇总起来可能影响财务报表使用者依据财务报表做出的经济决策，则通常认为错报是重大的；②根据适用的财务报告编制基础，提供关于重要性的定义或描述。

（4）在按照审计准则执行审计工作的过程中，注册会计师运用职业判断，并保持职业怀疑。

（5）通过说明注册会计师的责任，对审计工作进行描述。这些责任包括以下内容。

① 识别和评估由于舞弊或错误导致的财务报表重大错报风险，设计和实施审计程序以应对这些风险，并获取充分、适当的审计证据，作为发表审计意见的基础。由于舞弊可能涉及串通、伪造、故意遗漏、虚假陈述或凌驾于内部控制之上，所以未能发现由于舞弊导致的重大错报的风险高于未能发现由于错误导致的重大错报的风险。

② 了解与审计相关的内部控制，以设计恰当的审计程序，但目的并非对内部控制的有效性发表意见。当注册会计师有责任在财务报表审计的同时对内部控制的有效性发表意见时，应当略去上述"目的并非对内部控制的有效性发表意见"的表述。

③ 评价管理层选用会计政策的恰当性和做出会计估计及相关披露的合理性。

④ 对管理层使用持续经营假设的恰当性得出结论。同时，注册会计师根据获取的审计证据，就可能导致对被审计单位持续经营能力产生重大疑虑的事项或情况是否存在重大不确定性得出结论。如果注册会计师得出结论认为存在重大不确定性，审计准则要求注册会计师在审计报告中提请报表使用者关注财务报表中的相关披露；如果披露不充分，注册会计师应当发表非无保留意见。注册会计师的结论基于截至审计报告日可获得的信息。然而，未来的事项或情况可能导致被审计单位不能持续经营。

⑤ 评价财务报表的总体列报、结构和内容（包括披露），并评价财务报表是否公允反映相关交易和事项。

（6）说明注册会计师与治理层就计划的审计范围、时间安排和重大审计发现等事项进行沟通，包括沟通注册会计师在审计中识别的值得关注的内部控制缺陷。

（7）对于上市实体财务报表审计，指出注册会计师就已遵守与独立性相关的职业道德要求向治理层提供声明，并与治理层沟通可能被合理认为影响注册会计师独立性的所有关系和其他事项，以及相关的防范措施（如适用）。

（8）对于上市实体财务报表审计，以及决定按照《中国注册会计师审计准则第 1504 号——在审计报告中沟通关键审计事项》的规定沟通关键审计事项的其他情况，说明注册会计师从与治理层沟通过的事项中确定哪些事项对本期财务报表审计最为重要，因而构成关键审计事项。注册会计师应当在审计报告中描述这些事项，除非法律法规禁止公开披露这些事项，或在极少数情形下，注册会计师合理预期在审计报告中沟通某事项造成的负面后果超过在公众利益方面产生的益处，因而确定不应在审计报告中沟通该事项。

7. 按照相关法律法规的要求报告的事项（如适用）

除审计准则规定的注册会计师责任外，如果注册会计师在对财务报表出具的审计报告中履行其他报告责任，应当在审计报告中将其单独作为一部分，并以"按照相关法律法规的要求报告的事项"为标题，或使用适合于该部分内容的其他标题。

8. 注册会计师的签名及盖章

审计报告应由会计师事务所的两名注册会计师签名并盖章。合伙会计师事务所出具的审计报告，应当由一名对审计项目负最终复核责任的合伙人和一名负责该项目的注册会计师签名盖章。有限责任会计师事务所出具的审计报告，应当由会计师事务所主任会计师或其授权的副主任会计师和一名负责该项目的注册会计师签名盖章。

9. 会计师事务所的名称、地址及盖章

审计报告应当载明会计师事务所的名称和地址，并加盖会计师事务所公章。

10. 报告日期

审计报告日期是指注册会计师完成审计工作的日期，而不是审计报告的撰写日期或提交日期。完成审计工作是指注册会计师完成了所有程序，获取的审计证据足以支持对财务报表发表意见。

 温馨提示

> 以上十要素是审计报告的基本要素，适合标准无保留意见的审计报告。如果审计报告为非标准审计报告，则需要做相应调整。当需要特别提醒信息使用者时，需要在"形成审计意见的基础"段之后增加强调事项段予以强调。

第三节　政府审计报告和内部审计报告的编报

一、政府审计报告的编报

政府审计报告的编报一般包括政府审计报告的编审、政府审计报告的送达和公布等重要工作。

（一）政府审计报告的编审

审计报告的编审是指现场审计结束后，从审计组起草审计报告到审计机关审定、签发审

计报告的一系列活动。根据审计报告层次不同，审计报告的编审可以划分为审计组的编审和审计机关的编审两个阶段。

1. 审计组的编审

审计组的编审一般可以划分为以下几个步骤。

（1）审计组起草审计报告。审计组对审计事项实施审计后，应当对审计工作底稿、审计日记所记载的审计结果资料进行筛选、归类、分析、整理，对相关事实进行核实，对相关证据进行核查，按审计组审计报告要素和内容要求起草审计报告。

（2）审计组组长审核审计报告。审计组组长应当对审计组起草的审计报告进行审核，重点关注审计报告要素是否齐全，内容是否客观、真实、完整地反映了审计工作底稿记录的重大问题等。

（3）送交被审计单位征求意见。审计组的审计报告经审计组组长审计后，审计机关应发出审计报告征求意见书，将审计组的审计报告报送被审计对象（包括被审计单位和接受经济责任审计的单位主要负责人）征求意见。被审计对象对审计报告有异议的，应当在收到审计报告之日起十日内提出书面意见，并将其送交审计组。审计组应当将被审计对象的书面意见报送审计机关。对于被审计对象的意见，审计组应当认真审核，并做出书面说明，必要时，应当修改审计报告。被审计对象自收到审计报告之日起十日内没有书面意见的，视同无异议，由审计人员予以说明。

（4）审计组向审计机关提交审计报告。审计组在征求完被审计对象意见后，应将审计报告、被审计对象对审计组审计报告的书面意见、审计组的书面说明、审计实施方案、审计工作底稿以及其他有关资料提交审计机关审议。

2. 审计机关的编审

目前审计机关的编审程序主要包括以下几个环节。

（1）审计组所在**部门复核**审计组的审计报告。审计组所在部门应当对审计组的审计报告及相关材料进行**全面复核**。复核内容包括：审计证据是否充分；适用法律、法规、规章是否正确；评价、定性、处理、处罚和移送处理是否恰当；其他需要复核的事项。审计组所在部门复核后，应当提出书面复核意见。

（2）审计组所在**部门代拟**审计机关的审计报告。审计组所在部门应当在复核审计组审计报告的基础上，代拟审计机关的审计报告。对被审计单位违反国家规定的财政财务收支行为依法应当给予处理处罚的，还应当代拟**审计决定书**；对审计发现的依法应当由其他有关部门纠正、处理、处罚或追究有关行政责任、刑事责任的，还应当代拟审计**移送处理书**，向有关主管机关提出处理、处罚意见。

（3）**法制工作机构复核**审计报告。审计组所在部门复核后，应将其代拟的审计机关的审计报告、审计决定书、审计移送处理书、被审计对象对审计组审计报告的书面意见以及其他有关材料报送审计机关法制工作机构复核。

（4）审计业务**会议审定**审计报告。为了保证审计质量，防范审计风险，目前我国审计机关建立了分层次的审计业务会议制度，并根据审计项目的重要程度，进行不同层次的审计业务会议审定审计报告。

（5）审计机关审计报告的**签发**。审计机关的审计报告、审计决定书、审计移送处理书经审计机关审定后，由审计机关分管领导或者主要负责人签发。此外，在审计机关的审计报告编审过程中，还可能需要履行审计听证告知程序。被审计单位和有关责任人要求举行听证的，审计机关应当组织听证。

3. 审计报告的编审责任

在审计报告的编审过程中，审计组组长、审计组所在部门负责人、法制工作机构负责人和复核人员、审计机关分管领导等各司其职。

（二）政府审计报告的送达和公布

1. 审计报告的送达

审计机关应当在规定期限内将审计机关的审计报告、审计决定书送达被审计单位和有关主管机关、单位，将审计移送处理书送达有关单位。审计决定书自送达之日起生效。

2. 审计报告的公布

审计机关还可以依照有关规定向社会公布审计机关的审计报告。审计机关公布审计报告，应当依法保守国家秘密和被审计单位的商业秘密，遵守国家的有关规定。向社会公布审计机关的审计报告，具有以下非常重要的意义：①是充分发挥社会舆论监督作用，增强审计监督权威性的重要途径；②是提高审计质量，促进审计工作自身发展的重要手段；③符合国外审计机关的通常做法，是推进我国政府审计与国际接轨的需要。

二、内部审计报告的编报

1. 内部审计报告的编制

内部审计报告应当客观、完整、清晰、及时、具有建设性，并体现重要性原则。编制具体要求为：①编制应实事求是、不偏不倚地反映审计事项；②应当按照规定的格式及内容编制，做到要素齐全、格式规范，不遗漏审计中发现的重大事项；③应突出重点、简明扼要、易于理解；④应及时编制，以便适时采取有效的纠正措施；⑤应针对被审计单位经营活动和内部控制的缺陷提出可行的改进建议，促进组织目标的实现；⑥审计结论与建议应当充分考虑审计项目的重要性和风险水平。

2. 内部审计报告的复核与分发

内部审计机构应建立健全审计报告分级复核制度，明确规定各级复核的要求和责任。

（1）审计项目负责人应在实施必要的审计程序后，编制审计报告，并向被审计单位征求反馈意见。

（2）被审计单位对审计报告持有异议的，审计项目负责人应将相关意见报送内部审计机构负责人复核。

（3）审计报告经过必要的修改后，应连同被审计单位的反馈意见及时报送内部审计机构负责人复核。

（4）内部审计机构应将审计报告提交被审计单位和适当管理层，并要求被审计单位在规定的期限内落实纠正措施。

（5）内部审计机构应当及时地将审计报告归入审计档案，妥善保存。

第四节　注册会计师审计报告的编制

一、编制审计报告的要求与步骤

（一）审计报告的编制要求

编制的基本要求是：内容全面完整；证据充分适当；责任界限分明；语言准确简练。

（二）审计报告的编制步骤

1. 整理和分析审计工作底稿

在外勤审计过程中，审计工作底稿是分散的、不系统的，经过注册会计师的复核后，对零散的审计工作底稿进行整理和分析，得出综合结论，为编制审计报告打下基础。

注册会计师及其助理人员应整理好自己的工作底稿，着重列举审计中发现的问题。审计项目负责人应对全部审计工作底稿进行综合分析，将有关问题进行归类，对注册会计师及其助理人员在审计过程中是否遵循了独立审计准则要求进行检查，并全面总结审计工作。

2. 调整被审计单位的会计报表

在整理和分析审计工作底稿的基础上，注册会计师向被审计单位通报审计情况、初步结论、应调整会计报表的事项以及应在会计报表附注中予以披露的事项，提请被审计单位予以调整和披露。对于会计记录或会计处理方法上的错误，注册会计师应提请被审计单位改正，并相应调整会计报表的有关项目；对于会计处理不当或其他应该调整的事项，注册会计师应提请被审计单位调整，包括在附注中披露和审计报告中说明。如果审计报告用于对外公布目的，注册会计师应在致送审计报告时后附被审计单位调整后的会计报表。

3. 确定审计报告意见的类型

注册会计师以经过整理和分析的审计工作底稿得出的综合结论为依据，并根据被审计单位是否接受其提出的调整和披露意见等情况，确定审计报告意见的类型和措辞。

在评价会计报表是否按照适用的企业会计准则编制时，注册会计师应当考虑下列内容：①财务报表是否充分披露了所选择和运用的重要会计政策；②所选择和运用的会计政策是否符合适用的财务报告编制基础，并适合被审计单位的具体情况；③管理层做出的会计估计是否合理；④财务报表列报的信息是否具有相关性、可靠性、可比性和可理解性；⑤财务报表是否做出充分披露，使预期使用者能够理解重大交易和事项对财务报表所传递信息的影响；⑥财务报表使用的术语（包括每一财务报表的标题）是否适当。

在评价会计报表是否做出公允反映时，注册会计师应当考虑：①财务报表的整体列报、结构和内容是否合理；②财务报表（包括相关附注）是否公允地反映了相关交易和事项。

4. 编制和出具审计报告

审计报告一般由审计项目负责人编制。一般先拟订审计报告提纲，概括和汇总审计工作底稿所提供的资料，然后，根据报告提纲进行文字加工就可以编制出审计报告。审计报告完稿后，应经会计师事务所业务负责人复核，并提出修改意见。审计报告经复核、修改后定稿，在两名注册会计师签章并加盖会计师事务所公章后，正本直接送达委托人，副本归档存查。

二、标准无保留意见审计报告的编制

标准无保留意见审计报告（也称标准审计报告），是指不附加强调事项段或任何修饰性用语的无保留意见的审计报告。标准无保留意见意味着注册会计师对被审计单位的会计报表无保留地表示满意，是被审计单位最希望获得的审计意见，可以使审计报告的使用者对被审计单位的财务状况、经营成果和现金流量具有较高的信

视野拓展

标准无保留意见审计报告格式范例

赖度。注册会计师出具标准无保留意见的审计报告，会计报表应<u>**同时符合下列情形**：①财务报表已经在所有重大方面按照适用的会计准则编制，公允反映了被审计单位的财务状况、经营成果和现金流量；②注册会计师已经按照中国注册会计师审计准则的规定计划和实施审计工作，在审计过程中未受到限制；③不存在应当调整或披露而被审计单位未予调整或披露的重要事项。</u>

温馨提示

注册会计师应当出具标准无保留意见审计报告的条件用一句话归纳：合法、公允，未受限，无须强调。当出具无保留意见的审计报告时，注册会计师应当以"我们认为"作为意见段的开头，并使用"在所有重大方面""公允反映"等术语。标准无保留意见审计报告的结构特点：十个要素。

三、带强调事项段和其他事项段的无保留意见审计报告的编制

带强调事项段和其他事项段的无保留意见审计报告是指注册会计师在审计报告中加入强调事项段和其他事项段的无保留意见审计报告。

强调事项段是指审计报告中含有的一个段落，该段落提及已在被审计单位财务报表中恰当列报或披露的事项，根据注册会计师的职业判断，该事项对财务报表使用者理解财务报表至关重要。

其他事项段是指审计报告中含有的一个段落，该段落提及未在被审计单位财务报表中列报或披露的事项，根据注册会计师的职业判断，该事项与财务报表使用者理解审计工作、注册会计师的责任或审计报告相关。

强调事项应当同时符合下列条件：①可能对财务报表产生重大影响，但被审计单位进行了恰当的会计处理，且在财务报表中做出充分披露；②不影响注册会计师发表的审计意见。

使用强调事项段的情形主要包括：①当存在可能导致对持续经营能力产生重大疑虑的事项或情况，但不影响已发表的审计意见时；②当存在可能对财务报表产生重大影响的不确定事项（持续经营问题除外），但不影响已发表的审计意见时。

注册会计师应当在强调事项段中指明，该段内容仅用于提醒财务报表使用者关注，并不影响已发表的审计意见。例如，强调事项段表述为："我们提醒财务报表使用者关注，财务报表附注×描述了火灾对 ABC 公司的生产设备造成的影响。本段内容不影响已发表的审计意见。"强调事项段放在"形成审计意见的基础"段之后，此类审计报告其余部分与标准无保留意见审计报告一样。

第八章 终结审计和审计报告

温馨提示

> 注册会计师应当出具带强调事项段无保留意见审计报告的条件用一句话归纳：合法、公允，未受限，需强调。其意见段与标准无保留意见审计报告一样。其结构特点：至少十一个要素，多一个强调事项段。

四、保留意见审计报告的编制

保留意见是指注册会计师认为被审计单位的会计报表就整体而言是公允的，但对会计报表的反映有所保留的审计意见。

注册会计师经过审计后，如认为会计报表就其整体而言是公允的，但还存在下列情形之一时，注册会计师应当出具保留意见的审计报告。

（1）未调整事项。在获取充分、适当的审计证据后，注册会计师认为错报单独或累计起来对被审计单位财务报表影响重大，但不具有广泛性，不至于出具否定意见的审计报告。

（2）审计范围受到局部限制。审计范围受到限制，未发现的错报（如存在）对被审计单位财务报表可能产生的影响重大，但不具有广泛性，不至于出具无法表示意见的审计报告。

如果以上保留事项性质严重，应出具否定意见或无法表示意见的审计报告。

当出具保留意见的审计报告时，注册会计师应当在形成保留意见的基础段中，清楚地说明导致出具保留意见的所有原因，并在可能情况下，指出其对会计报表的影响程度。

保留意见审计报告应当在意见段中使用"除……的影响外"等术语，接下来的表述与无保留意见审计报告用语相同。如审计范围受到限制，注册会计师应当在范围段中提及这一情况。保留意见审计报告的格式见参考格式 8.6 和参考格式 8.7。

 参考格式 8.6　因会计政策选用不恰当而出具保留意见审计报告

审 计 报 告

ABC 股份有限公司全体股东：

一、保留意见

我们审计了 ABC 股份有限公司（以下简称公司）财务报表，包括 20×1 年 12 月 31 日的资产负债表，20×1 年度的利润表、现金流量表、所有者权益变动表以及财务报表附注。

我们认为，除"形成保留意见的基础"部分所述事项产生的影响外，后附的财务报表在所有重大方面按照企业会计准则的规定编制，公允反映了公司 20×1 年 12 月 31 日的财务状况以及 20×1 年度的经营成果和现金流量。

二、形成保留意见的基础

ABC 公司 20×1 年 12 月 31 日资产负债表中存货的列示金额为×元。ABC 公司管理层（以下简称管理层）根据成本对存货进行计量，而没有根据成本与可变现净值孰低的原则进行计量，这不符合企业会计准则的规定。ABC 公司的会计记录显示，如果管理层以成本与可变现净值孰低来计量存货，存货列示金额将减少×元。相应地，资产减值损失将增加×元，所得税、净利润和股东权益将分别减少×元、×元和×元。

我们按照中国注册会计师审计准则的规定执行了审计工作。审计报告的"注册会计师对财务报表审计的责任"部分进一步阐述了我们在这些准则下的责任。按照中国注册会计师职业道德守则，我们独立于ABC公司，并履行了职业道德方面的其他责任。我们相信，我们获取的审计证据是充分、适当的，为发表保留意见提供了基础。

（其余略）

 参考格式8.7　因审计范围受到限制而出具保留意见审计报告

审计报告

ABC股份有限公司全体股东：

一、保留意见

我们审计了ABC股份有限公司（以下简称公司）财务报表，包括20×1年12月31日的资产负债表，20×1年度的利润表、现金流量表、所有者权益变动表以及财务报表附注。

我们认为，除"形成保留意见的基础"部分所述事项产生的影响外，后附的财务报表在所有重大方面按照企业会计准则的规定编制，公允反映了公司20×1年12月31日的财务状况以及20×1年度的经营成果和现金流量。

二、形成保留意见的基础

ABC公司20×1年12月31日的应收账款余额×万元，占资产总额的×%，由于ABC公司未能提供债务人地址，我们无法实施函证以及其他审计程序，无法获取充分、适当的审计证据来验证应收账款余额的合理性。

我们按照中国注册会计师审计准则的规定执行了审计工作。审计报告的"注册会计师对财务报表审计的责任"部分进一步阐述了我们在这些准则下的责任。按照中国注册会计师职业道德守则，我们独立于ABC公司，并履行了职业道德方面的其他责任。我们相信，我们获取的审计证据是充分、适当的，为发表保留意见提供了基础。

（其余略）

 温馨提示

注册会计师应当出具保留意见审计报告的条件用一句话归纳：局部不合法、不公允或局部受限，但不够严重、广泛。其意见段表述与标准无保留意见的审计报告相比，多一句"除……的影响外"。其结构特点：至少十个要素。

五、否定意见审计报告的编制

否定意见是指注册会计师提出否定会计报表公允地反映被审计单位财务状况、经营成果和现金流量的审计意见，即表明被审计单位的会计报表不符合国家颁布的企业会计准则的规定，未能公允地反映被审计单位的财务状况、经营成果和现金流量。

当未调整事项、未确定事项等对会计报表的影响程度在一定范围时，注册会计师可以发表保留意见。但是如果其影响程度超出一定范围，以致对会计报表产生了无法接受的影响，被审计单位的会计报表已失去其价值，注册会计师就不能发表保留意见，而只能发表否定意见。

注册会计师出具否定意见的审计报告时，应当在形成否定意见的基础段中，清楚地说明发表否定意见的所有原因，并尽可能说明否定事项对被审计单位财务状况、经营成果和现金流量的影响程度。否定意见审计报告的格式见参考格式8.8。

 参考格式8.8　否定意见审计报告

审计报告

ABC股份有限公司全体股东：

一、否定意见

我们审计了ABC股份有限公司及其子公司（以下简称ABC集团）的合并财务报表，包括20×1年12月31日的合并资产负债表，20×1年度的合并利润表、合并现金流量表、合并股东权益变动表以及相关合并财务报表附注。

我们认为，由于"形成否定意见的基础"部分所述事项的重要性，后附的合并财务报表**没有在所有重大方面**按照××财务报告编制基础的规定编制，**未能公允反映**ABC集团20×1年12月31日的合并财务状况以及20×1年度的合并经营成果和合并现金流量。

二、形成否定意见的基础

如财务报表附注×所述，20×1年ABC集团通过非同一控制下的企业合并获得对XYZ公司的控制权，因未能取得购买日XYZ公司某些重要资产和负债的公允价值，故未将XYZ公司纳入合并财务报表的范围。按照××财务报告编制基础的规定，该集团应将这一子公司纳入合并范围，并以暂估金额为基础核算该项收购。如果将XYZ公司纳入合并财务报表的范围，后附的ABC集团合并财务报表的多个报表项目将受到重大影响。但我们无法确定未将XYZ公司纳入合并范围对合并财务报表产生的影响。

（其余略）

 温馨提示

注册会计师应当出具否定意见审计报告的条件用一句话归纳：整体不合法、不公允。其意见段表述与标准无保留意见审计报告相比，使用"由于……所述事项的重要性"等术语，而且是**两个否定**。其结构特点：至少十个要素。

六、无法表示意见审计报告的编制

无法表示意见是指注册会计师对被审计单位的会计报表不能发表无保留意见、保留意见和否定意见的审计意见。在审计实践中，注册会计师较少签发无法表示意见审计报告。注册会计师在审计过程中，如果审计范围受到限制可能产生的影响非常重大和广泛，不能获取充分、适当的审计证据，以至无法对会计报表发表审计意见，应当出具无法表示意见审计报告。无法表示意见审计报告的格式见参考格式8.9。

 参考格式8.9　无法表示意见审计报告

审计报告

ABC股份有限公司全体股东：

一、无法表示意见

我们接受委托，审计ABC股份有限公司及其子公司（以下简称ABC集团）合并财务报表，包括 20×1 年 12 月 31 日的合并资产负债表，20×1 年度的合并利润表、合并现金流量表、合并股东权益变动表以及相关合并财务报表附注。

我们不对后附的 ABC 集团合并财务报表发表审计意见。由于"形成无法表示意见的基础"部分所述事项的重要性，我们**无法获取充分、适当的审计证据**以作为对合并财务报表发表审计意见的基础。

二、形成无法表示意见的基础

ABC 集团对共同经营 XYZ 公司享有的利益份额在该集团的合并资产负债表中的金额（资产扣除负债后的净影响）为×元，占该集团 20×1 年 12 月 31 日净资产的 90%以上。我们未被允许接触 XYZ 公司的管理层和注册会计师，包括 XYZ 公司注册会计师的审计工作底稿。

因此，我们无法确定是否有必要对 XYZ 公司资产中 ABC 集团共同控制的比例份额、XYZ 公司负债中 ABC 集团共同承担的比例份额、XYZ 公司收入和费用中 ABC 集团的比例份额，以及合并现金流量表和合并股东权益变动表中的要素做出调整。

三、管理层和治理层对合并财务报表的责任

（略）

四、注册会计师对合并财务报表审计的责任

我们的责任是按照中国注册会计师审计准则的规定，对 ABC 集团的合并财务报表执行审计工作，以出具审计报告。但由于"形成无法表示意见的基础"部分所述的事项，我们无法获取充分、适当的审计证据以作为发表审计意见的基础。

按照中国注册会计师职业道德守则，我们独立于 ABC 集团，并履行了职业道德方面的其他责任。

××会计师事务所（盖章）　　　中国注册会计师：×××（项目合伙人）（签名并盖章）

中国注册会计师：×××（签名并盖章）

地址：××××　　　　　　　　20×2 年×月×日

温馨提示

注册会计师应当出具无法表示意见审计报告的条件用一句话归纳：审计范围受到严重限制。其意见段表述与标准无保留意见审计报告相比，使用"由于……所述事项的重要性""我们无法获取充分、适当的审计证据"等术语。其结构特点：九个要素，少了关键审计事项。

本章小测试

一、单项选择题

1．某注册会计师在编写审计报告时，在意见段中使用了"除……所述事项产生的影响外"术语，这种审计报告是（　　）。

A．标准无保留意见审计报告　　　　　　B．保留意见审计报告

C．否定意见审计报告　　　　　　　　　D．无法表示意见审计报告

2．审计范围受到限制可能产生的影响非常重大和广泛，应签发（　　）审计报告。

A．无保留意见　　B．保留意见　　C．否定意见　　D．无法表示意见

3．当出具保留意见的审计报告时，注册会计师应当在（　　）段中，清楚地说明导致所发表意见

的所有原因，并在可能情况下，指出其对会计报表的影响程度。

    A．意见段   B．管理层责任

    C．形成审计意见的基础   D．注册会计师责任

4．无法表示意见的审计报告不应包括（　　）。

    A．意见段   B．管理层责任   C．关键审计事项   D．注册会计师责任

5．在我国注册会计师审计中，审计报告的标题统一为（　　）。

    A．注册会计师审计报告   B．审计报告

    C．会计师事务所审计报告   D．查账报告

6．下列（　　）不是注册会计师审计报告的作用。

    A．鉴证   B．保护   C．核算   D．证明

7．注册会计师审计报告日期是指（　　）。

    A．会计报表的报告日   B．审计报告提交日   C．审计报告的报送日   D．完成审计工作日

8．政府审计的审计依据是（　　）。

    A．审计法   B．注册会计师审计准则   C．会计法   D．税法

   9．被审计单位会计政策的选用、会计估计的做出或财务报表的披露不符合适用的会计准则和相关会计制度的规定，或因审计范围受到限制，无法获取充分、适当的审计证据，但所涉金额不大，远远低于重要性水平，不至于影响财务报表使用者的决策，注册会计师对该报表应出具（　　）审计报告。

    A．保留意见   B．保留意见加强调事项

    C．标准无保留意见   D．加强调事项段无保留意见

二、多项选择题

1．审计报告按照审计主体可以分为（　　）。

    A．注册会计师审计报告   B．公开目的的审计报告

    C．政府审计报告   D．内部审计报告

2．审计报告按详细程度可以分为（　　）。

    A．简式审计报告   B．详式审计报告

    C．公开目的审计报告   D．非公开目的的审计报告

3．审计报告的编制要求是（　　）。

    A．内容全面完整   B．证据充分适当   C．责任界限分明   D．语言准确简练

4．审计报告的意见段应当包括（　　）。

    A．已审会计报表日期或涵盖的期间   B．已审会计报表的名称

    C．会计报表的编制责任   D．注册会计师的审计责任

5．政府审计报告包括（　　）。

    A．审计组审计报告   B．公开目的的审计报告

    C．审计机关审计报告   D．详式审计报告

6．导致注册会计师对会计报表出具保留意见审计报告的事项可能有（　　）。

    A．审计范围受到局部限制   B．未调整事项

    C．不符合会计准则事项   D．无法审计事项

7．下列不属于标准审计报告的有（　　）。

Ａ．标准无保留意见审计报告　　　　　Ｂ．无保留意见审计报告

Ｃ．带强调事项段无保留意见审计报告　Ｄ．带强调事项段保留意见审计报告

8．审计报告的意见段应当说明被审计单位的名称和财务报表已经过审计，并包括（　　）。

Ａ．指出构成整套财务报表的每张财务报表的名称

Ｂ．提及财务报表附注

Ｃ．指明财务报表公允反映了财务状况、经营成果和现金流量

Ｄ．指明财务报表的日期和涵盖的期间

9．注册会计师的责任段应当说明（　　）等内容。

Ａ．注册会计师的责任是在实施审计工作的基础上对财务报表发表审计意见

Ｂ．审计工作涉及实施审计程序，以获取有关财务报表金额和披露的审计证据

Ｃ．注册会计师相信已获取的审计证据是充分、适当的，为其发表审计意见提供了基础

Ｄ．注册会计师审计的目的并非对内部控制的有效性发表意见

三、判断题（凡正确者在题头括号内打"√"，错误则打"×"）

（　　）1．无法表示意见，就意味着注册会计师不愿意发表意见。

（　　）2．只要审计范围受到限制，注册会计师就不能出具无保留意见的审计报告。

（　　）3．注册会计师出具的审计报告具有法定证明效力。

（　　）4．审计报告必须采用统一格式和措辞，以便于报告使用者正确理解。

（　　）5．注册会计师的审计意见应保证已审会计报表的可靠程度，从而使会计报表使用者据此做出各种决策。

（　　）6．在政府审计中，审计组可以对外报送审计报告。

（　　）7．在审计报告日期早于管理层签署已审计财务报表日期时，注册会计师应当获取自管理层声明书标明的日期到审计报告日期之间的进一步审计证据，如补充的管理层声明书。

（　　）8．审计人员应对其所出具的审计报告的真实性、合法性负责。

四、问答题

1．简述注册会计师审计报告的定义和作用。

2．注册会计师审计报告有哪些基本要素？

3．注册会计师审计报告的编制步骤是什么？

4．注册会计师审计报告有哪些意见类型？其出具的条件分别是什么？

5．政府审计报告有哪些内容？

五、案例分析题

1．Ａ注册会计师作为ＡＢＣ会计师事务所审计项目负责人，在审计以下单位20×6年度财务报表时分别遇到以下情况。

（1）甲公司拥有一项长期股权投资，账面价值500万元，持股比例为30％。20×6年12月31日，甲公司与Ｋ公司签署投资转让协议，拟以450万元的价格转让该项长期股权投资，已收到价款300万元，但尚未办理产权过户手续，甲公司以该项长期股权投资正在转让之中为由，不再计减值准备。

（2）乙公司于20×5年5月为Ｌ公司1年期银行借款1 000万元提供担保，因Ｌ公司不能及时偿

还，银行于 20×6 年 11 月向法院提起诉讼，要求乙公司承担连带清偿责任。20×6 年 12 月 31 日，乙公司在咨询律师后，根据 L 公司的财务状况，确认了 500 万元的预计负债。对上述预计负债，乙公司已在财务报表附注中进行了适当披露。截至审计工作完成日，法院未对该项诉讼做出判决。

（3）丙公司在 20×6 年度向其控股股东 M 公司以市场价格销售产品 5 000 万元，以成本加成价格购入原材料 3 000 万元，上述销售和采购分别占丙公司当年销货、购货的比例为 30% 和 40%，丙公司已在财务报表附注中进行了适当披露。

（4）丁公司于 20×6 年 11 月 20 日发现，20×5 年漏记固定资产折旧费用 200 万元。丁公司在编制 20×6 年度财务报表时，对此项会计差错予以更正，追溯调整了相关财务报表项目，并在财务报表附注中进行了适当披露。

（5）戊公司于 20×6 年年末更换了大股东，并成立了新的董事会，继任法定代表人以刚上任不了解以前年度情况为由，拒绝签署 20×6 年度已审财务报表和提供管理层声明书。原法定代表人以不再继续履行职责为由，也拒绝签署 20×6 年度已审计财务报表和提供的管理层声明书。

假定上述情况对被审计单位 20×6 年度财务报表的影响都是重要的，且被审计单位均拒绝接受 A 注册会计师提出的审计处理建议（如有）。

要求：

（1）在不考虑其他因素影响的前提下，请分别针对上述 5 种情况，判断 A 注册会计师应对 20×6 年度财务报表出具何种类型的审计报告，并简要说明理由。

（2）到东方财富网查找不同类型审计意见的审计报告，仔细阅读，分析各类报告具体表述的异同；

2．注册会计师林红已完成对华联股份有限公司 20×2 年度会计报表的实地审计工作，现正草拟审计报告。假定 20×1 年度的审计工作也由该注册会计师完成，本年度的审计工作已完成各项规定审计程序，在复核工作底稿时，除发现有以下几项情况需要在编制审计报告时加以考虑外，其他方面均符合出具无保留意见审计报告的要求。

（1）华联公司不愿编制 20×0—20×2 年三年的比较会计报表。

（2）华联公司不愿公开现金流量表。

（3）20×2 年华联公司变更了固定资产折旧方法，并已在会计报表附注中说明，但未经主管财政机关批准。

（4）华联公司 20×2 年年末产成品期末余额多计 10 000 元，影响了 20×2 年的利润，注册会计师提请该公司调整，但未予接受。

（5）华联公司从 20×2 年 7 月起对产成品发出计价方法由加权平均法改为先进先出法，使 20×2 年销售成本上升 1.5 万元，这一变化未在会计报表中说明，确定应纳税所得额时未做调整。

（6）一些应收账款账户余额无法实施函证程序，但已应用其他审计程序进行了验证。

（7）华联公司 20×2 年 6 月 30 日向某银行取得 1 000 万元长期贷款，用于购建固定资产，贷款合同规定，20×3 年 12 月 31 日后，若获得利润方可支付现金股利，华联公司不愿在会计报表附注中予以说明。

要求： 说明上述各项情况对审计报告的影响及原因。

 实训项目

请扫描二维码，阅读实训资料，根据实训内容和要求，完成实训。

第二篇　审　计　实　务

第九章　销售与收款循环审计

【学习目的与要求】

通过本章的学习，应该：①了解销售与收款循环业务流程、活动和涉及的凭证与会计记录；②熟悉销售与收款循环的内部控制要点及控制测试；③熟悉营业收入和应收账款的实质性程序。

【引入案例】

中健网农虚增收入案

2020 年 7 月 31 日，中国证券监督管理委员会厦门监管局网站公布的行政处罚决定书显示，2016 年至 2017 年，中健网农及其子公司厦门中健农产品供应链有限公司与广东新又好企业管理服务有限公司等企业发生委托采购业务。根据企业会计准则，上述业务应按净额法确认收入，但公司以总额法确认，导致中健网农 2016 年年报虚增营业收入约 1.06 亿元、营业成本约 1.06 亿元，2017 年年报虚增营业收入约 4 368.11 万元、营业成本约 4 368.11 万元。2016 年，中健网农子公司厦门绿色万山农业有限公司通过虚构部分客户现金回款、变造送货单等方式，虚增 2016 年度营业收入约 1 170.11 万元、营业成本 1 085.83 万元。以上两项，合计导致中健网农 2016 年年报虚增营业收入约 1.17 亿元，约占当期披露营业收入的 14.47%，虚增营业成本约 1.17 亿元，约占当期披露营业成本的 15.46%；2017 年度虚增营业收入约 4 368.11 万元，约占当期披露营业收入的 7.61%，虚增营业成本约 4 368.11 万元，约占当期披露营业成本的 8.25%。

问题：

1. 根据上述案例，你认为中健网农是如何造假的？对此应如何进行审计？

2. 注册会计师应如何有效控制应收账款的函证？

从本章起我们将以执行企业会计准则企业的财务报表审计为例，介绍业务循环审计的具体内容，以及对各业务循环中重要的财务报表项目如何进行审计测试。

财务报表审计的组织方式大致有两种。①账户法（account approach），即对财务报表的每个账户余额单独进行审计。②循环法（cycle approach），即将财务报表分成几个循环进行审计，也就是把紧密联系的交易和账户余额归入同一循环中，按业务循环组织实施审计。一般而言，在财务报表审计中可将被审计单位的所有交易和账户余额划分为 4 个、5 个、6 个甚至更多个业务循环。由于被审计单位的业务性质和规模不同，其业务循环的划分也应有所不同。本章主要介绍销售与收款循环、采购与付款循环、存货与仓储循环；同时，由于货币资金与上述业务循环均密切相关，并且有其自身的鲜明特征，因此将在第十二章中单独介绍。

第一节　销售与收款循环的特性

一、涉及的主要凭证与会计记录

在内部控制比较健全的企业，处理销售与收款业务通常需要使用很多凭证与会计记录。典型的销售与收款循环所涉及的主要凭证与会计记录有以下 16 种：客户订购单；销售单；发运凭证；销售发票；商品价目表；贷项通知单；应收账款账龄分析表；应收账款明细账；主营业务收入明细账；折扣与折让明细账；汇款通知书；库存现金日记账和银行存款日记账；坏账审批表；客户月末对账单；转账凭证；收款凭证。

二、涉及的主要业务活动

销售与收款循环审计中，注册会计师首先应当了解企业所涉及的主要业务活动。

1. 接受客户订购单

客户提出订货要求是整个销售与收款循环的起点，是购买某种货物或接受某种劳务的一项申请。客户订购单是来自外部的引发销售交易的文件之一，是编制一式多联销售单的依据，是证明销售交易"**发生**"认定的凭据。

客户的订购单只有在符合企业管理层的授权标准时才能被接受。例如，管理层一般有已批准销售的客户名单。销售单管理部门在决定是否同意接受某客户的订购单时，应追查该客户是否被列入这张名单。如果该客户未被列入，则通常需要由销售单管理部门的主管来决定是否同意销售。

通常企业在批准了客户订购单之后，下一步就应编制一式多联的销售单。销售单是证明管理层有关销售交易发生认定的凭据之一，也是此笔销售交易轨迹的起点之一。此外，客户订购单也是来自外部的引发销售交易的文件之一，有时也能为有关销售交易的发生认定提供证明。

2. 批准赊销信用

赊销业务的批准是由**信用管理部门**根据管理层的赊销政策在每个客户已授权的信用额度内进行的。信用管理部门的职员在收到销售单管理部门的销售单后，应将销售单与该客户已被授权的赊销信用额度以及至今尚欠的账款余额加以比较；执行人工赊销信用检查时，还应合理划分工作职责，以避免销售人员为扩大销售而使企业承受不适当的信用风险。

企业的信用管理部门通常应对每个新客户进行信用调查，包括获取信用评审机构对客户信用等级的评定报告。无论是否批准赊销，都要求被授权的信用管理部门人员在销售单上签署意见，然后再将已签署意见的销售单送回销售单管理部门。

设计信用批准控制的目的是降低坏账风险，因此，这些控制与应收账款账面余额的"**计价和分摊**"认定有关。

3. 按销售单供货

企业管理层通常要求商品仓库只有在收到经过批准的销售单时才能供货。设立这项控制程序的目的是防止仓库在未经授权的情况下擅自发货。因此，已批准销售单的一联通常应送达仓库，作为仓库按销售单供货和发货给装运部门的授权依据。

4. 按销售单装运货物

将按经批准的销售单供货与按销售单装运货物职责相分离，有助于避免负责装运货物的职员在未经授权的情况下装运货物。此外，装运部门职员在装运之前，还必须进行独立验证，以确定从仓库提取的商品都附有经批准的销售单，并且所提取商品的内容与销售单一致。

5. 向客户开具账单

开具账单是指向客户开具并寄送事先连续编号的销售发票。这项功能所针对的主要问题是：①是否对所有装运的货物都开具了账单（即"**完整性**"认定问题）；②是否只对实际装运的货物开具账单，有无重复开具账单或虚构交易（即"**发生**"认定问题）；③是否按已授权批准的商品价目表所列价格计价开具账单（即"**准确性**"认定问题）。

为了降低开具账单过程中出现遗漏、重复、错误计价或其他差错的风险，应设立以下控制程序：①开具账单部门职员在开具每张销售发票之前，独立检查是否存在装运凭证和相应的经批准的销售单；②依据已授权批准的商品价目表开具销售发票；③独立检查销售发票计价和计算的正确性；④将装运凭证上的商品总数与相对应的销售发票上的商品总数进行比较。

上述控制程序有助于确保用于记录销售交易的销售发票的正确性。因此，这些控制与销售交易的"**发生**""**完整性**""**准确性**"认定有关。销售发票副联通常由开具账单部门保管。

6. 记录销售

在手工会计系统中，记录销售的过程包括区分赊销、现销，按销售发票编制转账凭证或现金、银行存款收款凭证，再据以登记销售明细账、应收账款明细账或库存现金、银行存款日记账。

记录销售的控制程序包括以下内容。

（1）只依据附有有效装运凭证和销售单的销售发票记录销售。这些装运凭证和销售单应能证明销售交易的发生及其发生的日期。

（2）控制所有事先连续编号的销售发票。

（3）独立检查已处理销售发票上的销售金额与会计记录金额的一致性。

（4）记录销售的职责应与处理销售交易的其他功能相分离。

（5）对记录过程中所涉及的有关记录的接触予以限制，以减少未经授权批准的记录发生。

（6）定期独立检查应收账款的明细账与总账的一致性。

（7）定期向客户寄送对账单，并要求客户将任何例外情况直接向指定的未执行或记录销售交易的会计主管报告。

以上这些控制与"**发生**""**完整性**""**准确性**""**计价和分摊**"认定有关。

对上述控制程序，注册会计师主要关心销售发票是否记录正确，并归属适当的会计期间。

7. 办理和记录现金、银行存款收入

这项业务涉及的是有关货款收回，现金、银行存款增加以及应收账款减少的活动。在办理和记录现金、银行存款收入时，有可能发生货币资金失窃等情况，这需要注册会计师加以注意。货币资金失窃可能发生在货币资金收入登记入账之前或登记入账之后。处理货币资金收入时，重要的是保证全部货币资金都必须如数、及时地记入库存现金、银行存款日记账或应收账款明细账，并如数、及时地将现金存入银行。在这方面，汇款通知单起着很重要的作用。

8. 办理和记录销售退回、销售折扣与折让

如果客户对商品不满意，销售企业一般都会同意接受退货，或给予一定的销售折扣；如果客户提前支付货款，销售企业则可能会给予一定的销售折扣。此类事项必须经授权批准，并应确保与办理此事项有关的部门和职员各司其职，分别控制实物流和会计处理。在这方面，严格使用贷项通知单会起到关键的作用。

9. 注销坏账

不管赊销部门的工作如何完善，客户因经营不善、宣告破产、死亡等原因而不支付货款的事仍可能发生。销售企业若认为某项货款再也无法收回，就必须注销这笔货款。对这些坏账，正确的处理方法应该是获取货款无法收回的确凿证据，经适当审批后及时做会计调整。

10. 提取坏账准备

坏账准备提取的数额必须能够抵补企业以后无法收回的销货款。

第二节　控制测试和交易的实质性程序

一、销售交易的内部控制和控制测试

1. 适当的职责分离

适当的职责分离有助于防止各种有意或无意的错误。例如，主营业务收入账与应收账款账的记录人分开、经手货币资金的人与负责主营业务收入和应收账款记账的人分开，可以防止舞弊；赊销批准职能与销售职能的分离，可以防止销售人员以巨额坏账损失为代价进行销售。

为确保办理销售与收款业务的不相容岗位相互分离、制约和监督，一个企业销售与收款业务相关**职责适当分离的基本要求**通常包括：①企业应当将办理销售、发货、收款三项业务的部门（或岗位）分离；②企业在销售合同订立前，应当指定专门人员就销售价格、信用政策、发货及收款方式等具体事项与客户进行谈判，谈判人员应有两人以上，并与订立合同的人员相分离；③编制销售发票通知单的人员与开具销售发票的人员应相互分离；④销售人员应当避免接触销货现款；⑤企业应收票据的取得和贴现必须经由保管票据以外的主管人员的书面批准。

2. 恰当的授权审批

对于授权审批问题，注册会计师应当关注以下**四个关键点**上的审批程序：①在销售发生

之前，赊销已经正确审批；②非经正当审批，不得发出货物；③销售价格、销售条件、运费、折扣等必须经过审批；④审批人应当根据销售与收款授权批准制度的规定，在授权范围内进行审批，不得超越审批权限。对于超过企业既定销售政策和信用政策规定范围的特殊销售交易，企业应当进行集体决策。前两项控制的目的在于防止企业因向虚构的或者无力支付货款的客户发货而蒙受损失，价格审批控制的目的在于保证销售交易按照企业定价政策规定的价格开票收款，对授权审批范围设定权限的目的则在于防止因审批人决策失误而造成严重损失。

3. 充分的凭证和记录

每个企业交易的产生、处理和记录等制度都有其特点，也许很难评价其各项控制是否有效，但充分严格的记录手续能够实现其他各项控制目标。例如，企业在收到客户订购单后，就立即编制一份预先编号的一式多联的销售单，分别用于批准赊销、审批发货、记录发货数量以及向客户开具账单和销售发票等。在这种制度下，只要定期清点销售单和销售发票，漏开账单的情形几乎就不会发生。

4. 凭证的预先编号

对凭证预先进行编号，旨在防止销售以后遗漏向客户开具账单或登记入账，也可防止重复开具账单或重复记账。当然，如果对凭证的编号不进行清点，预先编号就会失去其控制意义。由收款员对每笔销售开具账单后，将发运凭证按顺序归档，而由另一位职员定期检查全部凭证的编号，并调查凭证缺号的原因，就是实施这项控制的一种方法。

5. 按月寄出对账单

由不负责现金、销售及应收账款记账的人员按月向客户寄发对账单，能促使客户在发现应付账款余额不正确后及时反馈有关信息。为了使这项控制更加有效，可以将账户余额中出现的所有核对不符的账项，指定一位既不掌管货币资金也不记录主营业务收入和应收账款的主管人员处理，然后由独立人员按月编制对账情况汇总报告并交管理层审阅。

6. 内部核查程序

由内部审计人员或其他独立人员核查销售交易的处理和记录，是实现内控目标不可缺少的一项控制措施。表 9.1 所列程序是针对相应控制目标的典型的内部核查程序。

表 9.1　内部核查程序

内控目标	内部核查程序举例
登记入账的销售交易是真实的	检查登记入账的销售交易所附的佐证凭证，如发运凭证等
销售交易均经适当审批	了解客户的信用情况，确定是否符合企业的赊销政策
所有销售交易均已登记入账	检查发运凭证的连续性，并将其与主营业务收入明细账核对
登记入账的销售交易均经正确估价	将登记入账的销售交易对应销售发票上的数量与发运凭证上的记录进行比较核对
登记入账的销售交易分类恰当	将登记入账的销售交易的原始凭证与会计科目表比较核对
销售交易的记录及时	检查开票员所保管的未开票发运凭证，确定是否存在未在恰当期间及时开票的发运凭证

总之，销售与收款内部控制检查的主要内容包括以下几点。

（1）销售与收款交易相关岗位及人员的设置情况。重点检查是否存在销售与收款交易不相容职务混岗的现象。

（2）销售与收款交易授权批准制度的执行情况。重点检查授权批准手续是否健全，是否存在越权审批行为。

（3）销售的管理情况。重点检查信用政策、销售政策的执行是否符合规定。

（4）收款的管理情况。重点检查销售收入是否及时入账，应收账款的催收是否有效，坏账核销和应收票据的管理是否符合规定。

（5）销售退回的管理情况。重点检查销售退回手续是否齐全，退回货物是否及时入库。

在确定被审计单位的内部控制中可能存在的薄弱环节，并且对其控制风险做出评价后，注册会计师应当判断继续实施控制测试的成本是否会低于因此而减少对交易、账户余额实施实质性程序所需的成本。如果被审计单位的相关内部控制不存在，或被审计单位的相关内部控制未得到有效执行，则注册会计师不应再继续实施控制测试，而应直接实施实质性程序。

特别说明，作为进一步审计程序的类型之一，控制测试并非在任何情况下都需要实施。但当存在下列情形之一时，注册会计师应当实施控制测试：①在评估认定层次重大错报风险时，预期控制的运行是有效的；②仅实施实质性程序不足以提供认定层次充分、适当的审计证据。

二、对销售交易的实质性程序

1. 登记入账的销售交易是真实的

实务中，将不真实"发生"的销售登记入账的情况虽然极少，但会高估资产和收入。注册会计师一般关心威胁真实性的三类错误的可能性：①未曾发货却已将销售交易登记入账；②销售交易重复入账；③向虚构的客户发货并作为销售交易登记入账。前两类错误可能是有意的，也可能是无意的，而第三类错误肯定是有意的。无意的高估也会导致应收账款的明显增多，但注册会计师通常可以通过函证发现；有意的高估较难发现，注册会计师就有必要制定并实施适当的细节测试。

适当的细节测试取决于注册会计师认为销售可能在何处发生错误。对"发生"目标而言，注册会计师通常只在认为内部控制存在薄弱环节时，才实施细节测试。

（1）针对未曾发货却已将销售交易登记入账这类错误，注册会计师可以从主营业务收入明细账中抽取若干笔分录，追查有无发运凭证及其他佐证，借以查明有无事实上没有发货却已登记入账的销售交易。如果注册会计师对发运凭证等的真实性也有怀疑，就可能有必要进一步追查存货的永续盘存记录，测试存货余额有无减少，以及考虑是否检查更多涉及外部单位的单据，例如外部运输单位出具的运输单据、客户签发的订货单据和到货签收记录等。

（2）针对销售交易重复入账这类错误，注册会计师可以通过检查企业的销售交易记录清单以确定是否存在重号、缺号等情况。

（3）针对向虚构的客户发货并作为销售交易登记入账这类错误，注册会计师应当检查主营业务收入明细账中与销售分录相应的销货单，以确定销售是否履行赊销审批手续和发货审批手续。如果注册会计师认为被审计单位虚构客户和销售交易的风险较大，需要考虑是否对相关重要交易和客户的情况（例如相关客户的经营场所、财务状况和股东情况等）专门展开进一步的独立调查。

检查上述三类高估销售错误的另一种有效办法是追查应收账款明细账中贷方发生额的记

录。如果应收账款最终得以收回货款或者由于合理的原因收到退货，则记录入账的销售交易一开始通常是真实的；如果贷方发生额是注销坏账，或者直到审计时所欠货款仍未收回而又没有合理的原因，就需要考虑详细追查相应的发运凭证和客户订购单等，因为这些迹象都说明可能存在虚构的销售交易。

2. 已发生的销售交易均已登记入账

销售交易的审计一般更多侧重于检查高估资产与收入的问题。但是，如果内部控制不健全，比如被审计单位没有由发运凭证追查至主营业务收入明细账这一独立内部核查程序，注册会计师就有必要对"完整性"目标实施交易的细节测试。

从发货部门的档案中选取部分发运凭证，并追查至有关的销售发票副本和主营业务收入明细账，是测试未入账发货的一种有效程序。为使这一程序成为一项有意义的测试，注册会计师必须能够确信全部发运凭证均已归档，这一点一般可以通过检查发运凭证的顺序编号来查明。

 温馨提示

> 由原始凭证追查至明细账与从明细账追查至原始凭证是有区别的：前者用来测试遗漏的交易（"完整性"目标），后者用来测试不真实的交易（"发生"目标）。
>
> 测试"发生"目标时，起点是明细账，即从主营业务收入明细账中抽取一个销售交易明细记录，追查至销售发票存根、发运凭证以及客户订购单；测试"完整性"目标时，起点应是发运凭证，即从发运凭证中选取样本，追查至销售发票存根和主营业务收入明细账，以确定是否存在遗漏事项。
>
> 设计针对"发生"目标和"完整性"目标的细节测试程序时，确定追查凭证的起点即测试的方向很重要。例如，注册会计师如果关心的是"发生"目标，但弄错了追查的方向（即由发运凭证追查至明细账），就属于严重的审计缺陷。在测试其他目标时，方向一般无关紧要。例如，测试交易计价的"准确性"时，可以由销售发票追查至发运凭证，也可以反向追查。

3. 登记入账的销售交易均经正确计价

销售交易计价的准确性包括：按订货数量发货，按发货数量准确地开具账单，以及将账单上的数额准确地记入会计账簿。对这三个方面，每次审计中一般都要实施细节测试，以确保其准确无误。

典型的细节测试程序包括复算会计记录中的数据。通常以主营业务收入明细账中的会计分录为起点，将所选择交易的合计数与应收账款明细账和销售发票存根进行比较核对。销售发票存根上所列的单价，还要与经过批准的商品价目表进行比较核对，对其金额小计和合计数也要进行复算。发票中列出的商品的规格、数量和客户代码等，则应与发运凭证进行比较核对。另外，往往还要审核客户订购单和销售单中的同类数据。

将"计价准确性"目标中的控制测试和细节测试程序做比较，便可得到例证来说明有效的内部控制如何节约审计时间。内部控制如果有效，细节测试的样本量便可以减少，审计成本也将大大降低。

4. 登记入账的销售交易分类恰当

如果销售分为现销和赊销两种，应注意不要在现销时借记应收账款，也不要在收回应收账款时贷记主营业务收入；同样不要将营业资产的转让（如固定资产转让）混作正常销售。对那些采用不止一种销售分类的企业，例如对需要编制分部报表的企业来说，正确的分类是极为重要的。

销售分类恰当测试一般可与计价准确性测试一并进行。注册会计师可以通过审核原始凭证确定具体交易的类别是否恰当，并以此与账簿的实际记录做比较。

5. 销售交易的记录及时

被审计单位发货后应尽快开具账单并登记入账，以防止无意中漏记销售交易，确保它们记入正确的会计期间。注册会计师在实施计价准确性细节测试的同时，一般要将所选取的提货单或其他发运凭证的日期与相应的销售发票存根、主营业务收入明细账和应收账款明细账上的日期做比较。如有重大差异，被审计单位就可能存在销售截止期限上的错误。

6. 销售交易已正确地记入明细账并正确地汇总

应收账款明细账的记录若不正确，将影响被审计单位收回应收账款，因此，将全部赊销业务正确地记入应收账款明细账极为重要。同理，为保证财务报表准确，被审计单位对主营业务收入明细账必须正确地加总并过入总账。在多数审计中，注册会计师通常都要加总主营业务收入明细账，并将加总数和一些具体内容分别追查至主营业务收入总账和应收账款明细账或库存现金、银行存款日记账，以检查在销售过程中是否存在有意或无意的错报问题。不过这一测试的样本量要受内部控制的影响。从主营业务收入明细账追查至应收账款明细账，一般与为实现其他审计目标所实施的测试一并进行；而将主营业务收入明细账加总，并追查、核对加总数至其总账，则应作为一项单独的测试程序来执行。

第三节　营业收入审计

一、营业收入的审计目标

营业收入项目核算企业在销售商品、提供劳务等主营业务活动中所产生的收入，以及企业确认的除主营业务活动以外的其他经营活动实现的收入，包括出租固定资产、出租无形资产、出租包装物和商品、销售材料等实现的收入。其审计目标一般包括：确定利润表中记录的营业收入是否已发生，且与被审计单位有关；确定所有应当记录的营业收入是否均已记录；确定与营业收入有关的金额及其他数据是否已恰当记录，包括对销售退回、销售折扣与折让的处理是否适当；确定营业收入是否已记录于正确的会计期间；确定营业收入是否已按照企业会计准则的规定在财务报表中做出恰当的列报。

营业收入包括主营业务收入和其他业务收入，下面分别介绍这两部分的实质性程序。

二、主营业务收入的实质性程序

主营业务收入的实质性程序一般包括以下内容。

1. 获取或编制主营业务收入明细表

获取或编制主营业务收入明细表时需要注意以下两点：①复核加计是否正确，并与总账数和明细账合计数核对，检查是否相符，结合其他业务收入科目与报表数核对，检查是否相符；②检查以非记账本位币结算的主营业务收入的折算汇率及折算是否正确。

2. 检查主营业务收入

检查主营业务收入的确认条件、方法是否符合企业会计准则，前后期是否一致；关注周期性、偶然性的收入是否符合既定的收入确认原则、方法。

【例 9.1】审计人员在审查中新公司银行存款日记账时，发现 12 月 25 日 32 号凭证为退货款 56 500 元，结算方式为委托付款。该笔货款入账时间为 12 月 21 日，收款凭证为 30 号。在 4 天时间里发生退货，审计人员怀疑有假退货行为，因而进行查证。

查证：审计人员首先调出 30 号凭证，其分录为

借：银行存款　　　　　　　　　　　　　　　　　　　　　　　56 500

　　贷：应收账款　　　　　　　　　　　　　　　　　　　　　　56 500

其原始凭证为银行的收账通知，付款单位为天津红星厂。调阅 32 号凭证，其分录为

借：主营业务收入　　　　　　　　　　　　　　　　　　　　　50 000

　　应交税费——应交增值税（销项税额）　　　　　　　　　　　6 500

　　贷：银行存款　　　　　　　　　　　　　　　　　　　　　　56 500

所附原始凭证为两张：一是该公司业务部门的退货发票；二是该公司财务部门开出的转账支票，收款人为天津红星厂代理处。审计人员感觉该笔退款的收款人为代理处有疑点，决定追查支票去处。银行证实，该款项转到了北方公司账户，经调查，北方公司根本不存在。审计人员同时与天津红星厂电话联系，天津红星厂根本没有发生退货业务。后来中新公司财务经理供认北方公司账户是该公司李某利用同银行工作人员的关系开设的，存入部分收入，用于发放奖金和支付回扣等。北方公司账户金额 10 万元全部为中新公司所有。

分析要点：

（1）中新公司利用银行的漏洞或其他原因开设假账户，隐瞒收入，将资金存入小金库或私分，逃避税收。

（2）中新公司开设假账户的全部收入属于企业的营业收入，应撤销所谓的北方公司账户，收回余款 10 万元，并按照规定计缴税金。

3. 必要时实施的实质性分析程序

必要时，注册会计师实施以下程序。

（1）为了建立有关数据的期望值，针对已识别需要运用分析程序的有关项目，应进行以下比较：①将本期的主营业务收入与上期的主营业务收入、销售预算或预测数等进行比较，分析主营业务收入及其构成的变动是否异常，若有异常，应分析异常变动的原因；②计算本期重要产品的毛利率，与上期的预算或预测数据比较，检查是否存在异常、各期之间是否存在重大波动，查明原因；③比较本期各月各类主营业务收入的波动情况，分析其变动趋势是否正常，是否符合被审计单位季节性、周期性的经营规律，查明异常现象和重大波动的原因；④将本期重要产品的毛利率与同行业企业进行对比分析，检查是否存在异常；⑤根据增值税

专用发票和增值税普通发票，估算全年收入，与实际收入金额比较。

（2）确定可接受的差异额。

（3）将实际的情况与期望值相比较，识别需要进一步调查的差异。

（4）如果差异额超过可接受的范围，调查并获取充分的解释和恰当的、佐证性质的审计证据（如通过检查相关的凭证等）。

（5）评估分析程序的测试结果。

4. 获取产品价格目录

获取产品价格目录，抽查售价是否符合价格政策，并注意销售给关联方或关系密切的重要客户的产品价格是否合理，有无以低价或高价结算的方法相互转移利润的现象。

5. 抽取本期一定数量的发运凭证

抽取本期一定数量的发运凭证，审查存货出库日期、品名、数量等是否与销售发票、销售合同、记账凭证等一致。

6. 抽取本期一定数量的记账凭证

抽取本期一定数量的记账凭证，审查入账日期、品名、数量、单价、金额等是否与销售发票、发运凭证、销售合同等一致。

7. 选择主要客户函证本期销售额

结合对应收账款实施的函证程序，选择主要客户函证本期销售额。

8. 关于出口销售

对于出口销售，应当将销售记录与出口报关单、货运提单、销售发票等出口销售单据进行核对，必要时向海关函证。

9. 实施销售截止测试

实施销售截止测试的目的主要在于确认被审计单位主营业务收入的会计记录归属期是否正确，即应计入本期或下期的主营业务收入是否被推迟至下期或提前至本期。实施销售截止测试需要注意以下几点。

（1）选取资产负债表日前后若干天一定金额以上的发运凭证，与应收账款和收入明细账进行核对；同时，从应收账款和收入明细账选取在资产负债表日前后若干天一定金额以上的凭证，与发运凭证核对，以确定销售确认是否存在跨期现象。

（2）复核资产负债表日前后销售和发货水平，确定业务活动水平是否异常，并考虑是否有必要追加实施截止测试程序。

（3）取得资产负债表日后所有的销售退回记录，检查是否存在提前确认收入的情况。

（4）结合对资产负债表日应收账款的函证程序，检查有无未取得对方认可的大额销售。

（5）调整重大跨期销售。

10. 关于销售退回

存在销售退回的，注册会计师应检查相关手续是否符合规定，结合原始销售凭证检查其会计处理是否正确，结合存货项目审计关注其真实性。

11. 检查销售折扣与折让

企业在销售交易中，往往会因产品品种、质量不符合要求以及结算方面的原因发生销售折扣与折让。尽管引起销售折扣与折让的原因不尽相同，其表现形式也不尽一致，但都是对收入的抵减，直接影响收入的确认和计量。因此，注册会计师应重视销售折扣与折让的审计。销售折扣与折让的实质性程序主要如下。

（1）获取或编制销售折扣与折让明细表，复核加计是否正确，并与明细账合计数核对，检查是否相符。

（2）取得被审计单位有关销售折扣与折让的具体规定和其他文件资料，并抽查较大的折扣与折让发生额的授权批准情况，与实际执行情况进行核对，检查其是否经授权批准，是否合法、真实。

（3）销售折扣与折让是否及时足额提交对方，有无虚设中介、转移收入、私设"小金库"等情况。

（4）检查销售折扣与折让的会计处理是否正确。

12. 关于特殊的销售行为

检查有无特殊的销售行为，如附有销售退回条件的商品销售、委托代销、售后回购、以旧换新、商品需要安装和检验的销售、分期收款销售、出口销售、售后租回等，注册会计师应选择恰当的审计程序进行审核。

（1）附有销售退回条件的商品销售，如果对退货部分能做合理估计，则要确定其是否按估计不会退货部分确认收入；如果对退货部分不能做合理估计，则要确定其是否在退货期满时确认收入。

（2）售后回购，分析特定售后回购的实质，判断其是属于真正的销售交易，还是属于融资行为。

（3）以旧换新，确定销售的商品是否按照商品销售的方法确认收入，回收的商品是否作为购进商品处理。

（4）出口销售，确定是否按离岸价格、到岸价格或成本加运费价格等不同的成交方式，确认收入的时点和金额。

13. 关联方销售的情况

调查向关联方销售的情况，记录其交易品种、价格、数量、金额以及占主营业务收入总额的比例。对于合并范围内的销售活动，检查是否记录应予合并抵销的金额。

14. 关于集团内部销售的情况

调查集团内部销售的情况，注册会计师应记录其交易价格、数量和金额，并追查在编制合并财务报表时是否已予以抵销。

15. 关于主营业务收入的列报

注册会计师应确定被审计单位主营业务收入的列报是否恰当。

三、其他业务收入的实质性程序

其他业务收入的实质性程序一般包括以下内容。

（1）获取或编制其他业务收入明细表，复核加计是否正确，并与总账数和明细账合计数核对，检查是否相符，结合主营业务收入科目与营业收入报表数核对，检查是否相符。

（2）计算本期其他业务收入与其他业务成本的比率，并与上期该比率比较，检查是否有重大波动，如有，应查明原因。

（3）检查其他业务收入内容是否真实、合法，收入确认原则及会计处理是否符合规定，并抽查原始凭证予以核实。

（4）对异常项目，应追查入账依据及有关法律文件是否充分。

（5）抽查资产负债表日前后一定数量的记账凭证，实施截止测试，追踪到销售发票、收据等，确定入账时间是否正确，对于重大跨期事项做必要的调整建议。

（6）确定其他业务收入在财务报表中的列报是否恰当。

【例9.2】注册会计师在审查兴达公司时发现，该公司于20×6年7月1日出租一台生产使用的机床，该机床账面原值为100 000元，预计使用年限为10年，累计折旧为20 000元。租赁合同规定，租期2年，月租金500元，租金每年支付1次。该公司于当年12月31日未做相应账务处理。

请分析这项固定资产出租业务可能存在的问题，并提出处理意见。

分析要点：这项固定资产出租业务，可能存在以下问题。

（1）出租原因可能不正常。因为本公司生产所需的固定资产一般不应出租。

（2）租金过低。因为从固定资产的账面资料可以计算出固定资产的年折旧额为10 000元，而合同中的月租金为500元，1年6 000元，大大低于年折旧额。

（3）当年年末对本年应收未收的租金没有做相应的账务处理。

审计建议：注册会计师应进一步审查，面询签订固定资产出租合同的负责人，询问出租的原因及租金的约定等事项，以查明此项业务的合规性、合法性。

根据审查情况，对于年末未收到的租金，应建议公司补做如下会计分录。

借：其他应收款 3 000
　　贷：其他业务收入 3 000

第四节　应收账款和坏账准备审计

一、应收账款的审计目标

应收账款的审计目标一般包括：确定资产负债表中记录的应收账款是否存在；确定所有应当记录的应收账款是否均已记录；确定记录的应收账款是否是被审计单位拥有或控制的；确定应收账款是否可收回，坏账准备的计提方法和比例是否恰当，坏账准备计提是否充分；确定应收账款及其坏账准备期末余额是否正确；确定应收账款及其坏账准备是否已按照企业会计准则的规定在财务报表中做出恰当列报。

二、应收账款的实质性程序

（一）取得或编制应收账款明细表

（1）复核加计是否正确，并与总账数和明细账合计数核对，检查是否相符；结合坏账准备科目与报表数核对，检查是否相符。应收账款报表数是反映企业因销售商品、提供劳务等应收取的各种款项，减去已计提的坏账准备后的净额。因此，应收账款报表数应同应收账款总账数和明细账数分别减去与应收账款相应的坏账准备总账数和明细账数后的余额核对相符。

（2）检查非记账本位币应收账款的折算汇率及折算是否正确。主要关注以下几项：被审计单位外币应收账款的增减变动是否按规定折算；期末外币应收账款余额是否采用期末即期汇率折合为记账本位币金额；折算差额的会计处理是否正确。

（3）分析有贷方余额的项目，查明原因，必要时，建议被审计单位进行重分类调整。

（4）结合其他应收款、预收款项等往来项目的明细余额，调查有无同一客户多处挂账、异常余额或与销售无关的其他款项（如代销账户、关联方账户或员工账户）。如有上述情况，应做记录，必要时提出调整建议。

（二）实施实质性分析程序，检查涉及应收账款的相关财务指标

（1）复核应收账款借方累计发生额与主营业务收入关系是否合理，并将当期应收账款借方发生额占销售收入净额的百分比与管理层考核指标、被审计单位相关赊销政策比较，如存在异常应查明原因。

（2）计算应收账款周转率、应收账款周转天数等指标，并与被审计单位相关赊销政策、被审计单位以前年度指标、同行业同期相关指标对比分析，检查是否存在重大异常。

（三）检查应收账款账龄分析是否正确

（1）获取或编制应收账款账龄分析表。注册会计师可以通过获取或编制应收账款账龄分析表（如参考格式 9.1 所示）来分析应收账款的账龄，以便了解应收账款的可收回性。应收账款的账龄，通常是指资产负债表中的应收账款从销售实现、产生应收账款之日起，至资产负债表日止所经历的时间。编制应收账款账龄分析表时，可以考虑选择重要的客户列示，而将不重要的或余额较小的客户汇总列示。应收账款账龄分析表的合计数减去已计提的相应坏账准备后的净额，应该等于资产负债表中的应收账款项目余额。

参考格式9.1

应收账款账龄分析表

年　月　日　　　　　　　　　　　　（单位：　　）

客 户 名 称	期 末 余 额	账　　龄			
		1 年以内	1～2 年	2～3 年	3 年以上
合　计					

（2）测试应收账款账龄分析表计算的准确性，并将应收账款账龄分析表中的合计数与应收账款总分类账余额相比较，并调查重大调节项目。

（3）检查原始凭证，如销售发票、运输记录等，测试账龄划分的准确性。

（四）向债务人函证应收账款

函证应收账款是必经程序，其目的在于证实应收账款账户余额的真实性、正确性，防止或发现被审计单位及其有关人员在销售交易中发生的错误或舞弊行为。函证应收账款，可以比较有效地证明被询证者（即债务人）的存在和被审计单位记录的可靠性。

注册会计师应当考虑被审计单位的经营环境、内部控制的有效性、应收账款账户的性质、被询证者处理询证函的习惯做法及回函的可能性等，以确定应收账款函证的范围、对象、方式和时间。

1. 函证的范围和对象

如果注册会计师不对应收账款进行函证，应当在审计工作底稿中说明理由。如果认为函证很可能是无效的，注册会计师应当实施替代审计程序，获取相关、可靠的审计证据。函证的范围是由诸多因素决定的，主要有以下几种因素。

（1）应收账款在全部资产中的重要性。若应收账款在全部资产中所占比重较大，则函证的范围应相应大一些。

（2）被审计单位内部控制的强弱。若内控制度较健全，则可以相应缩小函证范围；反之，则应相应扩大函证范围。

（3）以前期间的函证结果。若以前期间函证中发现过重大差异，或欠款纠纷较多，则函证范围应相应扩大一些。

一般情况下，注册会计师应选择以下项目作为**函证对象**：大额或账龄较长的项目；与债务人发生纠纷的项目；重大关联方项目；主要客户（包括关系密切的客户）项目；交易频繁但期末余额较小甚至余额为零的项目；可能产生重大错报或舞弊的非正常的项目。

2. 函证的方式

视野拓展

积极式与消极式询证函有何区别？二者具体是什么样的？请扫描二维码了解两种询证函的区别。

注册会计师可采用积极式或消极式函证方式实施函证，也可将两种方式结合使用。如果采用积极式函证方式，注册会计师应当要求被询证者在所有情况下必须回函，确认询证函所列示信息是否正确，或填列询证函要求的信息。如果采用消极式函证方式，注册会计师只要求被询证者仅在不同意询证函列示信息的情况下才予以回函。

3. 函证时间的选择

注册会计师通常以资产负债表日为截止日，在资产负债表日后适当时间内实施函证。如果重大错报风险评估为低水平，注册会计师可选择资产负债表日前适当日期为截止日实施函证，并对所函证项目自该截止日起至资产负债表日止发生的变动实施实质性程序。

4. 函证的控制

注册会计师通常利用被审计单位提供的应收账款明细账户名称及客户地址等资料编制询证函，但注册会计师应当对确定需要确认或填列的信息、选择适当的被询证者、设计询证函以及发出和跟进（包括收回）询证函保持控制。

注册会计师可通过函证结果汇总表的方式对询证函的收回情况加以控制。应收账款函证结果汇总如表 9.2 所示。

表 9.2　应收账款函证结果汇总

被审计单位名称：　　　　　　　　　　制表：　　　　　　　　　日期：
结账日：　　年　月　日　　　　　　　复核：　　　　　　　　　日期：

询证函编号	债务人名称	债务人地址及联系方式	账面金额	函证方式	函证日期		回函日期	替代程序	确认余额	差异金额及说明	备注
					第一次	第二次					
合　计											

5. 对不符事项的处理

对应收账款而言，登记入账的时间不同而产生的不符事项主要表现为：①询证函发出时，债务人已经付款，而被审计单位尚未收到货款；②询证函发出时，被审计单位的货物已经发出并已做销售记录，但货物仍在途中，债务人尚未收到货物；③债务人由于某种原因将货物退回，而被审计单位尚未收到；④债务人对收到的货物的数量、质量及价格等方面有异议而全部或部分拒付货款等。如果不符事项构成错报，注册会计师应当评价该错报是否表明存在舞弊，并重新考虑所实施审计程序的性质、时间和范围。

6. 对函证结果的总结和评价

注册会计师对函证结果可进行以下评价。①重新考虑对内部控制的原有评价是否适当，控制测试的结果是否适当；分析程序的结果是否适当；相关的风险评价是否适当等。②如果函证结果表明没有审计差异，则可以合理地推论，全部应收账款总体是正确的。③如果函证结果表明存在审计差异，则应当估算应收账款总额中可能出现的累计差错是多少，估算未被选中进行函证的应收账款的累计差错是多少。为取得对应收账款累计差错更加准确的估计，也可以进一步扩大函证范围。

注册会计师应当将询证函回函作为审计证据，纳入审计工作底稿管理，询证函回函的所有权归属注册会计师所在会计师事务所。

 温馨提示

对应收账款必须实施函证，除非有充分证据表明应收账款对财务报表不重要，或函证很可能无效。对银行存款、借款（包括零余额账户和在本期内注销的账户）及与金融机构往来的其他重要信息，应当实施函证。应付账款函证并非必须实施，应付账款主要是防止低估，而函证不能有效查出低估的应付账款，况且注册会计师能够取得购货发票等外部凭证证实应付账款余额。

（五）确定已收回的应收账款金额

注册会计师可请被审计单位协助，在应收账款账龄明细表中标出至审计时已收回的应收账款金额，对已收回金额较大的款项进行常规检查，如核对收款凭证、银行对账单、销货发票等，并注意凭证发生日期的合理性，分析收款时间是否与合同相关要素一致。

（六）对未函证应收账款实施替代审计程序

通常，注册会计师不可能对所有应收账款进行函证，因此，<u>对于未函证应收账款，注册</u>

会计师应抽查有关原始凭据，如销售合同、销售订购单、销售发票副本、发运凭证及回款单据等，以验证与其相关的应收账款的真实性。

（七）检查坏账的确认和处理

首先，注册会计师应检查有无债务人破产或者死亡、破产或以遗产清偿后仍无法收回的，或者债务人长期未履行清偿义务的应收账款；其次，应检查被审计单位坏账的处理是否经授权批准，有关会计处理是否正确。

（八）抽查有无不属于结算业务的债权

不属于结算业务的债权，不应在应收账款中进行核算。因此，注册会计师应抽查应收账款明细账，并追查有关原始凭证，查证被审计单位有无不属于结算业务的债权，如有，应建议被审计单位做适当调整。

（九）检查应收账款的贴现、质押或出售

检查银行存款和银行借款等询证函的回函、会议纪要、借款协议和其他文件，确定应收账款是否已被贴现、质押或出售，应收账款贴现业务是否满足金融资产转移终止确认条件，其会计处理是否正确。

（十）对应收账款实施关联方及其交易审计程序

对标明应收关联方[包括持股 5%以上（含 5%）股东]的款项，实施关联方及其交易审计程序，并注明合并财务报表时应予抵销的金额；对关联企业、有密切关系的主要客户的交易或事项做以下专门核查：①了解交易或事项目的、价格和条件，做比较分析；②检查销售合同、销售发票、发运凭证等相关文件资料；③检查收款凭证等货款结算单据；④向关联方或有密切关系的主要客户函询，以确认交易的真实性、合理性。

（十一）确定应收账款的列报是否恰当

如果被审计单位为上市公司，则其财务报表附注通常应披露期初、期末余额的账龄分析，期末欠款金额较大的单位账款，以及持有 5%以上（含 5%）股份的股东单位账款等情况。

三、坏账准备的实质性程序

企业会计准则规定，企业应当在期末对应收款项进行检查，并合理预计可能产生的坏账损失。应收款项包括应收票据、应收账款、预付款项、其他应收款和长期应收款等，下面以应收账款相关的坏账准备为例，阐述坏账准备审计常用的实质性程序。

（1）取得或编制坏账准备明细表，复核加计是否正确，与坏账准备总账数、明细账合计数核对，检查是否相符。

（2）将应收账款坏账准备本期计提数与资产减值损失相应明细项目的发生额核对，检查是否相符。

（3）检查应收账款坏账准备计提和核销的批准程序，取得书面报告等证明文件，评价计提坏账准备所依据的资料、假设及方法。

企业应根据所持应收账款的实际可收回情况，合理计提坏账准备，不得多提或少提，否则应视为滥用会计估计，按照重大会计差错更正的方法进行会计处理。

对于单项金额重大的应收账款，企业应当单独进行减值测试，如客观证据证明其实已发生减值，应当计提坏账准备。对于单项金额不重大的应收账款，可以单独进行减值测试，或包括在具有类似信用风险特征的应收账款组合中进行减值测试。此外，单独测试未发生减值的应收账款，应当包括在具有类似信用风险特征的应收账款组合中再进行减值测试。

企业采用账龄分析法计提坏账准备时，收到债务单位当期偿还的部分债务后，剩余的应收账款不应改变其账龄，仍应按原账龄加上本期应增加的账龄确定；在存在多笔应收账款且各笔应收账款账龄不同的情况下，收到债务单位当期偿还的部分债务，应当逐笔认定收到的是哪一笔应收账款；如果确实无法认定，按照先发生先收回的原则确定，剩余应收账款的账龄按上述同一原则确定。

在确定坏账准备的计提比例时，企业应当在综合考虑以往的经验、债务单位的实际财务状况和预计未来现金流量（不包括尚未发生的未来信用损失）等因素，以及其他相关信息的基础上做出合理估计。

（4）被审计单位实际发生坏账损失的，应检查转销依据是否符合有关规定、会计处理是否正确。对于被审计单位在被审计期间内发生的坏账损失，注册会计师应检查其原因是否清楚，是否符合有关规定，有无授权批准，有无已做坏账处理后又重新收回的应收账款，相应的会计处理是否正确。

对有确凿证据表明确实无法收回的应收账款，如债务单位已撤销、破产、资不抵债、现金流量严重不足等，企业应根据管理权限，经股东（大）会或董事会，或经理（厂长）办公会或类似机构批准作为坏账损失，冲销提取的坏账准备。

（5）被审计单位已经确认并转销的坏账重新收回的，应检查其会计处理是否正确。

（6）检查函证结果。对债务人回函中反映的例外事项及存在争议的余额，注册会计师应查明原因并做记录，必要时，应建议被审计单位做相应的调整。

（7）实施分析程序。通过比较前期坏账准备计提数和实际发生数，以及检查期后事项，评价应收账款坏账准备计提的合理性。

（8）确定应收账款坏账准备的披露是否恰当。企业应当在财务报表附注中清晰地说明坏账的确认标准、坏账准备的计提方法和计提比例，并且，上市公司还应在财务报表附注中分项披露以下事项：①本期全额计提坏账准备，或计提坏账准备的比例较大的（计提比例一般超过 40%的，下同），应说明计提的比例以及理由；②以前期间已全额计提坏账准备，或计提坏账准备的比例较大但在本期又全额或部分收回的，或通过重组等其他方式收回的，应说明其原因、原估计计提比例的理由以及原估计计计提比例的合理性；③本期实际冲销的应收款项及其理由，其中，实际冲销的关联交易产生的应收账款应单独披露。

【例 9.3】某企业年末应收账款为借方余额 200 万元，其所属明细账借方余额合计数为 300 万元，贷方余额合计数为 100 万元。该企业年末预收账款为贷方余额 100 万元，其所属明细账贷方余额的合计数为 150 万元，借方余额的合计数为 50 万元。计提坏账准备金额为 6 000 元（2 000 000×0.3%）。请对上述情况进行审查，并提出审计意见。

分析要点：

（1）应收账款中的贷方余额属于预收账款，不能冲减应收账款借方余额，而应将其反映在预收账款项目中。

（2）预收账款中的借方余额，实质是应收账款，应归于应收账款项目。

因此，应根据以上重分类错误进行调整。应收账款为借方余额 300 万元，而贷方余额 100 万元应列为预收账款。预收账款借方余额 50 万元应列为应收账款。所以该企业应收账款年末余额应为 350 万元。应提取的坏账准备为 3 500 000×0.3%=10 500（元）。

由于坏账准备计入管理费用，则利润表中管理费用应调增 4 500 元（10 500–6 000），税前利润调减 4 500 元，同时调整所得税费用及相关账户；资产负债表中的相关项目也应做相应调整。

第五节　其他相关账户审计

在销售与收款循环中，除以上介绍的财务报表项目或会计科目之外，还有应收票据、预收款项、应交税费和销售费用等项目。本节只直接列示其他相关账户的审计目标和相应的实质性程序。

一、应收票据审计

企业以收取客户商业汇票方式进行赊销时，一般要进行销货、收取票据、计息、贴现、收款等活动，在此过程中要涉及一些凭证和账簿，这些都是应收票据的审计范围。

应收票据的审计目标与应收账款的审计目标比较接近，一般包括：确定资产负债表中记录的应收票据是否存在；确定所有应当记录的应收票据是否均已记录；确定记录的应收票据是否由被审计单位拥有或控制；确定应收票据及其坏账准备增减变动的记录是否完整；确定应收票据是否可收回，坏账准备的计提方法和比例是否恰当，坏账准备计提是否充分；检查应收票据及其坏账准备期末余额是否正确；确定应收票据及其坏账准备是否已按照准则规定在财务报表中做出恰当列报。

应收票据的实质性程序，也与应收账款基本相似，不同之处如下。

（1）应收票据可以监盘。监盘库存票据应注意票据的种类、号数、签收的日期、到期日、票面金额，合同交易号，付款人、承兑人、背书人姓名或单位名称，以及利率、贴现率、收款日期、收回金额等是否与应收票据登记簿的记录相符；关注是否对背书转让的票据负有连带责任；注意是否存在已进行质押的票据和银行退回的票据。

（2）应收票据应复核其贴现息计算是否正确，会计处理是否正确；编制已贴现和已转让但未到期的商业承兑汇票清单，并检查是否存在贴现保证金。

【例 9.4】审计人员 20×6 年 1 月审查某公司应收票据时，发现 20×5 年 12 月 20 日贴现一张票面金额为 40 000 元、利率为 6%、90 天到期的带息应收票据。该公司已持有该票据 60 天，按 8%的贴现率进行贴现，该公司账户已记载所得贴现款为 39 733.33 元，没有银行出具的有关凭证，其账务处理如下。

借：银行存款	39 733.33
财务费用	266.67
贷：应收票据	40 000

请问：该应收票据贴现款的计算是否正确？应如何处理？

分析要点：审计人员对该笔应收票据贴现款进行重新计算。

本金	40 000
利息（40 000×6%×90÷360）	600
到期价值	40 600
减：贴现息（40 600×8%×30÷360）	270.67
贴现额	40 329.33

计算结果显示，该笔应收票据贴现款的计算不正确。由于没有银行的相关凭证，少记的应收票据贴现所得款 596 元（40 329.33–39 733.33）很可能是经手人贪污的利息，应进一步收集证据，确定问题的性质，追究相关人员的责任，同时应提请被审计单位做以下调整。

借：其他应收款——×× 596

贷：以前年度损益调整 596

二、预收款项审计

预收款项是在企业销售交易成立以前，预先收取的部分货款。由于预收款项是随着企业销售交易的发生而发生的，所以注册会计师应结合企业销售交易对预收款项进行审计。

预收款项的审计目标一般包括：确定资产负债表中记录的预收款项是否存在；确定所有应当记录的预收款项是否均已记录，确定记录的预收款项是否是被审计单位应当履行的现时义务；确定预收款项是否以恰当的金额包括在财务报表中，与之相关的计价调整是否已恰当记录；确定预收款项是否已按照企业会计准则的规定在财务报表中做出恰当列报。

预收款项的实质性程序**特别强调**：检查是否存在借方余额，必要时进行重分类调整。

【例 9.5】审计人员在审查某公司预收账款明细账时，将其与销售合同核对，发现"预收账款——D 公司"无销售合同，在摘要中也没发现发货日期和偿还期。审计人员怀疑其为非法收入，调阅记账凭证，其分录如下。

借：银行存款 10 170

贷：预收账款——D 公司 10 170

所附原始凭证为进账单和发票，发票上注明货款 9 000 元，增值税 1 170 元。经查询，该笔收入为盘盈产品的销售收入。

根据以上情况，提出审计建议。

分析要点：审计人员认为，该公司利用预收账款账户截留收入，偷漏税金，要求该公司调整有关记录，调整会计分录如下。

借：预收账款——D 公司 10 170

贷：主营业务收入 9 000

应交税费——应交增值税（销项税额） 1 170

三、应交税费审计

企业在一定时期内取得的营业收入和实现的利润，要按规定向国家缴纳相应的税费。这些应交税费通常按权责发生制原则预提记入有关账户，在尚未缴纳前就形成了负债。

应交税费的审计目标包括：确定资产负债表中记录的应交税费是否存在；确定所有应当记录的应交税费是否均已记录；确定记录的应交税费是否是被审计单位应当履行的偿还义务；

确定应交税费是否以恰当的金额包括在财务报表中，与之相关的计价调整是否已恰当记录；确定应交税费是否已按照企业会计准则的规定在财务报表中做出恰当列报。

应交税费的实质性程序包括：①取得或编制应交税费明细表；②取得被审计单位的纳税鉴定、纳税通知、减免税批准文件等，了解被审计单位适用的税种、附加税费、计税（费）基础、税（费）率，以及征、免、减税（费）的范围与期限；③核对期初未交税金与税务机关受理的纳税申报资料是否一致，检查缓期纳税及延期纳税事项是否经过有权税务机关批准；④检查企业所得税、增值税、消费税、土地增值税、城市维护建设税、车船税和房产税等的计算是否正确，是否按规定进行了会计处理；⑤检查被审计单位获得税费减免或返还时的依据是否充分、合法和有效，会计处理是否正确；⑥抽查应交税费相关的凭证，检查是否有合法依据、会计处理是否正确；⑦检查应交税费的列报是否恰当。

四、销售费用审计

销售费用是指企业在销售商品过程中发生的费用。销售费用的审计目标一般包括：确定利润表中记录的销售费用是否已发生，且与被审计单位有关；确定所有应当记录的销售费用是否均已记录；确定与销售费用有关的金额及其他数据是否已恰当记录；确定销售费用是否已记录于正确的会计期间；确定销售费用是否已记录于恰当的账户；确定销售费用是否已按照企业会计准则的规定在财务报表中做出恰当的列报。

销售费用的实质性程序主要如下。

（1）获取或编制销售费用明细表，复核其加计数是否正确，与相关的资产、负债科目核对，检查其钩稽关系的合理性。

（2）分析销售费用。计算分析各个月份销售费用总额及主要项目金额占主营业务收入的比率，并与上一年度对应比率进行比较，判断变动的合理性；计算分析各个月份销售费用中主要项目发生额及占销售费用总额的比率，并与上一年度对应比率进行比较，判断其变动的合理性。

（3）检查各明细项目是否与被审计单位销售商品和材料、提供劳务以及专设的销售机构发生的各种费用有关，是否合规、合理，计算是否正确。注意需经外汇管理部门审批的费用项目，是否经过批准。

（4）检查销售佣金、广告费、宣传费、业务招待费的支出是否符合规定，审批手续是否健全，是否取得有效的原始凭证；如超过规定，是否按规定进行了纳税调整。

（5）检查销售费用是否已按照企业会计准则在财务报表中做出恰当的列报。

【例9.6】审计人员在对某公司销售费用进行审查时，发现12月的销售费用增幅较大，于是详细审查了该公司12月的销售费用，发现：①该公司12月27日一次性支付以后三个年度的销售机构的房屋租赁费180 000元全部作为当期销售费用处理；②该公司下设的5个销售机构的职工工资、福利费开支120万元，处理如下。

借：销售费用   1 200 000

    贷：银行存款   1 200 000

要求：说明上述事项存在的问题，并提出处理意见。

分析要点：

（1）根据权责发生制原则，一次性支付以后三个年度的销售机构的房屋租赁费不能全部作为当期费用处理，应先计入长期待摊费用，然后再分期结转。

借：长期待摊费用　　　　　　　　　　　　　　　　　　　　　180 000

　　贷：销售费用　　　　　　　　　　　　　　　　　　　　　　　　　　180 000

（2）专设销售机构职工的工资福利费可计入销售费用，但其会计处理应通过"应付职工薪酬"科目核算，审计人员应做出记录，以备以后与应付职工薪酬相关内容进行核对。

本章小测试

一、单项选择题

1．注册会计师对被审计单位实施销货业务截止测试，主要目的是检查（　　）。

A．年底应收账款的真实性　　　　　　　B．是否存在过多的销售折扣

C．销货业务的入账时间是否正确　　　　D．销售退回是否已经核准

2．为证实所有销售业务均已记录，注册会计师应选择的最有效的具体审计程序是（　　）。

A．抽查出库单　　　　　　　　　　　　B．抽查销售明细账

C．抽查应收账款明细账　　　　　　　　D．抽查银行对账单

3．在确定函证对象时，以下项目中，应当进行函证的是（　　）。

A．函证很可能无效的应收款项　　　　　B．交易频繁但期末余额较小的应收款项

C．执行其他审计程序可以确认的应收款项　D．应纳入审计范围内子公司的款项

4．对通过函证程序无法证实的应收账款，注册会计师应当执行的最有效的审计程序是（　　）。

A．重新测试相关的内部控制　　　　　　B．审查与应收账款相关的销货凭证

C．执行分析程序　　　　　　　　　　　D．审查资产负债表日后的收款情况

5．注册会计师在运用销售与收款循环中的各种凭证时应注意，商品价目表对于主营业务收入来说一般只能证明（　　）认定，而不能证明其他认定。

A．发生　　　　　B．准确性　　　　　C．完整性　　　　　D．权利和义务

6．注册会计师审查销售发票时，不需要核对的项目是（　　）。

A．相关的销售单　　B．相关的客户订货单　C．相关的货运文件　D．有关往来函件

7．应收账款函证的时间通常为（　　）。

A．被审计年度期初　　　　　　　　　　B．被审计年度期中

C．与资产负债表接近的时间　　　　　　D．资产负债表日后适当时间

二、多项选择题

1．在证实登记入账的销售是否真实这一目标而进行的实质性程序中，注册会计师一般关心的错误有（　　）。

A．未曾发货却已登记入账　　　　　　　B．销货业务重复入账

C．向虚构的顾客发货并登记入账　　　　D．已经发货但未曾入账

2．注册会计师确定应收账款函证数量的范围时，应考虑的主要因素有（　　）。

A．应收账款在全部资产中的重要性　　　B．被审计单位内部控制的强弱

C．以前年度的函证结果　　　　　　　　D．函证方式的选择

3．注册会计师收回的应收账款询证函有差异，应当查明原因，有可能是登记入账的时间不同而产

生的不符事项，主要有（　　）。

    A．询证函发出时，债务人已经付款，而被审计单位尚未收到货款

    B．询证函发出时，被审计单位的货物已经发出并已做销售记录，但货物仍在途中，债务人尚未收到货物

    C．债务人由于某种原因将货物退回，而被审计单位尚未收到

    D．债务人对收到的货物的数量、质量及价格等方面有异议而全部或部分拒付货款

4．在对坏账损失进行审计时，A注册会计师发现K公司存在以下处理情况，其中正确的有（　　）。

    A．某债务人失踪，在取得相关法律文件予以证实后，确认坏账损失

    B．某债务人被撤销，尽管尚未完成清算，但根据政府相关部门责令关闭的文件等有关资料，确认坏账损失

    C．对某债务人提起诉讼，虽然胜诉但因无法执行被裁定终止执行，确认坏账损失

    D．某债务人已经注销，在取得相关法律文件予以证实后，确认坏账损失

5．以下收入确认规则正确的有（　　）。

    A．长期工程合同收入，如果合同的结果能够可靠估计，通常应当根据完工百分比法确认合同收入。注册会计师应重点检查收入的计算、确认方法是否合乎规定，并核对应计收入与实际收入是否一致，注意查明有无随意确认收入、虚增或虚减本期收入的情况

    B．销售商品房的，通常应在商品房已经移交并将发票结算账单提交对方时确认收入。对此，注册会计师应重点检查已办理的移交手续是否符合规定要求，发票账单是否已交对方。如果被审计单位事先与买方签订了不可撤销合同，按合同要求开发房地产，则通常应按建造合同的处理原则处理

    C．在采用委托其他单位代销方式下，应在代销商品、产品已经销售，并收到代销单位代销清单时确认收入的实现

    D．委托外贸企业代理出口、实行代理制方式的，应在收到外贸企业代办的运单和银行交款凭证时，确认收入的实现

三、判断题（凡正确者在题头括号内打"√"，错误则打"×"）

（　　）1．注册会计师实施主营业务收入截止测试时应当以该年度的销售发票为起点，以检查主营业务收入是否多计。

（　　）2．函证应收账款的目的在于证实应收账款账户余额的真实性、正确性，防止或发现被审计单位及其有关人员在销售交易中发生的错误或舞弊行为。通过函证应收账款，可以比较有效地证明被询证者（即债务人）的存在和被审计单位记录的可靠性。

（　　）3．注册会计师采用积极的函证方式实施函证未能收到回函时，应当考虑与被询证者联系，要求对方做出回应或再次寄发询证函，否则视审计范围受到限制。

（　　）4．戌公司相关会计政策规定，对应收账款余额按照账龄分析法计提坏账准备，其中：账龄在1年以内的按6%计提，1～2年的按20%计提，2～3年的按30%计提，3年以上的按50%计提。戌公司在20×7年度对丁公司销售产品形成应收账款500万元。戌公司认为，鉴于其正在与丁公司讨论债务重组协议，无法准确估计损失金额，决定本期不对该笔债权计提坏账准备。助理人员对此予以确认。

（　　）5．注册会计师在对某年度营业收入实施截止测试时，应当以该年度的销售发票为起点，以检查是否高估营业收入。

（　　）6．注册会计师为了确信全部发运凭证均已归档，可以通过检查发运凭证来查明。

（　　）7．如果函证的应收账款无差异，则表明全部应收账款余额正确。

（　　）8．在对主营业务收入进行截止测试时，若以销售发票的日期为起点，可以按照会计处理的顺序追查账簿记录，从而防止少计收入。

（　　）9．对应收账款进行审计时，注册会计师应提请被审计单位协助，在应收账款明细表上标出至审计时已收回的应收账款金额。

四、问答题

1．销售交易的内部控制包括哪些内容？

2．如何确定应收账款函证的范围和对象？

3．如何选择应收账款的函证方式？应收账款函证与其他函证有何关系？

五、案例分析题

1．华宇公司于20×3年1月31日委托信恒会计师事务所对公司20×2年度的财务报表进行审计。注册会计师杨杰任该项目的负责人，决定对截至20×2年12月31日的应收账款进行函证。复函中有6家顾客提出了以下意见：①本公司会计处理系统无法复核贵公司的对账单；②所欠余额20 000元于20×1年12月25日付讫；③余额大体一致；④经查贵公司12月30日的第585号发票（金额为55 000元）系目的地交货，本公司收货日期为20×3年1月6日，因此询证函所称12月31日欠贵公司账款之事与事实不符；⑤本公司曾于11月预付货款17 500元，足以抵付对账单中所列的款项（发票的金额为15 000元）；⑥所购商品从未收到。

要求： 指出注册会计师针对顾客复函中提出的意见，应当采取何种程序进行处理。

2．注册会计师对D公司应收账款进行审计中获得表9.3所示的信息。

表9.3　D公司的应收账款情况

（单位：元）

单位名称	金额	账龄	备注
甲公司	10 000 000	2～5年	
乙公司	100 000	1年以上	
丙公司	200 000	2年	丙公司因产品质量问题与D公司发生纠纷
丁公司	5 000		丁公司是D公司的关联公司
戊公司	100 000	1年	

要求：

（1）如果应选择3个债务人进行积极式函证，1个进行消极式函证，说明注册会计师应做怎样的选择；

（2）说明在什么情况下，应收账款可以不实施函证程序；对于未函证的应收账款，设计有效的审计程序以验证其真实性；

（3）如果被询证者以传真、电子邮件等方式回函，说明注册会计师应如何控制；

（4）如果两公司回函称："贵公司已开出红字发票200 000元，本公司不欠贵公司任何款项"，说明注册会计师应如何处理。

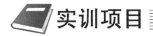 **实训项目**

请扫描二维码，阅读实训资料，根据实训内容和要求，完成实训。

第十章　采购与付款循环审计

【学习目的与要求】

通过本章的学习，应该：①了解采购与付款循环业务流程、活动和涉及的凭证与会计记录；②熟悉采购与付款循环的内部控制；③熟悉与重大错报风险相关的认定所执行的实质性程序，包括采购与付款循环中的实质性分析程序。

【引入案例】

星期五公司的秘密

星期五公司在交易授权上有良好的控制政策和程序，该公司制定了正确的会计政策，要求会计人员在交易实际发生的日期记录交易，在收到货物时根据购货发票验收货物和结转货款，在支出现金时记录现金支出明细账。会计监督人员应该在星期五检查各记录，以确保日期与实际事项一致，会计手册也规定在恰当的会计期间记录购货交易。公司规定在每周星期五下午 3 点结束会计处理，编制每星期的管理报告。公司年度财务报表日是 12 月 31 日，本年度 12 月 31 日是星期一，然而会计人员像往常一样直到星期五（1 月 4 日）才结账。这期间的会计分录都被正确地处理，但是，1 月 4 日的存货盘点表和支出、欠款盘点表注明的日期是上年的 12 月 31 日。因为公司总是在星期五结账，所以没有人注意日期有偏差。该公司 1 月 1 日至 1 月 4 日期间记录了 672 000 元的新购货物和 268 800 元的应付账款，记录偿还前欠应付账款 8 000 元。

问题：

1. 如果你是一名审计人员，你认为可以通过对内部控制进行哪些测试来发现截止错误问题？
2. 审计人员应当进行哪些实质性程序来发现公司的截止错误问题？

第一节　采购与付款循环的内部控制和控制测试

一、涉及的主要凭证与会计记录

采购与付款交易通常要经过请购→订货→验收→付款这样的程序，同销售与收款交易一样，在内部控制比较健全的企业，处理采购与付款交易通常也需要使用很多凭证与会计记录。采购与付款循环所涉及的主要凭证与会计记录有以下 10 种：请购单；订购单；验收单；卖方发票；付款凭单；转账凭证；付款凭证；应付账款明细账；库存现金日记账和银行存款日记账；供应商对账单。

二、涉及的主要业务内部控制及控制测试

在一个企业，可能的话，应将各项职能活动指派给不同的部门或职员来完成。这样，每个部门或职员都可以独立检查其他部门和职员工作的正确性。下面以采购商品为例，分别阐述采购与付款循环所涉及的主要业务活动及其适当的控制程序和相关的认定。

1. 请购商品和劳务

仓库负责对需要购买的已列入存货清单的项目填写请购单，其他部门也可以对所需要购买的未列入存货清单的项目编制请购单。大多数企业对正常经营所需物资的购买均做一般授权，比如，仓库在现有库存达到再订购点时就可直接提出采购申请，其他部门也可为正常的维修工作和类似工作直接申请采购有关物品。但对资本支出和租赁合同，企业则通常要求做特别授权，只允许指定人员提出请购。请购单可由手工或计算机编制。由于企业内不少部门都可以填列请购单，可能不便事先编号，为加强控制，每张请购单必须经过对这类支出预算负责的主管人员签字批准。

请购单是证明有关采购交易的"**发生**"认定的凭据之一，也是采购交易轨迹的起点。

2. 编制订购单

采购部门在收到请购单后，须对经过批准的请购单发出订购单。对每张订购单，采购部门应确定最佳的供应来源。对一些大额、重要的采购项目，应采取竞价方式来确定供应商，以保证供货的质量、及时性和成本的低廉。

订购单应正确填写所需要的商品品名、数量、价格、厂商名称和地址等，预先予以顺序编号并经过被授权的采购人员签名。其正联应送交供应商，副联则送至企业内部的验收部门、应付凭单部门和编制请购单的部门。随后，采购部门应独立检查订购单的处理，以确定是否确实收到商品并正确入账。这项检查与采购交易的"**完整性**"认定有关。

3. 验收商品

有效的订购单代表企业已授权验收部门接受供应商发运来的商品。**验收部门**首先应比较所收商品与订购单上的要求是否相符，如商品的品名、摘要、数量、到货时间等，然后再盘点商品并检查商品有无损坏。

验收后，验收部门应对已收货的每张订购单编制一式多联、预先按顺序编号的验收单，作为验收和检验商品的依据。验收人员将商品送交仓库或其他请购部门时，应取得经过签字的收据，或要求相关人员在验收单的副联上签收，以确立他们对所采购资产应负的保管责任。验收人员还应将其中的一联验收单送交应付凭单部门。

验收单是支持资产或费用以及与采购有关负债的"**存在或发生**"认定的重要凭证。定期独立检查验收单的顺序以确定每笔采购交易都已编制凭单，则与采购交易的"**完整性**"认定有关。

4. 储存已验收的商品

将已验收商品的保管与采购的其他职责相分离，可减少未经授权的采购和盗用商品的风险。存放商品的仓储区应相对独立，限制无关人员接近。这些控制**与商品的"存在"认定有关**。

5. 编制付款凭单

记录采购交易之前，**应付凭单部门**应编制付款凭单。这项功能的控制包括以下几项。

（1）确定供应商发票的内容与相关的验收单、订购单的一致性。

（2）确定供应商发票计算的正确性。

（3）编制预先按顺序编号的付款凭单，并附上支持性凭证（如订购单、验收单和供应商发票等）。这些支持性凭证的种类，因交易对象的不同而不同。

（4）独立检查付款凭单计算的正确性。

（5）在付款凭单上填入应借记的资产或费用账户名称。

（6）由被授权人员在凭单上签字，以示批准照此凭单要求付款。所有未付凭单的副联应保存在未付凭单档案中，以待日后付款。经适当批准和有预先编号的凭单为记录采购交易提供了依据，因此，这些控制与**"存在""发生""完整性""权利和义务"**和**"计价和分摊"**等认定有关。

6. 确认与记录负债

准确、及时地记录已验收货物和已接受劳务的债务，对企业财务报表和实际现金支出具有重大影响。与应付账款确认和记录相关的部门一般有责任核查购置的财产，并在应付凭单登记簿或应付账款明细账中加以记录。在收到供应商发票时，应付账款部门应将发票上所记载的品名、规格、价格、数量、条件及运费与订购单上的有关资料核对，如有可能，还应与验收单上的资料进行比较。

应付账款确认与记录的一项重要控制是要求记录现金支出的人员不得经手现金、有价证券和其他资产。恰当的凭证、记录与记账手续，对业绩的独立考核和应付账款职能而言是必不可少的控制。

在手工系统下，一般将已批准的未付款凭单送达会计部门，据以编制有关记账凭证和登记有关账簿。会计主管应监督为采购交易而编制的记账凭证中账户分类的适当性；通过定期核对编制记账凭证的日期与凭单副联的日期，监督入账的及时性。具有独立检查职责的会计人员则应核对所记录的凭单总数与应付凭单部门送来的每日凭单汇总表是否一致，并定期独立检查应付账款总账余额与应付凭单部门未付款凭单档案中的总金额是否一致。

7. 付款

通常由应付凭单部门负责确定未付凭单在到期日付款。企业有多种款项结算方式，以支票结算方式为例，编制和签署支票的有关控制包括以下几项。

（1）支付凭单部门独立检查已签发支票的总额与所处理的付款凭单总额的一致性。

（2）应由被授权的财务部门人员负责签署支票。

（3）被授权签署支票的人员应确定每张支票都附有一张已经适当批准的未付款凭单，并确定支票收款人姓名和金额与凭单内容一致。

（4）支票一经签署就应在其对应的凭单和支持性凭证上用加盖印章或打洞等方式将其注销，以免重复付款。

（5）支票签署人不应签发无记名甚至空白的支票。

（6）支票应预先按顺序编号，保证支出支票存根的完整性和作废支票处理的恰当性。

（7）应确保只有被授权的人员才能接近未经使用的空白支票。

8. 记录现金、银行存款支出

仍以支票结算方式为例，在手工系统下，**会计部门**应根据已签发的支票编制付款记账凭证，并据以登记银行存款日记账及其他相关账簿。以记录银行存款支出为例，有关控制包括以下几项。

（1）会计主管应独立检查记入银行存款日记账和应付账款明细账的金额的一致性，以及与支票汇总记录的一致性。

（2）通过定期比较银行存款日记账记录的日期与支票副本的日期，会计人员独立检查入账的及时性。

（3）会计人员独立编制银行存款余额调节表。

三、固定资产的内部控制和控制测试

1. 固定资产的内控制度

固定资产与一般的商品在内部控制和控制测试问题上固然有许多相类似的地方，但固定资产是企事业单位非常重要的资产，且具有不少特殊性。为了确保固定资产的真实、完整、安全和有效利用，被审计单位应当建立和健全固定资产的内部控制制度。

（1）**固定资产的预算制度**。通常，大中型企业应编制预测与控制固定资产增减和合理运用资金的年度预算；小规模企业即使没有正规的预算，对固定资产的购建也要事先加以计划。

（2）**授权批准制度**。完善的授权批准制度包括：企业的资本性预算只有经过董事会等高层管理机构批准方可生效，所有固定资产的取得和处置均需经企业管理层书面认可。

（3）**账簿记录制度**。被审计单位应当设置固定资产总账、明细分类账和固定资产登记卡，按固定资产类别、使用部门和每项固定资产进行明细分类核算。固定资产的增减变化均应有充分的原始凭证。

（4）**职责分工制度**。对固定资产的取得、记录、保管、使用、维修、处置等，均应明确划分责任，由专门部门和专人负责。

（5）**资本性支出和收益性支出的区分制度**。企业应制定区分资本性支出和收益性支出的书面标准。通常需要明确资本性支出的范围和最低金额，凡不属于资本性支出的范围、金额低于下限的任何支出，均应列作费用并抵减当期收益。

（6）**固定资产的处置制度**。固定资产的处置，包括投资转出、报废、出售等，均要有一定的申请报批程序。

（7）**固定资产的定期盘点制度**。对固定资产的定期盘点，是验证账面各项固定资产是否真实存在、了解固定资产放置地点和使用状况以及发现是否存在未入账固定资产的必要手段。

（8）**固定资产的维护保养及保险制度**。固定资产应有严密的维护保养制度，以防止其因各种自然和人为的因素而遭受损失，并应建立日常维护和定期检修制度，以延长其使用寿命。

2. 固定资产的内部控制测试

注册会计师应当结合前面固定资产内控制度内容对被审计单位的固定资产实施控制测试，检查相关制度的执行情况，判断其运行的有效性。

第二节 采购与付款循环的实质性程序

一、应付账款审计

应付账款是企业在正常经营过程中，因购买材料、商品和接受劳务供应等经营活动而应支付给供应单位的款项，是随着企业赊购交易的发生而发生的。应付账款的审计应结合赊购交易来进行。

（一）应付账款的审计目标

应付账款一般是资产负债表上金额较大的一项流动负债，也是评价企业短期偿债能力时必须重点考虑的一个因素。同应收账款一样，应付账款容易发生错报，管理当局有时可能为粉饰利润和企业的经营状况而通过高估进货退回和折让等途径有意错报应付账款（低估）。

应付账款的审计目标一般应包括：确定应付账款的发生及偿还记录是否完整；确定期末应付账款是否存在；确定期末应付账款是否为被审计单位应履行的偿还义务；确定应付账款期末余额是否正确；确定应付账款的列报是否恰当。

（二）应付账款的实质性程序

1. 获取或编制应付账款明细表

注册会计师在对应付账款余额进行实质性测试时，通常向被审计单位索取或自行编制应付账款明细表，以确定被审计单位资产负债表上应付账款的数额与明细表是否相符。

应付账款明细表根据应付账款明细账编制，重要的应付项目单独列示，零星的应付项目可以合并列示。在审计时，注册会计师必须复核并将明细表上的数额汇总，并和总分类账相核对，如果不符，应查明原因，并提请被审计单位做出相应的调整。注册会计师还可抽查明细表中的一些项目同应付账款明细账和应付账款总分类账相核对，检查其内容是否一致。

2. 对应付账款执行实质性分析程序

注册会计师应对应付账款实施以下实质性分析程序。

（1）将期末应付账款余额与期初余额进行比较，分析其波动的原因。

（2）分析长期挂账的应付账款，要求被审计单位做出解释，判断被审计单位是否存在缺乏偿债能力或利用应付账款隐瞒利润的情况，并注意其是否可能无须支付；检查被审计单位对确实无须支付的应付账款的会计处理是否正确，依据是否充分。

（3）计算应付账款与存货的比率、应付账款与流动负债的比率，并与以前年度的相关比率进行比较分析，评价应付账款的整体合理性。

（4）分析存货和营业成本等项目的增减变动，判断应付账款增减变动的合理性。

3. 函证应付账款

在一般情况下，注册会计师不需要对应付账款进行函证，有以下两方面的原因：①债权人会主动来函询证；②函证并不能保证查出未入账的应付账款，而且注册会计师能够取得购货发票、运输单等外部凭证来证实应付账款的余额。但是，如果被审计单位内部控制风险较高，某些应付账款账户金额较大或被审计单位处于经济困难状态，则应进行应付账款的函证。

选择应付账款进行函证时，应注意以下账号或供货商。

（1）除了金额较大的账户外，还应包括那些在资产负债表日金额不大甚至为零，但属于企业的重要供货商的账户，因为这些账户较之金额大的账户，更有可能被低估。

（2）上一年度供过货而本年度又没有供货的，以及没有按月寄送对账单的供货商。

（3）存在关联方交易的账户。

4. 查找未入账的应付账款

查找未入账的应付账款是应付账款实质性程序的**重要补充程序**，其目的是防止企业故意漏记，低估应付账款。应付账款不入账，并销毁交易的一切证据，这一行为在实际工作中比较难以审查，注册会计师可以结合存货盘存从以下几个方面考虑。

（1）检查被审计单位在决算日尚未处理的不符合要求的购货发票及有材料入库凭证但未收到购货发票的经济业务，并询问会计人员未入账的原因。

（2）检查购货发票和验收单不符或未列明金额的发票单据，审查决算日的全部待处理凭单，确定是否有漏记的应付账款。

（3）审阅结账日之前签发的验收单，追查至应付账款明细账，检查是否有货物已收，而未入账的应付账款。

（4）检查被审计单位决算日后收到的购货发票，确定这些发票记录的负债是否应记入决算日。

（5）检查被审计单位决算日后应付账款明细账贷方发生额的相应凭证，确定其入账时间是否正确。

（6）抽查未结算货物和劳务采购，检查有无未入账的应付账款。

5. 审查期后付款

注册会计师审查期后付款应在审计外勤工作即将结束时进行，目的是测试期后支付的债务，有无是期末的债务而未记录的。注册会计师可根据报表日后 1～2 周的现金支出日记账和银行存款日记账支付的债务追查至应付账款明细账。

注册会计师可能会发现前期未入账的应付账款、可能存在争议的应付账款或记录有误的应付账款等，还应对后两项进一步进行审查。

6. 检查带有现金折扣的应付账款

检查带有现金折扣的应付账款是否按发票上记载的全部应付金额入账，在实际获得现金折扣时再冲减财务费用。

7. 检查应付账款是否存在借方余额

检查应付账款是否存在借方余额，如有，应查明原因，必要时建议被审计单位做重分类调整。

8. 检查有无同时挂账或属于其他应付的情况

结合其他应付款、预付款项等项目的审计，检查有无同时挂账的项目，或有无属于其他应付款的款项；如有，应做出记录，必要时，建议被审计单位做重分类调整或会计差错更正。

9. 确定应付账款的披露是否恰当

一般来说，"应付账款"项目应根据"应付账款"科目和"预付账款"科目所属明细科目的期末贷方余额的合计数计算填列。如果被审计单位为上市公司，则通常在其财务报表附注中，应说明有无持有 5%及以上表决权股份的股东单位账款；说明账龄超过 3 年的大额应付账款未偿还的原因，并在期后事项中反映资产负债表日后是否偿还等情况。

【例 10.1】审计人员于 20×6 年 3 月 10 日对畅达公司 20×5 年度会计报表的"应付账款"项目进行审计，运用分析性复核计算应付账款对进货总额的比率高达 60%。审计人员通过函证并进一步审查应付账款明细账及有关原始凭证和记账凭证，发现有一笔金额为 1 130 000 元的应付甲公司货款为虚列，经查明为 20×5 年 12 月 5 日收到甲公司的购货款，畅达公司以拆借甲公司款项名义，做了如下会计处理。

    借：银行存款   1 130 000
      贷：应付账款——甲公司   1 130 000

假定企业所得税税率为 25%，请分析畅达公司会计处理存在的主要问题并写出调整分录。

分析要点：根据资料，20×5 年 12 月 5 日收到的款项属于销售款，应确认销售收入，这种情况属于虚列负债、隐瞒收入，被审计单位应做出如下调整分录。

    借：应付账款——甲公司   1 130 000
      贷：主营业务收入   1 000 000
        应交税费——应交增值税（销项税额）   130 000
    借：所得税费用   250 000
      贷：应交税费——应交所得税   250 000

二、固定资产审计

固定资产是指同时具有下列**两个特征**的有形资产。①为生产商品、提供劳务、出租或经营管理而持有。②使用寿命超过一个会计年度。这里的使用寿命是指企业使用固定资产的预计期间，或者该固定资产所能生产产品或提供劳务的数量。

固定资产只有**同时满足**下列**两个条件**才能予以确认：①与该固定资产有关的经济利益很可能流入企业；②该固定资产的成本能够可靠地计量。

固定资产折旧则是指在固定资产的使用寿命内，按照确定的方法对应计折旧额进行系统分摊。

由于固定资产在企业资产总额中一般都占有较大的比例，固定资产的安全、完整对企业的生产经营影响极大，注册会计师应对固定资产的审计给予高度重视。

固定资产审计的范围很广，涉及科目多。①固定资产项目余额由固定资产科目余额扣除累计折旧科目余额和固定资产减值准备科目余额构成。固定资产科目余额反映企业所有固定资产的原价，累计折旧科目余额反映企业固定资产的累计折旧数额，固定资产减值准备科目余额反映企业对固定资产计提的减值准备数额。②固定资产的增加包括购置、自行建造、投资者投入、融资租入、更新改造、以非现金资产抵偿债务方式取得或以应收债权换入、以非货币性资产交换方式换入、经批准无偿调入、接受捐赠和盘盈等多种途径，相应涉及货币资金、应付账款、预付款项、在建工程、股本、资本公积、长期应付款、递延所得税负债等项目。

③企业的固定资产又因出售、报废、投资转出、捐赠转出、抵债转出、以非货币性资产交换方式换出、无偿调出、毁损和盘亏等原因而减少，与固定资产清理、其他应收款、营业外收入和营业外支出等项目有关。④固定资产折旧涉及制造费用、销售费用、管理费用等项目。

（一）固定资产的审计目标

固定资产的审计目标一般包括：确定资产负债表中记录的固定资产是否存在；确定所有应记录的固定资产是否均已记录；确定记录的固定资产是否由被审计单位拥有或控制；确定固定资产是否以恰当的金额包括在财务报表中，与之相关的计价或分摊是否已恰当记录；确定固定资产原价、累计折旧和减值准备是否已按照企业会计准则的规定在财务报表中做出恰当列报。

（二）固定资产账面余额的实质性程序

1．获取或编制固定资产和累计折旧分类汇总表

获取或编制固定资产和累计折旧分类汇总表，检查固定资产的分类是否正确并与总账数和明细账合计数核对是否相符，结合累计折旧、固定资产减值准备科目与报表数核对，检查是否相符。固定资产和累计折旧分类汇总表又称一览表或综合分析表，是审计固定资产和累计折旧的重要工作底稿，其格式如参考格式 10.1 所示。

参考格式 10.1

固定资产和累计折旧分类汇总表

年　　月　　日

被审计单位：＿＿＿＿＿＿　　编制人：＿＿＿＿＿＿　　复核人：＿＿＿＿＿＿　　日期：＿＿＿＿＿＿　　日期：＿＿＿＿＿＿

固定资产类别	固定资产				累计折旧					
	期初余额	本期增加	本期减少	期末余额	折旧方法	折旧率	期初余额	本期增加	本期减少	期末余额
合　计										

固定资产和累计折旧分类汇总表包括固定资产与累计折旧两部分，应按照固定资产类别分别填列。需要解释的是，期初余额栏应分三种情况：①在连续审计情况下，应注意与上期审计工作底稿中的固定资产和累计折旧的期末余额审定数核对是否相符；②在变更会计师事务所时，后任注册会计师应查阅前任注册会计师有关工作底稿；③如果被审计单位以往未经注册会计师审计，即在首次接受审计情况下，注册会计师应对期初余额进行较全面的审计，尤其是当被审计单位的固定资产数量多、价值高、占资产总额比重大时，理想的方法是全面审计被审计单位设立以来"固定资产"和"累计折旧"账户中所有重要的借贷记录。这样，既可核实期初余额的真实性，又可从中加深对被审计单位固定资产管理和会计核算工作的了解。

2. 对固定资产实施实质性分析程序

（1）基于对被审计单位及其环境的了解，通过进行以下比较，并考虑有关数据间关系的影响，建立有关数据的期望值：①分类计算本期计提折旧额与固定资产原值的比率，并与上期比较；②计算固定资产修理及维护费用占固定资产原值的比例，并进行本期各月、本期与以前各期的比较。

（2）确定可接受的差异额。

（3）将实际情况与期望值相比较，识别需要进一步调查的差异。

（4）如果差异额超过可接受的差异额，调查并获取充分的解释和恰当的审计证据，如检查相关的凭证。

（5）评估实质性分析程序的测试结果。

3. 实地检查重要固定资产

注册会计师可实地检查重要固定资产，确定其是否存在，关注是否存在已报废但仍未核销的固定资产。

实施实地检查审计程序时，注册会计师可以以固定资产明细分类账为起点，进行实地追查，以证明会计记录中所列固定资产确实存在，并了解其目前的使用状况；也应考虑以实地检查为起点，追查至固定资产明细分类账，以获取实际存在的固定资产均已入账的证据。

当然，注册会计师实地检查的重点是本期新增加的重要固定资产，有时，检查范围也会扩展到以前期间增加的重要固定资产。检查范围需要依据被审计单位内部控制的强弱、固定资产的重要性和注册会计师的经验来确定。如为首次接受审计，则应适当扩大检查范围。

4. 检查固定资产的所有权或控制权

对各类固定资产，注册会计师应获取、收集不同的证据以确定其是否确归被审计单位所有：对外购的机器设备等固定资产，通常审核采购发票、采购合同等予以确定；对房地产类固定资产，需查阅有关的合同、产权证明、财产税单、抵押借款的还款凭据、保险单等书面文件；对融资租入的固定资产，应验证有关融资租赁合同，证实其并非经营租赁；对汽车等运输设备，应验证有关运营证件等；对受留置权限制的固定资产，通常还应审核被审计单位的有关负债项目等予以证实。

5. 检查本期固定资产的增加

被审计单位如果不正确核算固定资产的增加,将对资产负债表和利润表产生长期的影响。审计固定资产的增加是固定资产实质性程序中的重要内容。审计程序包括：①询问管理层当年固定资产的增加情况，并与获取或编制的固定资产明细表进行核对；②检查本年度增加固定资产的计价是否正确，手续是否齐备，会计处理是否正确；③检查固定资产是否存在弃置费用，如果存在弃置费用，检查弃置费用的估计方法和弃置费用现值的计算是否合理、会计处理是否正确。

6. 检查本期固定资产的减少

固定资产的减少主要包括出售、向其他单位投资转出、向债权人抵债转出、报废、毁损、盘亏等。审计固定资产减少的主要目的在于查明业已减少的固定资产是否已做适当的会计处理。其审计要点如下：①结合固定资产清理科目，抽查固定资产账面转销额是否正确；②检查出售、盘亏、转让、报废或毁损的固定资产是否经授权批准，会计处理是否正确；③检查因修理、更新改造而停止使用的固定资产的会计处理是否正确；④检查投资转出固定资产的会计处理是否正确；⑤检查债务重组或非货币性资产交换转出固定资产的会计处理是否正确；⑥检查其他减少固定资产的会计处理是否正确。

7. 检查固定资产的后续支出

检查固定资产的后续支出，确定与固定资产有关的后续支出是否满足资产确认条件；如不满足，该支出是否在该后续支出发生时计入当期损益。

8. 检查固定资产的租赁

企业在生产经营过程中，有时可能有闲置的固定资产供其他单位租用，有时由于生产经营的需要，又需租用固定资产。注册会计师应根据《企业会计准则第 21 号——租赁》的相关规定，审查被审计单位对租入和租出固定资产核算的合理性。

9. 获取暂时闲置固定资产的相关证明文件

获取暂时闲置固定资产的相关证明文件，并观察其实际状况，检查是否已按规定计提折旧、相关的会计处理是否正确。

10. 获取已提足折旧仍继续使用固定资产的相关证明文件

获取已提足折旧仍继续使用固定资产的相关证明文件，并做相应记录。

11. 获取持有待售固定资产的相关证明文件

获取持有待售固定资产的相关证明文件，并做相应记录，检查对其预计净残值调整是否正确、会计处理是否正确。

12. 检查固定资产保险情况

检查固定资产保险情况，复核保险范围是否足够。

13. 检查有无与关联方的固定资产购售活动

检查有无与关联方的固定资产购售活动，是否经适当授权、交易价格是否公允。对于合并范围内的购售活动，记录应予合并抵销的金额。

14. 关于借款费用

对应计入固定资产的借款费用，应根据企业会计准则的规定，结合长短期借款、应付债券或长期应付款的审计，检查借款费用（借款利息、折溢价摊销、汇兑差额、辅助费用）资本化的计算方法和资本化金额，以及会计处理是否正确。

15. 有关的财务承诺

检查购置固定资产时是否存在与资本性支出有关的财务承诺。

16. 检查固定资产的抵押、担保情况

结合对银行借款等的检查，了解固定资产是否存在重大的抵押、担保情况。如存在，应取证，并做相应的记录，同时提请被审计单位做恰当披露。

17. 固定资产的列报情况

确定固定资产是否已按照企业会计准则的规定在财务报表中做出恰当列报。

（三）固定资产累计折旧的实质性程序

固定资产折旧主要取决于企业根据其固定资产特点制定的折旧政策，在一定程度上具有主观性。在不考虑固定资产减值准备的前提下，影响折旧的因素有折旧的基数（一般指固定资产的账面原价）、固定资产的残余价值和使用寿命三个方面。在考虑固定资产减值准备的前提下，影响折旧的因素则包括折旧的基数、累计折旧、固定资产减值准备、固定资产预计净残值和固定资产尚可使用年限五个方面。固定资产的残余价值、使用寿命和固定资产减值准备均带有人为估计的成分。

累计折旧的实质性程序通常包括以下方面。①获取或编制累计折旧分类汇总表，复核加计是否正确，并与总账数和明细账合计数核对是否相符。②检查被审计单位制定的折旧政策和方法是否符合相关会计准则的规定，确定其所采用的折旧方法能否在固定资产预计使用寿命内合理分摊其成本、前后期是否一致，固定资产预计使用寿命和预计净残值是否合理。③复核本期折旧费用的计提和分配。④将"累计折旧"账户贷方的本期计提折旧额与相应的成本费用中的折旧费用明细账户的借方发生额相比较，以查明所计提折旧金额是否已全部摊入本期产品成本或费用。若存在差异，应追查原因，并考虑是否应建议被审计单位做适当调整。⑤检查累计折旧的减少是否合理、会计处理是否正确。⑥确定累计折旧的披露是否恰当。如果被审计单位是上市公司，通常应在其财务报表附注中按固定资产类别分项列示累计折旧期初余额、本期计提额、本期减少额及期末余额。

（四）固定资产减值准备的实质性程序

固定资产的可收回金额低于其账面价值称为固定资产减值。这里的可收回金额应当根据固定资产的公允价值减去处置费用后的净额与资产预计未来现金流量的现值两者之间的较高者确定。这里的处置费用包括与固定资产处置有关的法律费用、相关税费、搬运费以及为使固定资产达到可销售状态所发生的直接费用等。

企业应当在资产负债表日判断固定资产是否存在可能发生减值的迹象。如果固定资产存在减值迹象，导致其可收回金额低于账面价值，应当将固定资产的账面金额减记至可收回金额，将减记的金额确认为固定资产减值损失，计入当期损益，同时计提相应的减值准备。

固定资产减值准备的实质性程序包括：①获取或编制固定资产减值准备明细表，复核加计是否正确，并与总账数、明细账合计数核对是否相符；②检查被审计单位计提固定资产减值准备的依据是否充分，会计处理是否正确；③获取闲置固定资产的清单，并观察其实际状况，识别是否存在减值迹象；④检查资产组的认定是否恰当，计提固定资产减值准备的依据是否充分，会计处理是否正确；⑤计算本期末固定资产减值准备占期末固定资产原值的比率，并与期初该比率比较，分析固定资产的质量状况；⑥检查被审计单位处置固定资产时原计提的减值准备是否同时结转，会计处理是否正确；⑦检查是否存在转回固定资产减值准备的情况；⑧确定固定资产减值准备的披露是否恰当。

审计理论与实务（第3版）

三、管理费用审计

管理费用的**审计目标**一般包括：确定利润表中记录的管理费用是否已发生，且与被审计单位有关；确定所有应当记录的管理费用是否均已记录；确定与管理费用有关的金额及其他数据是否已恰当记录；确定管理费用是否已记录于正确的会计期间；确定管理费用是否已记录于恰当的账户；确定管理费用是否已按照企业会计准则的规定在财务报表中做出恰当的列报。

管理费用审计的**实质性程序**如下。

（1）取得或编制管理费用明细表，复核加计是否正确，与报表数、总账数及明细账数合计数核对是否相符。

（2）检查管理费用的明细项目的设置是否符合规定的核算内容与范围，结合成本费用的审计，检查是否存在费用分类错误，若有，应提请被审计单位调整。

（3）对管理费用进行分析：①计算分析管理费用中各项目发生额及占费用总额的比率，将本期、上期管理费用各主要明细项目做比较分析，判断其变动的合理性；②将管理费用实际金额与预算金额进行比较；③比较本期各月份管理费用，对有重大波动和异常情况的项目应查明原因，检查费用的开支是否符合有关规定、计算是否正确、原始凭证是否合法、会计处理是否正确，必要时提请被审计单位做适当处理。

（4）将管理费用中的职工薪酬、无形资产摊销、长期待摊费用摊销额等项目与各有关账户进行核对，分析其钩稽关系的合理性，并做出相应记录。

（5）选择管理费用中的重要明细项目进行重点检查，并注意：公司经费是否系经营管理中发生或应由公司统一负担，检查相关费用报销内部管理办法，是否有合法原始凭证支持；对于董事会费，检查相关董事会及股东会决议，是否在合规范围内开支费用；检查业务招待费的支出是否合理；检查差旅费支出是否符合企业开支标准及报销手续；对于中介机构费、咨询费（含顾问费），检查是否按合同规定支付费用、有无涉及诉讼及赔偿款项支出，并关注是否存在或有损失；检查诉讼费用，并结合或有事项审计，检查涉及的相关重大诉讼事项是否已在附注中进行披露，还需进一步关注诉讼状态，判断有无或有负债，或是否存在损失已发生而未入账的事项；检查无形资产的摊销额和筹建期间内发生的开办费核算是否符合规定，筹建期间发生的开办费是否直接计入管理费用；检查支付外资机构的特许权使用费是否超过规定限额，必要时应建议被审计单位做纳税调整；检查上交母公司或其他关联方的管理费用是否有合法的单据及证明文件；对为被审计单位行政管理部门等发生的大额固定资产修理费，关注其原因；检查库存现金、存货等流动资产盘盈盘亏处理是否符合规定；针对特殊行业，检查排污费等环保费用是否合理计提；检查大额支出、不均匀支出和有疑问支出的内容和审批手续、权限是否符合有关规定；对管理费用的支出内容，关注不正常开支。

（6）抽取资产负债表日前后若干天的一定数量的凭证，实施截止测试，对于重大跨期项目，应提请被审计单位做必要调整。

（7）检查管理费用是否已按照企业会计准则的规定在财务报表中做出恰当的列报。

【例 10.2】审计人员对某企业 20×6 年 6 月 "管理费用" 明细账进行审查时，发现账面包括下列内容。

（1）支付驾驶员违章罚款 50 元。

（2）支付未按期交纳税款的滞纳金 450 元。

（3）房屋进行大修理，领用水泥 1 000 元。

（4）支付推销产品广告费 12 000 元。

（5）提取本月应计流动资金借款利息 36 000 元。

（6）由于非常损失毁损材料 10 000 元。

要求：①指出上述各项目存在的问题，说明按规定应如何列支；②计算多计的管理费用；③计算上述事项对利润总额的影响。

分析要点：

（1）各项目按规定处理如下：①驾驶员违章罚款应由个人负担；②未按期交纳税款的滞纳金应由税后利润列支；③房屋大修理领用水泥应计入在建工程；④支付推销产品广告费应计入销售费用；⑤提取本月应计流动资金借款利息应计入财务费用；⑥非常损失毁损材料应计入营业外支出。

（2）多计的管理费用为 50＋450＋1 000＋12 000＋36 000＋10 000＝59 500（元）。

（3）将使利润总额少计 50＋450＋1 000＝1 500（元）。

本章小测试

一、单项选择题

1. 下列审计程序中，不属于注册会计师对固定资产实施控制测试的是（　　）。

A．检查资本性支出的书面文件

B．检查固定资产有关所有权的证明文件

C．检查固定资产的取得和处置是否依据预算处理

D．检查被审计单位固定资产授权审批制度本身是否完善

2. 在验证应付账款余额不存在漏报时，获取的审计证据中，证明力最强的是（　　）。

A．供应商开具的销售发票　　　　　　　B．供应商提供的月末对账单

C．被审计单位编制的连续编号的销售单　　D．被审计单位编制的连续编号的验收报告

3. 注册会计师可以根据以下情况中的（　　）初步判断固定资产折旧计提不足。

A．提取折旧的固定资产账面价值很大　　B．累计折旧与固定资产原值比率较大

C．经常发生大额的固定资产清理损失　　D．固定资产的投保价值大大超过账面价值

4. 应付账款函证最适当的方式是（　　）。

A．积极式函证　　　　　　　　　　　　B．消极式函证

C．其他函证方式　　　　　　　　　　　D．积极式和消极式结合

5. 在查找已提前报废但尚未做出会计处理的固定资产时，以下审计程序中，C 注册会计师最有可能实施的是（　　）。

A．以检查固定资产实物为起点，检查固定资产的明细账和投保情况

B．以检查固定资产明细账为起点，检查固定资产实物和投保情况

C．以分析折旧费用为起点，检查固定资产实物

D．以检查固定资产实物为起点，分析固定资产维修和保养费用

6. 在对固定资产和累计折旧进行审计时，A 注册会计师注意到：L 公司于 20×1 年 12 月 31 日增

加投资者投入的一条生产线，其折旧年限为 10 年，残值率为 0，采用直线法计提折旧，该生产线账面原值为 1 500 万元，累计折旧为 900 万元，评估增值为 200 万元，协议价格与评估价值一致；20×2 年 6 月 30 日 L 公司对该生产线进行更新改造，20×2 年 12 月 31 日该生产线更新改造完成，发生的更新改造支出为 1 000 万元，该次更新改造提高了使用性能，但并未延长其使用寿命；截至 20×2 年 12 月 31 日，上述生产线账面原值和累计折旧分别为 2 700 万元和 1 100 万元。在对固定资产和累计折旧进行审计后，A 注册会计师应提出的审计调整建议是（　　　　）。

    A．固定资产原值调减 200 万元，累计折旧调减 1 100 万元

    B．固定资产原值调减 200 万元，累计折旧调减 100 万元

    C．固定资产原值调减 1 000 万元，累计折旧调减 1 100 万元

    D．固定资产原值调减 1 000 万元，累计折旧调减 100 万元

二、多项选择题

1．下列岗位中，属于采购与付款业务不相容岗位的有（　　　　）。

    A．采购合同的订立与审批　　　　　　　　B．询价与确定供应商

    C．付款审批与付款执行　　　　　　　　　D．采购、验收与相关会计记录

2．下列审计程序中，属于固定资产减少审计程序的有（　　　　）。

    A．结合固定资产清理科目，抽查固定资产账面转销额是否正确

    B．检查出售、盘亏、转让、报废或毁损的固定资产是否经授权批准，会计处理是否正确

    C．检查因修理、更新改造而停止使用的固定资产的会计处理是否正确

    D．检查债务重组、非货币性资产交换等转出固定资产的会计处理是否正确

3．应付账款一般不需要函证，但出现下列（　　　　）等情况时，注册会计师应实施函证程序。

    A．应付账款存在借方余额　　　　　　　　B．控制风险较高

    C．某应付账款的明细账户金额较大　　　　D．被审计单位处于经济困难阶段

4．验收单是与采购有关负债的（　　　　）认定的重要凭证。

    A．存在　　　　　　　B．估价　　　　　　　C．权利和义务　　　　D．完整性

三、判断题（凡正确者在题头括号内打"√"，错误则打"×"）

（　　　　）1．注册会计师在审计应付账款时，应核实企业所有在资产负债表日以前收到的购货发票均已计入当年应付账款。

（　　　　）2．如果被审计单位固定资产增减均能处于经批准的预算控制之下，注册会计师即可适当减少对固定资产增加、减少审计的实质性程序的样本。

（　　　　）3．注册会计师在检查未入账应付账款的审计程序中，最有效的是函证应付账款。

（　　　　）4．资产负债表中的固定资产项目按照"固定资产"账户期末余额扣除"累计折旧"账户期末余额后的金额填列，注册会计师应认可这种做法。

（　　　　）5．如果应付账款带有现金折扣，而 Y 公司按照发票上记载的全部应付金额入账，待实际获得现金折扣时再冲减财务费用，注册会计师应当予以认可。

（　　　　）6．如果发现因重复付款、付款后退货、预付货款等原因导致某些应付账款账户出现较大借方余额，L 注册会计师除了在审计工作底稿中编制建议调整的调整分录和重分类分录之外，还应建议 Y 公司将这些借方余额在资产负债表中列示为资产。

（　　）7．L 注册会计师在审查应付账款账户在资产负债表中披露的恰当性时，应核实资产负债表中"应付账款"项目是否根据"应付账款"和"预付账款"明细账的期末贷方余额的合计数填列。

（　　）8．注册会计师在对固定资产进行实质性测试时，常常将固定资产的分类汇总表与累计折旧的分类汇总表合并编制。

（　　）9．应付账款通常不需函证，若函证，最好采用消极式函证。

四、问答题

1．注册会计师甲和乙在审计 D 公司年度财务报表时，注意到与采购和付款循环相关的内部控制存在缺陷。他们认为 D 公司管理当局在资产负债表日故意推迟记录发生的应付账款，于是决定实施审计程序进一步查找未入账的应付账款。请问注册会计师甲和乙应如何查找未入账的应付账款？

2．固定资产的内控制度包括哪些内容？

3．指出下列各项固定资产实质性程序所涉及的管理当局认定：①检查当年固定资产增加的有关文件；②实地观察固定资产，查明其所有权的归属；③查明固定资产有无抵押、担保等；④审查固定资产提取折旧的方法是否适当。

五、案例分析题

1．注册会计师张平在审计 A 公司 20×9 年度财务报表时，对 A 公司采购和付款循环内控制度及销售和收款循环内控制度进行了控制测试，测试结果为：销售和收款循环控制风险评价为低水平，采购和付款循环控制风险评价为高水平。A 公司总资产 3 000 万元中，应收账款项目列示为 1 000 万元，应付账款项目列示为 610 万元。

要求：分析注册会计师张平是否需要对应收账款、应付账款进行函证，试比较应收账款和应付账款函证审计程序的异同。

2．注册会计师审计时发现企业于本年度以更新设备的名义淘汰了 6 台正常运转的机器设备，设备原值 100 万元，已提折旧 50 万元，企业做的会计处理为：

借：固定资产清理　　　　　　　　　　　　　　　　　　　　　　　500 000
　　累计折旧　　　　　　　　　　　　　　　　　　　　　　　　　500 000
　　　贷：固定资产　　　　　　　　　　　　　　　　　　　　　　　　　1 000 000
借：营业外支出　　　　　　　　　　　　　　　　　　　　　　　　500 000
　　　贷：固定资产清理　　　　　　　　　　　　　　　　　　　　　　　　500 000

注册会计师进一步审核得知，设备未到使用年限，有关账簿记录中没有清理费用、变价收入或残料价格，经调查，此 6 台设备为假报废，仍在车间内运转。

要求：指出企业舞弊的动机，做出调整分录。

 实训项目

请扫描二维码，阅读实训资料，根据实训内容和要求，完成实训。

第十一章　存货与仓储循环审计

【学习目的与要求】

通过本章的学习，应该：①了解存货与仓储循环业务流程、活动和涉及的凭证与会计记录；②熟悉存货与仓储循环的内部控制要点及控制测试，并能设计实质性分析程序、执行细节测试；③掌握存货、应付职工薪酬和生产成本审计。

【引入案例】

东方金钰财务造假案

2020 年 9 月 9 日，中国证监会行政处罚决定书〔2020〕62 号显示，2016 年至 2018 年上半年，东方金钰股份有限公司为完成营业收入、利润总额等业绩指标，伪造翡翠原石采购、销售合同，控制 19 个银行账户伪造采购、销售资金往来，累计虚增营业成本 1.98 亿元、利润 3.59 亿元。

问题： 东方金钰是如何造假的？营业成本和存货有什么关系？注册会计师应当如何制订存货监盘计划和实施监盘程序？

存货与仓储循环同其他业务循环的联系非常密切。原材料经过采购与付款循环进入存货与仓储循环，随着产成品或商品的销售而进入销售与收款循环。存货与仓储循环涉及的内容主要是存货的管理及生产成本的计算等。各循环间关系如图 11.1 所示。

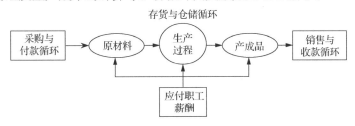

图 11.1　各循环间关系

第一节　存货与仓储循环审计概述

一、涉及的主要凭证和会计记录

存货与仓储循环由将原材料转化为产成品的有关活动组成。该循环包括制订生产计划，控制、保持存货水平以及与制造过程有关的交易和事项，涉及领料、生产加工、仓储、出库等主要环节。存货与仓储循环所涉及的凭证和会计记录主要包括：生产指令（生产任务通知单）；领发料凭证；产量和工时记录；工薪汇总表及工薪费用分配表；材料费用分配表；制造费用分配汇总表；成本计算单；存货明细账。

二、涉及的主要业务内部控制及控制测试

1. 存货与仓储循环的内部控制

产品的品种和数量一般由生产部门根据顾客订单、销货合同、市场预测等来确定，生产部门负责下达生产计划和通知单，及时编制生产报告，通知仓库保管部门、会计部门及时进行会计记录，保证财产物资的安全。

与存货相关的内部控制涉及被审计单位供、产、销各个环节，包括采购、验收、仓储、领用、加工（生产）、装运出库等方面，还包括存货的盘存制度。

（1）**采购**。与采购相关的内部控制的总体目标是所有交易都已获得适当的授权与批准。使用购货订单是一项基本的内部控制措施。购货订单应当预先连续编号，并定期清点。

（2）**验收**。与存货验收相关的内部控制的总体目标是所有收到的货物都已得到记录。使用验收报告单是一项基本的内部控制措施。被审计单位应当设置独立的部门负责验收货物，该部门具有验收存货实物、确定存货数量、编制验收报告、将验收报告传送至会计核算部门以及运送货物至仓库等一系列职能。

（3）**仓储**。与仓储相关的内部控制的总体目标是确保与存货实物的接触必须得到管理层的指示和批准。被审计单位应当采取实物控制措施，使用适当的存储设施，以使存货免受意外损毁、盗窃或破坏。

（4）**领用**。与领用相关的内部控制的总体目标是所有存货的领用均得到批准和记录。使用存货领用单是一项基本的内部控制措施。对存货领用单应当定期进行清点。

（5）**加工（生产）**。与加工（生产）相关的内部控制的总体目标是对所有的生产过程做出适当的记录。使用生产报告是一项基本的内部控制措施。在生产报告中，应当对产品质量缺陷和零部件使用及报废情况及时做出说明。

（6）**装运出库**。与装运出库相关的内部控制的总体目标是所有的装运都得到了记录。使用发运凭证是一项基本的内部控制措施。发运凭证应当预先编号，定期进行清点，并作为日后开具收款账单的依据。

（7）**存货的盘存制度**。存货的盘存制度一般分为实地盘存制和永续盘存制。永续盘存制可以提高存货管理水平，但并不意味着无须进行实地盘点，被审计单位每年至少应对存货进行一次全面实地盘点。与存货实地盘点相关的内部控制通常包括：制订合理的存货盘点计划、确定合理的存货盘点程序、配备相应的监督人员、对存货进行独立的内部验证、将盘点结果与永续存货记录进行独立的调节、对盘点表和盘点标签进行充分控制。

2. 存货与仓储循环的控制测试

存货与仓储循环的控制测试是指在了解与描述内部控制的基础上，对其在实际业务中的执行与实施情况和过程进行检查和观察，以确定制定的内部控制与实际执行是否相符。进行控制测试的程序主要如下。

（1）检查存货的领用是否有授权批准手续，是否严格按照授权批准手续发货；检查存货入库是否有严格的验收手续，是否就名称、规格、型号、数量和价格与合同、原始单证进行核对；检查存货的发出是否按规定办理，有无不按规定发出存货的情况。

（2）询问和观察存货的盘点过程。

（3）询问和观察存货的保管程序，观察是否只有经过授权批准人员才能接近原材料和产成品等存货。

（4）抽查记账凭证所附的原始凭证是否齐备，是否按顺序编号。

（5）检查已经发生的存货购进、领用、发出的业务是否全部入账，有无没有入账的原始凭证。

（6）检查员工人事档案、工时卡是否由经授权的有关人员进行管理；员工人事档案、工时卡是否及时准确记录有关工资、薪金或佣金、代扣款项等内容。

（7）检查记录的工薪是否为实际发生的。

（8）检查当期实际已发生的工薪支出是否全部计入成本；工资分配表、工资汇总表是否完整反映实际已发生的工薪支出。

（9）选取样本测试工资费用的归集和分配是否按规定流程执行。

（10）询问和观察人事、考勤、工薪发放、记录等职务是否分离，及各项职责的执行情况。

第二节　存货审计

一、存货的审计目标

存货的审计目标主要包括：①确定期末存货是否实际存在，并为被审计单位所拥有；②确定存货的计价方法是否恰当，增减变动记录是否完整；③了解期末存货的品质状况，确定存货跌价准备的计提是否合理；④确定存货在财务报表中的披露是否充分恰当。

二、存货的实质性程序

1. 获取或编制主要原材料增减变动明细表，并进行必要的复核

主要原材料增减变动明细表见表11.1。首先，复核表中的计算是否正确；其次，抽取一些主要原材料的数据，与其相关明细账数核对是否相符；最后，核对表中的合计数与原材料总账的数据是否相符。

2. 对本期主要原材料执行分析程序，验证其总体合理性

除非产量有较大变动或发生产品转向，一般情况下，一个会计年度内的各期主要原材料的数量和总成本，本期增加与减少应当接近，期初与期末结存也应当接近。为确定所需抽查的重点原材料，审计人员应执行以下分析程序：①将表11.1中主要原材料期初与期末、本期增加与减少进行比较分析，对主要原材料的异常波动都要询问原因并做进一步的追查；②将本期主要原材料耗用数量与主要产品产量进行比较分析；③比较主要原材料各月购进与耗用数量等。

表 11.1　主要原材料增减变动明细表　　　　　　　　　　　　　　（货币单位：　）

材料名称	期初数			本期增加		本期减少		期末数		
	数量	单位成本	总成本	数量	总成本	数量	总成本	数量	单位成本	总成本
A										
……										
Y										
合计										
本年计划										
上年实际										

审计标识与说明

3．检查重点原材料明细账并追查相关业务，验证其真实性和账务处理的正确性

审阅重点原材料明细账，初步确定该原材料本期发生额是否合理；抽查金额较大或异常业务的会计凭证，验证该原材料本期收入或发出业务是否真实、正确，相关账务处理是否恰当、正确。

4．进行存货截止测试，验证期末存货截止的正确性

所谓**存货截止测试**，就是检查截至 12 月 31 日，所购入并已包括在 12 月 31 日存货盘点范围内的存货。存货截止确认正确的关键在于存货实物纳入盘点范围的时间与存货引起的借贷双方会计科目的入账时间都处于同一会计期间。如果当年 12 月 31 日购入货物，并已包括在当年 12 月 31 日的实物盘点范围内，而购货发票在次年 1 月 2 日才收到，并已记入次年 1 月账内，当年 12 月账上并无进货和对应的负债记录，这就少计了存货和应付账款；相反，如果在当年 12 月 31 日就收到一张购货发票，并记入当年 12 月账内，而这张发票所对应的存货实物却在次年 1 月 2 日才收到，未包括在当年底的盘点范围内，这可能虚减本年利润。

按照存货截止确认的基本要求，若未将年终在途货物列入当年存货盘点范围内，只要相应的负债亦同时记入次年账内，对财务报表的影响就不重要。

存货截止审计的方法是抽查存货盘点日期前后的购货发票与验收报告（或入库单）。如果 12 月底入账的发票附有 12 月 31 日或之前的验收报告（或入库单），则表明货物已经入库，并包括在本年的实地盘点存货范围内；如果验收报告日期为次年 1 月，则货物不会被列入年底实地盘点存货范围内；如果仅有验收报告（或入库单）而并无购货发票，则应认真审核每一验收报告单上面是否加盖"暂估入库"章。

【例 11.1】某企业 20×6 年 12 月 31 日在产品账面盘存数 5 万只，20×7 年 1 月 20 日进行审计，发现该企业 20×6 年 1～11 月各月末在产品数量在 2 万至 2.8 万只，这一情况引起注册会计师李某的怀疑。经清点得知，20×7 年 1 月 20 日在产品实际数量为 2.2 万只，20×7 年 1 月 1 日至 20 日投料生产数量为 12.8 万只，完工入库成品为 13 万只，产品单位成本为 12 元。

要求：指出注册会计师李某在审计中发现的问题。

分析：（1）用调节法计算截至 20×6 年 12 月 31 日的在产品实存数。

$$A=2.2-12.8+13=2.4（万只）$$

（**注意**：一般假设入库、出库的数量是正确的。）

（2）企业 12 月 31 日账存数大于实存数 2.6（5-2.4）万只，即在产品虚增 2.6 万只，则产成品虚减 2.6×12=31.2（万元）。

（3）在产成品全部销售出去的情况下，会导致产成品成本虚减，利润总额虚增。

（4）也不排除盘点错误或监守自盗造成账实不符。

5. 实施监盘程序，查明期末存货是否真实存在

存货监盘是存货审计的一项核心和必经程序，通常可实现多项审计目标，比如存货的存在认定、完整性认定以及权利和义务的认定。但在测试存货的所有权认定和完整性认定时，可能还需要实施其他审计程序。

注册会计师监盘存货的目的在于获取有关存货数量和状况的审计证据，以确证被审计单位记录的所有存货确实存在，已经反映了被审计单位拥有的全部存货，所记录的存货是属于被审计单位的合法财产。

6. 审查主要存货跌价准备的计提，验证其合理性与正确性

首先，审查被审计单位存货跌价准备计提政策是否合规合理。被审计单位应当在期末对存货进行全面清查，对由于毁损、全部或部分陈旧过时或销售价格低于成本等原因，使存货成本高于可变现净值的，则应按可变现净值低于存货成本部分计提存货跌价准备。存货跌价准备应按单个存货项目的成本与可变现净值计量，但对于数量繁多、单价较低的存货，可以按存货类别计量成本与可变现净值。其次，分析被审计单位存货跌价准备计提范围是否合理。查明有无应计提存货跌价准备的存货项目未计提，以虚增当期利润的情况；或不应计提的存货项目反而计提，以虚减当期利润、形成秘密准备的情况。最后，抽查相关会计凭证，验证当期存货跌价准备计提方法是否保持了前后一致、计提金额的计算是否正确、相关账务处理是否恰当。

7. 审查存货在财务报表中的披露，验证其恰当性和充分性

就工业企业来说，"原材料""材料采购""材料成本差异""库存商品"等账户的期末余额合并填列在资产负债表中的"存货"项目中。因此，审计人员应当对资产负债表中的"存货"项目数额的正确性进行审计。

三、存货监盘

存货监盘是指注册会计师现场观察被审计单位存货的盘点，并对已盘点的存货进行适当检查。可见，存货监盘有两层含义：一是注册会计师应亲临现场观察被审计单位存货的盘点；二是在此基础上，注册会计师应根据需要抽查已盘点的存货。

（一）存货监盘计划

1. 制订存货监盘计划的基本要求

注册会计师应当根据存货的特点、盘存制度和存货内部控制的有效性等情况，在评价被审计单位存货盘点计划的基础上，编制周密、细致的监盘计划，对存货监盘做出合理安排。

存货监盘程序主要包括控制测试与实质性程序两种方式。注册会计师需要确定存货监盘程序以控制测试为主还是实质性程序为主，哪种方式更加有效。如果只有少数项目构成了存货的主要部分，注册会计师采用以实质性程序为主的审计方式获取与存在认定相关的证据更为有效。对于单位价值较高的存货项目，应实施 100%的实质性程序；而对于其他存货，则可视情况进行抽查。如果注册会计师采用以控制测试为主的审计方式，并准备信赖被审计单位存货盘点的控制措施与程序，那么，绝大部分的审计程序将限于询问、观察以及抽查。

2. 制订存货监盘计划应实施的工作

在编制存货监盘计划时，注册会计师应当实施下列审计程序：①了解存货的内容、性质、各存货项目的重要程度及存放场所；②了解与存货相关的内部控制；③评估与存货相关的重大错报风险和重要性；④查阅以前年度的存货监盘工作底稿；⑤考虑实地察看存货的存放场所，特别是金额较大或性质特殊的存货；⑥考虑是否需要利用专家的工作或其他注册会计师的工作；⑦复核或与管理层讨论其存货盘点计划。

3. 查阅以前年度的存货监盘工作底稿

注册会计师可以通过查阅以前年度的存货监盘工作底稿，了解被审计单位的存货情况、存货盘点程序以及其他在以前年度审计中遇到的重大问题。在查阅以前年度的存货监盘工作底稿时，注册会计师应充分关注存货盘点的时间安排、周转缓慢的存货的识别、存货的截止确认、盘点小组人员的确定以及存货多处存放的地点等内容。

4. 考虑实地察看存货的存放场所

注册会计师应当考虑实地察看被审计单位的存货存放场所，特别是金额较大或性质特殊的存货，以便熟悉在库存货及其组织管理方式和发现潜在问题，如存在难以盘点的存货、周转缓慢的存货、过时存货、残次品以及代销存货。

5. 复核或与管理层讨论其存货盘点计划

在复核或与管理层讨论其存货盘点计划时，为评价其能否合理地确定存货的数量和状况，注册会计师**应当考虑下列主要因素**：①盘点的时间安排；②存货盘点范围和场所的确定；③盘点人员的分工及胜任能力；④盘点前的会议及任务布置；⑤存货的整理和排列；⑥对毁损、陈旧、过时、残次及所有权不属于被审计单位的存货的区分；⑦存货的计量工具和计量方法，在产品完工程度的确定方法；⑧存放在外单位的存货的盘点安排；⑨存货收发截止的控制，盘点期间存货移动的控制，盘点表单的设计、使用与控制；⑩盘点结果的汇总以及盘盈或盘亏的分析、调查与处理。

（二）存货监盘程序

存货监盘需要执行的主要程序包括以下两个。

1. 观察程序

在被审计单位盘点存货前，注册会计师应当观察盘点现场，确定应纳入盘点范围的存货是否已经适当整理和排列，并附有盘点标识，防止遗漏或重复。对未纳入盘点范围的存货，注册会计师应当查明未纳入的原因。

对所有权不属于被审计单位的存货，注册会计师应当取得与其规格、数量等有关的资料，确定是否已分别存放、标明，且未被纳入盘点范围。

注册会计师在实施存货监盘过程中，应当跟随被审计单位安排的存货盘点人员，注意观察被审计单位预先制订的存货盘点计划是否得到了贯彻执行、盘点人员是否准确无误地记录了被盘点存货的数量和状况。

2. 检查程序

注册会计师应当对已盘点的存货进行适当检查，将检查结果与被审计单位盘点记录相核对，并形成相应记录。<u>检查的目的既可以是确证被审计单位的盘点计划得到适当的执行（控制测试），也可以是证实被审计单位的存货实物总额（实质性程序）</u>。如果观察程序能够表明被审计单位的组织管理得当，盘点、监督以及复核程序充分有效，注册会计师可据此减少所需检查的存货项目。

检查的范围通常包括每个盘点小组盘点的存货以及难以盘点或隐蔽性较强的存货。需要说明的是，注册会计师应尽可能避免让被审计单位事先了解将抽取检查的存货项目。

在检查已盘点的存货时，注册会计师应当从存货盘点记录中选取项目追查至存货实物，以测试盘点记录的准确性；注册会计师还应当从存货实物中选取项目追查至存货盘点记录，以测试存货盘点记录的完整性。

注册会计师在实施检查程序时**发现差异**，很可能表明被审计单位的存货盘点在准确性或完整性方面存在错误。由于检查的内容通常仅仅是已盘点存货中的一部分，所以在检查中发现的错误很可能意味着被审计单位的存货盘点还存在着其他错误。<u>一方面，注册会计师应当查明原因，并及时提请被审计单位更正；另一方面，注册会计师应当考虑错误的潜在范围和重大程度，在可能的情况下，扩大检查范围以减少错误的发生。注册会计师还可要求被审计单位重新盘点，重新盘点的范围可限于某一特殊领域的存货或特定盘点小组</u>。

（三）存货监盘结束时的工作

在被审计单位存货盘点结束前，注册会计师应当进行以下工作。①再次观察盘点现场，以确定所有应纳入盘点范围的存货是否均已盘点。②取得并检查已填用、作废及未使用盘点表单的号码记录，确定其是否连续编号，查明已发放的表单是否均已收回，并与存货盘点的汇总记录进行核对。注册会计师应当根据自己在存货监盘过程中获取的信息对被审计单位最终的存货盘点结果汇总记录进行复核，并评估其是否正确地反映了实际盘点结果。

如果存货盘点日不是资产负债表日，注册会计师应当实施适当的审计程序，确定盘点日与资产负债表日之间存货的变动是否已做正确的记录。在很多情况下，存货盘点并不是在资产负债表日进行的，而有可能是在资产负债表日之后或之前甚至是在不同日期进行的（如循环盘点的情况）。注册会计师应当根据不同情况的特点实施程度不同的审计程序，以便确定被审计单位对于盘点日与资产负债表日之间的存货变动情况是否已做出了正确的记录。

如果被审计单位采用永续盘存制核算存货，注册会计师应当关注永续盘存制下的期末存货记录与存货盘点结果之间是否一致。如果这两者之间出现重大差异，注册会计师应当实施追加的审计程序以查明原因，并检查永续盘存记录是否已做出了适当调整。如果认为被审计单位的盘点方式及其结果无效，注册会计师应当提请被审计单位重新盘点。

四、库存商品的实质性程序

库存商品的实质性程序主要如下。

（1）获取或编制库存商品明细表，复核加计是否正确，并与总账数、明细账合计数核对，检查是否相符；同时抽查明细账与仓库台账、卡片记录，检查是否相符。

（2）必要时，实施实质性分析程序。

（3）执行存货监盘程序。选取代表性样本，抽查库存商品明细账的数量与盘点记录的库存商品数量是否一致，以确定库存商品明细账的数量的准确性和完整性。

（4）库存商品计价测试。**计价测试**的方法包括：①检查库存商品的计价方法是否前后期一致；②检查库存商品的入账基础和计价方法是否正确；③检查外购库存商品的发出计价是否正确；④结合库存商品的盘点，检查期末有无库存商品已到而相关单据未到的情况，如有，应查明是否暂估入账，其暂估价是否合理。

（5）对于通过非货币性资产交换、债务重组、企业合并以及接受捐赠取得的库存商品，检查其入账的有关依据是否真实、完备，入账价值和会计处理是否符合相关规定。

（6）检查投资者投入的库存商品是否按照投资合同或协议约定的价值入账，并同时检查约定的价值是否公允，交接手续是否齐全。

（7）检查与关联方的商品购销交易是否正常，关注交易价格、交易金额的真实性与合理性，对合并范围内购货记录应予合并抵销的数据是否抵销。

（8）审阅库存商品明细账，检查有无长期挂账的库存商品，如有，应查明原因，必要时提出适当处理建议。

（9）**截止测试**，主要包括以下内容。①库存商品**入库的截止测试**。**方法一**，在库存商品明细账的借方发生额中选取资产负债表日前后若干天的凭证，并与入库记录（如入库单、购货发票或运输单据）核对，以确定库存商品入库是否被记录在正确的会计期间；**方法二**，在入库记录（如入库单、购货发票或运输单据）中选取资产负债表日前后若干天的凭证，与库存商品明细账的借方发生额进行核对，以确定库存商品入库是否被记录在正确的会计期间。②库存商品**出库截止测试**。**方法一**，在库存商品明细账的贷方发生额中选取资产负债表日前后若干天的凭证，并与出库记录（如出库单、销货发票或运输单据）核对，以确定库存商品出库是否被记录在正确的会计期间；**方法二**，在出库记录（如出库单、销货发票或运输单据）中选取资产负债表日前后若干天的凭证，与库存商品明细账的贷方发生额进行核对，以确定库存商品出库是否被记录在正确的会计期间。

（10）结合长、短期借款等项目，了解是否有用于债务担保的库存商品，如有，应取证并做相应记录，同时提请被审计单位做恰当披露。

（11）检查库存商品的披露是否恰当。

【例11.2】 审计人员审查某厂产成品明细账，该厂产成品采用先进先出法，发现情况如下：年初结存产品2 000件，单价100元；当年第一批完工入库1 000件，单价110元；第二批完工入库1 500件，单价120元；第三批完工入库1 500件，单价105元；第四批完工入库2 500件，单价110元；共销售6 200件，结转成本712 500元，截至审计日结存2 300件，结存成本230 000元。请分析产成品明细账有无问题，若有，指出所存在的问题。

分析：

对产成品明细账进行复核计算，该厂发出产成品按先进先出法计价，其相应成本应该为

结转成本=2 000×100+1 000×110+1 500×120+1 500×105+200×110=669 500（元）

结存成本=2 300×110=253 000（元）

上述事项使该厂当期存货成本虚减 23 000（253 000–230 000）元，当期销售成本虚增 43 000（7 125 000–669 500）元，虚减当期税前利润 43 000 元。公司应调节相关存货成本及当期利润。

第三节 应付职工薪酬审计

职工薪酬是企业支付给员工的劳动报酬，其主要核算方式有计时制和计件制两种。职工薪酬可能采用现金的形式支付，因而相对于其他业务更容易发生错误或舞弊行为，如虚报冒领、重复支付和贪污等。同时，职工薪酬是构成企业成本费用的重要项目，所以在审计中便显得十分重要。

一、应付职工薪酬的审计目标

应付职工薪酬的审计目标一般包括：确定资产负债表中记录的应付职工薪酬是否存在；确定所有应当记录的应付职工薪酬是否均已记录；确定记录的应付职工薪酬是否为被审计单位应当履行的现时义务；确定应付职工薪酬是否以恰当的金额包括在财务报表中，与之相关的计价调整是否已恰当记录；确定应付职工薪酬是否已按照企业会计准则的规定在财务报表中做出恰当列报。

二、应付职工薪酬的实质性程序

在实施应付职工薪酬审计前，需要获取或编制应付职工薪酬明细表，复核加计是否正确，并与报表数、总账数和明细账合计数核对，检查是否相符，而后审计中的程序通常包括以下几项。

1. 实施分析程序

分析程序包括以下几项内容。

（1）为建立有关数据的期望值，注册会计师应针对已识别需要运用分析程序的有关项目进行以下比较。①比较员工人数的变动情况与工资费用的变动情况，分析是否合理。②比较本期与上期工资费用总额，要求被审计单位解释其增减变动原因。③结合员工社保缴纳情况，明确被审计单位员工范围，检查是否与关联公司员工工资混淆列支。④核对下列相互独立部门的相关数据：工资部门记录的工资支出与出纳记录的工资支付数；工资部门记录的工时与生产部门记录的工时。⑤比较本期应付职工薪酬余额与上期应付职工薪酬余额，分析是否有异常变动。

（2）确定可接受的差异额。

（3）将实际的情况与期望值相比较，识别需要进一步调查的差异。

（4）如果差异额超过可接受的差异额，调查并获取充分的解释和恰当的审计证据。

（5）评估分析程序的测试结果。

2. 检查工资、奖金、津贴和补贴

检查工资、奖金、津贴和补贴要点如下。

（1）检查计提是否正确、依据是否充分，将执行的工资标准与有关规定核对，并对工资总额进行测试；被审计单位职工工资与效益挂钩的，应取得有关主管部门确认的效益工资发放额认定证明，结合有关合同文件和实际完成的指标，检查其计提额是否正确、是否应做纳税调整。

（2）检查分配方法与上年是否一致，**是否根据职工提供服务的受益对象区别下列情况处理**：①应由生产产品、提供劳务负担的职工薪酬，计入产品成本或劳务成本；②应由在建工程、无形资产负担的职工薪酬，计入固定资产或无形资产成本；③外商投资企业按规定从净利润中提取的职工奖励及福利基金，相应记入"利润分配——提取的职工奖励及福利基金"科目；④解除与职工的劳动关系给予的补偿直接计入管理费用；⑤其他职工薪酬计入当期损益。

（3）检查发放金额是否正确，代扣的款项及其金额是否正确。

（4）检查是否存在属于拖欠性质的职工薪酬，并了解拖欠的原因。

3. 检查社保项目

检查社会保险费（包括医疗、养老、失业、工伤、生育保险费）、住房公积金、工会经费和职工教育经费等计提（分配）和支付（或使用）的会计处理是否正确，依据是否充分。

第四节　生产成本审计

生产成本审计主要包括直接材料成本、直接人工成本、制造费用、原材料和材料成本差异的审计。

一、直接材料成本的审计

直接材料成本的审计一般应从审阅材料和生产成本明细账入手，抽查有关的费用凭证，验证被审计单位产品直接耗用材料的数量、计价和材料费用分配是否真实、合理。其主要审计程序通常包括以下几点。

（1）抽查产品成本计算单，检查直接材料成本的计算是否正确、材料费用的分配标准与计算方法是否合理和适当、产品成本计算单中的材料成本是否与材料费用分配汇总表中该产品分摊的直接材料费用相符。

（2）检查直接材料耗用数量的真实性，有无将非生产用材料计入直接材料费用的情况。

（3）分析比较同一产品前后各年度的直接材料成本，如有重大波动应查明原因。

（4）抽查材料发出及领用的原始凭证，检查领料单的签发是否经过授权，材料发出汇总表是否经过适当的人员复核，材料单位成本计价方法是否适当，是否正确及时入账。

（5）对采用定额成本或标准成本的被审计单位，应检查直接材料成本差异的计算、分配与会计处理是否正确，并查明直接材料的定额成本、标准成本在本年度内有无重大变更。

【例 11.3】 注册会计师王某在审查丁公司 20×6 年度材料发出业务时发现，12 月该公司生产领用 A 材料的计划成本的 8 000 000 元，车间领用 4 000 000 元，本月材料成本差异率为 −2%。有关账务处理如下。

结转发出材料计划成本时：

借：生产成本 8 000 000

制造费用 4 000 000

贷：原材料 12 000 000

结转发出材料成本差异时：

借：生产成本 240 000

贷：材料成本差异 240 000

要求： ①指出上述记录存在的问题；②做出当期账项调整建议。

分析： 该公司的材料成本差异应该是节约差，但按超支差结转使成本提高了 480 000 元；成本差异的结转未按材料的领用去向结转。应建议被审计单位做以下账务调整。

借：制造费用 160 000

生产成本 320 000

贷：材料成本差异 480 000

二、直接人工成本的审计

直接人工成本的主要审计程序通常包括以下几步。

（1）抽查产品成本计算单，检查直接人工成本的计算是否正确、人工费用的分配标准与计算方法是否合理和适当、产品成本计算单中的人工成本是否与人工费用分配汇总表中该产品分摊的直接人工费用相符。

（2）将本年度直接人工成本与前期进行比较，查明其异常波动的原因。

（3）分析比较本年度各个月份的人工费用发生额，如有异常波动，应查明原因。

（4）结合应付职工薪酬的检查，抽查人工费用会计记录及会计处理是否正确。

（5）对采用标准成本法的被审计单位，抽查直接人工成本差异的计算、分配与会计处理是否正确，并查明直接人工的标准成本在本年度内有无重大变更。

三、制造费用的审计

制造费用 是企业为生产产品和提供劳务而发生的各项间接费用，即生产单位为组织和管理生产而发生的费用，包括分厂和车间管理人员的职工薪酬、折旧费、修理费、办公费、水电费、取暖费、租赁费、机物料消耗、低值易耗品摊销、劳动保护费、保险费、设计制图费、实验检验费、季节性和修理期间的停工损失等。

制造费用的主要审计程序通常包括以下几步。

（1）获取或编制制造费用汇总表，并与明细账、总账核对，检查是否相符，抽查制造费用中的重大数额项目及例外项目，检查是否合理。

（2）审阅制造费用明细账，检查其核算内容及范围是否正确，并应注意是否存在异常交易或事项，如有，则应追查至记账凭证和原始凭证，重点查明被审计单位有无将不应列入成本费用的支出（如投资支出、被没收的财物、支付的罚款、违约金等）计入制造费用。

（3）必要时，对制造费用实施截止测试，即检查资产负债表日前后若干天的制造费用明细账及其凭证，确定有无跨期入账的情况。

（4）检查制造费用的分配是否合理。重点查明制造费用的分配方法是否符合被审计单位自身的生产技术条件，是否体现受益原则；是否在相当时期内保持稳定，有无随意变更的情况；分配率和分配额的计算是否正确，有无以人为估计数代替分配数的情况。对按预定分配率分配费用的被审计单位，还应查明计划与实际差异是否及时调整。

（5）对于采用标准成本法的被审计单位，应抽查标准制造费用的确定是否合理，计入成本计算单的数额是否正确，制造费用的计算、分配与会计处理是否正确，并查明标准制造费用在本年度内有无重大变动。

四、原材料的审计

原材料的主要审计程序通常包括以下几步。

（1）获取或编制原材料明细表，复核加计是否正确，并与总账数、明细账合计数核对，检查是否相符。

（2）必要时，实施实质性分析程序。具体内容包括以下五点。①针对已识别需要运用分析程序的有关项目，建立有关数据的期望值。具体程序包括：比较当年度及以前年度原材料成本占生产成本百分比的变动，并对异常情况做出解释；比较原材料的实际用量与预算用量的差异，并分析其合理性；核对仓库记录的原材料领用量与生产部门记录的原材料领用量是否相符，并对异常情况做出解释；根据标准单耗指标，将原材料收发存情况与投入产出结合比较，以分析本期原材料领用、消耗、结存的合理性。②确定可接受的差异额。③将实际的情况与期望值相比较，识别需要进一步调查的差异。④如果差异额超过可接受的差异额，调查并获取充分的解释和恰当的审计证据（如通过检查相关的凭证）。⑤评估分析程序的测试结果。

（3）实施存货监盘程序。选取代表性样本，抽查原材料明细账的数量与盘点记录的原材料数量是否一致，以确定原材料明细账数量的准确性和完整性。选取方法包括：从原材料明细账中选取具有代表性的样本，与盘点报告（记录）的数量核对；从盘点报告（记录）中抽取有代表性的样本，与原材料明细账的数量核对。

（4）原材料计价测试。主要方法包括：①检查原材料的计价方法前后期是否一致；②检查原材料的入账基础和计价方法是否正确；③检查原材料发出计价的方法是否正确；④结合期末市场采购价，分析主要原材料期末结存单价是否合理；⑤结合原材料的盘点，检查期末有无料到单未到的情况，如有，应查明是否已暂估入账，其暂估价是否合理。

（5）对于通过非货币性资产交换、债务重组、企业合并以及接受捐赠等取得的原材料，检查其入账的有关依据是否真实、完备，入账价值和会计处理是否符合相关规定。

（6）检查投资者投入的原材料是否按照投资合同或协议约定的价值入账，并检查约定的价值是否公允、交接手续是否齐全。

（7）检查与关联方的购销业务是否正常，关注交易价格、交易金额的真实性及合理性，检查对合并范围内购货记录应予合并抵销的数据是否正确。

（8）审核有无长期挂账的原材料，如有，应查明原因，必要时提请被审计单位做调整。

（9）截止测试。原材料截止测试包括入库和出库的截止测试。①原材料入库的截止测试：在原材料明细账的借方发生额中选取资产负债表日前后若干天的凭证，并与入库记录（如入库单、购货发票或运输单据）核对，以确定原材料入库是否被记录在正确的会计期间；在入库记录（如入库单、购货发票或运输单据）中选取资产负债表日前后一定金额以上的凭据，与原材料明细账的借方发生额进行核对，以确定原材料入库是否被记录在正确的会计期间。②原材料出库截止测试：在原材料明细账的贷方发生额中选取资产负债表日前后若干天的凭证，并与出库记录（如出库单、销货发票或运输单据）核对，以确定原材料出库是否被记录在正确的会计期间；在出库记录（如出库单、销货发票或运输单据）中选取资产负债表日前后若干天的凭据，与原材料明细账的贷方发生额进行核对，以确定原材料出库是否被记录在正确的会计期间。

（10）结合银行借款等科目，了解是否有用于债务担保的原材料，如有，则应取证并做相应的记录，同时提请被审计单位做恰当披露。

（11）检查原材料的披露是否恰当。

五、材料成本差异的审计

材料成本差异的主要审计程序通常包括以下几点。

（1）获取或编制材料成本差异明细表，复核加计是否正确，并与总账数、明细账合计数核对，检查是否相符。

（2）对本期内各月的材料成本差异率进行分析，并与上期进行比较，检查是否有异常波动，计算方法是否前后期一致，注意是否存在调节成本的现象。

（3）结合以计划成本计价的原材料、包装物等的入账基础测试，比较计划成本与供货商发票或其他实际成本资料，检查材料成本差异的发生额是否正确。

（4）抽查若干月发出材料汇总表，检查材料成本差异是否按月分摊，使用的差异率是否为当月实际差异率，差异的分配是否正确，分配方法前后期是否一致。

（5）确定材料成本差异的披露是否恰当。

【例11.4】审计人员在20×6年11月对某企业审计时发现，该企业6月生产费用明显高于以前各月，而材料成本差异则较以前各期低，因此进一步调查。审查人员调阅了"材料计划成本单价表"及"物资采购""原材料"等明细账和"材料成本差异"账户，发现该企业的材料计划成本高于实际成本，"材料成本差异"账户为贷方余额。其中，6月"材料成本差异"账户的期初余额为贷方120 650元，本月收入材料结转的差异为贷方450 000元；6月"原材料"账户期初余额为3 016 250元，本月收入材料9 000 000元，本月发出材料8 500 000元。

本月发出材料结转差异 180 650.50 元。假定所得税税率为 25%，请分析企业所存在的问题，并写出相应的调整分录。

分析：经过计算，该月材料成本差异率为-4.749%，发出材料结转的差异应为 403 665 元，该企业实际结转 180 650.50 元，从而使当月生产成本虚增 223 014.50 元。

在查明上述问题后，应做如下调整分录。

① 借：材料成本差异   223 014.50
   　　贷：本年利润   223 014.50
② 借：本年利润   55 753.625
   　　贷：应交税费——应交所得税   55 753.625

本章小测试

一、单项选择题

1. 在对存货实施监盘程序时，以下做法中，B 注册会计师不应该选择的是（　　）。

   A. 对于已进行质押的存货，向债权人函证与被质押存货相关的内容

   B. 对于受托代存的存货，实施向存货所有权人函证等审计程序

   C. 对于因性质特殊而无法监盘的存货，实施向顾客或供应商函证等审计程序

   D. 乙公司相关人员完成存货盘点后，注册会计师进入存货存放地点对已盘点存货实施检查程序

2. 在对存货实施抽查程序时，以下做法中，B 注册会计师应该选择的是（　　）。

   A. 尽量将难以盘点或隐蔽性较大的存货纳入抽查范围

   B. 事先就拟抽取测试的存货项目与乙公司沟通，以提高存货监盘的效率

   C. 从存货盘点记录中选取项目追查至存货实物，以测试盘点记录的完整性

   D. 如果盘点记录与存货实物存在差异，要求乙公司更正盘点记录

3. 以下有关期末存货的监盘程序中，与测试存货盘点记录的完整性不相关的是（　　）。

   A. 从存货盘点记录追查至存货实物　　　B. 从存货实物追查至存货盘点记录

   C. 在存货盘点过程中关注存货的移动情况　　D. 在存货盘点结束前，再次观察盘点现场

4. 注册会计师观察被审计单位存货盘点的主要目的是（　　）。

   A. 查明客户是否漏盘某些重要的存货项目

   B. 鉴定存货的质量

   C. 了解盘点指示是否得到贯彻执行

   D. 获得存货期末是否实际存在的证据

5. 注册会计师在对存货减值准备进行审计时，发现 K 公司存在以下事项，其中正确的是（　　）。

   A. 甲材料资产负债表日的账面成本高于市场价格，按二者的差额计提减值准备

   B. 乙材料在资产负债表日已发生贬值，但因期后以高于账面成本的价格出售给关联方，未计提减值准备

   C. 丙材料在资产负债表日已发生贬值，但因期后市场价格有所回升，未计提减值准备

   D. 丁材料在资产负债表日已发生毁损，直接将其计入当期损益，未计提减值准备

审计理论与实务（第3版）

二、多项选择题

1．注册会计师在编制存货监盘计划时应当实施的工作有（　　　）。

A．了解存货的内容、性质、各存货项目的重要程度及存放场所

B．审阅以前年度的工作底稿，了解被审计单位的存货情况、存货盘点程序以及其他在以前年度存货审计中遇到的重大问题

C．考虑实地查看存货存放场所，熟悉在库存货及其组织管理方式以及潜在问题

D．与管理当局讨论其存货盘点计划

2．存货监盘计划的主要内容包括（　　　）。

A．存货监盘的目标、范围及时间安排　　　　B．存货监盘的要点及关注事项

C．参加存货监盘人员的分工　　　　　　　　D．抽查的范围

3．注册会计师编制存货监盘计划时应当与管理当局讨论其存货盘点计划，讨论内容有（　　　）。

A．盘点时间安排（包括存放在外单位的存货盘点时间安排）、盘点范围和场所的确定

B．存货的整理和排列，毁损、陈旧、过时、残次及所有权不属于被审计单位的存货的区分

C．存货收发截止的控制及盘点期间存货移动的控制

D．盘点结果的汇总及盘盈盘亏的分析、调查与处理

4．注册会计师对被审计单位存货监盘时应特别关注的问题有（　　　）。

A．注册会计师应当特别关注存货的移动情况，防止遗漏或重复盘点

B．注册会计师应当特别关注存货的状况，观察被审计单位是否已经恰当地区分了所有毁损、陈旧、过时及残次的存货

C．注册会计师应当获取盘点日前后存货收发及移动的凭证，检查库存记录与会计记录期末截止日期是否正确

D．在存货监盘过程中，注册会计师应当获取存货验收入库、装运出库以及内部转移截止等信息，以便将来追查至被审计单位的会计记录

5．如果由于被审计单位存货的性质或位置等原因导致无法实施存货监盘，注册会计师可实施（　　　）替代审计程序获取有关期末存货数量和状况的充分、适当的审计证据。

A．检查资产负债表日后发生的销货凭证　　　B．检查进货交易凭证

C．检查生产记录以及其他相关资料　　　　　D．向顾客或供应商函证

6．注册会计师对诸如辐射性化学物品或气体等特殊性质的存货进行审计而无法监盘时，应当考虑的审计程序有（　　　）。

A．测试被审计单位内部控制是否值得信赖

B．审阅购货、生产和销售记录以获取必要的审计证据

C．向接触到相关存货项目的第三方检查人员询证

D．实施其他替代审计程序，比如追查该批存货的生产和处置等有关报告确定此类存货存在

7．注册会计师对被审计单位委托其他单位保管或已进行质押的存货未进行监盘应实施的审计程序有（　　　）。

A．向保管人或债权人函证

B．实施监盘

C．利用其他注册会计师的工作

D．存放于外的存货需要获取代管单位的书面确认函

三、判断题（凡正确者在题头括号内打"√"，错误则打"×"）

（　　）1．如果存货盘点不是在资产负债表日进行的，而是在资产负债表日之后或之前甚至是在不同日期进行的，注册会计师应当根据不同情况的特点实施程度不同的审计程序，以便确定被审计单位对于盘点日与资产负债表日之间的存货变动情况是否已做出了正确的记录。

（　　）2．戌公司在资产负债表日对一批账面价值为100万元、可变现净值为84万元的存货计提了跌价准备16万元。该批存货在资产负债表日至审计报告日出售了50%，销售收入为41万元。助理人员确认戌公司对该批存货计提的跌价准备是合理的。

（　　）3．存货监盘只能对期末结存数量和状况予以确认，为了验证财务报表上存货余额的真实性，还必须对存货的计价进行审计。

（　　）4．在存货中，对于种类繁多、数量较大、金额不是很大的存货，也应由注册会计师亲自盘点。

（　　）5．企业在实行计划成本核算的情况下，期末不论材料成本差异账户的余额在哪方，一律从存货的合计数中扣除。

（　　）6．被审计单位财务负责人认为本单位存货采用永续盘存制，因此可不必对存货进行实地盘点。注册会计师应接受这种意见。

（　　）7．证实被审计单位产品成本计算的正确性，应首先分析其选择成本计算方法的合理性。

（　　）8．产品成本审查的重点之一是直接材料费用的审查。

（　　）9．被审计单位有责任确定适当程序，进行准确的存货盘点并正确记录盘点数。

（　　）10．如果被审计单位存货的性质或位置等原因导致无法实施存货监盘，注册会计师应当直接发表保留意见或无法表示意见。

四、问答题

1．简述存货审计目标的内容。

2．简述存货监盘的含义、地位及程序。

五、案例分析题

1．某企业仓库保管员负责登记存货明细账，以便对仓库中所有存货项目的收、发、存进行永续记录。当收到验收部门送交的存货和验收单后，根据验收单登记存货明细账。平时，各车间或其他部门如果需要领取原材料，都可以填写领料单，仓库保管员根据领料单发出原材料。公司辅助材料的用量很少，因此领取辅助材料时，没有要求使用领料单。各车间经常有辅助材料剩余（根据每天特定工作购买而未消耗掉，但其实还可再为其他工作所用的），这些材料由车间自行保管，无须通知仓库。如果仓库保管员有时间，偶尔也会对存货进行实地盘点。

根据上述描述，回答以下问题：①你认为上述描述的内部控制有什么缺陷？并简要说明该缺陷可能导致的错弊；②针对该企业存货循环上的弱点，提出改进建议。

2．李涛注册会计师是华昌公司2009年度财务报表审计的外勤负责人，在审计过程中，需对负责负债项目审计的助理人员提出的相关问题予以解答。

请代李涛注册会计师为审计的助理人员解释以下问题：①现金监盘与存货监盘有哪些不同？

②存货截止测试的主要方法是什么？注册会计师在对期末存货进行截止测试时，通常应当关注的内容有哪些？

3. 注册会计师赵丽在对 ABC 股份有限公司（以下简称 ABC 公司）存货项目的相关内部控制进行研究评价后，发现 ABC 公司存在以下六种可能导致错误的情况：①所有存货都未经认真盘点；②接近资产负债表日前入库的产成品可能已计入存货项目，但可能未进行相关的会计记录；③由 XYZ 公司代管的 A 材料可能并不存在；④XYZ 公司存放于 ABC 公司仓库内的 B 材料可能已计入 ABC 公司的存货项目；⑤存货方法已做变更；⑥ABC 公司以前年度未曾接受过审计。

要求： 针对上述情况，请为赵丽列出为证实上述情况是否真正导致错误而实施的实质性测试程序。

4. 注册会计师李敏在对 ABC 公司存货进行审计时，发现以下两种情况：①公司有 40 万元的存货存放在外地仓库，未能观察实地盘点，向存放地发出的询证函也未收到任何答复，也无法实施替代程序。②监盘存货时发现有一部分存货已经毁损，账面价值为 50 万元，公司仍作为正常存货列示，该损失属一般经营损失。

要求： 指出针对上述情况，注册会计师应提出何种处理意见；若需提请被审计单位调整，请列示调整分录。

 **实训项目**

请扫描二维码，阅读实训资料，根据实训内容和要求，完成实训。

第十二章　货币资金审计

【学习目的与要求】

通过本章的学习，应该：①掌握货币资金内部控制及控制测试；②掌握库存现金的实质性程序；③掌握银行存款的实质性程序。

【引入案例】

斯太尔公司财务造假案

2021 年 3 月 17 日，中国证监会行政处罚决定书〔2021〕13 号显示，斯太尔公司 2014—2016 年年报财务造假，实控人披露不实。其中，2014 年斯太尔将武进高新区管委会拨付的 1 亿元用于斯太尔柴油发动机项目的专项扶持资金，以子公司斯太尔动力（江苏）投资有限公司 EM11 柴油发动机专有技术许可收入入账，并在扣除税金后确认为主营业务收入，据此虚增 2014 年度净利润 7 075.47 万元；2015 年将武进高新区管委会应付斯太尔动力（常州）发动机有限公司的 8 050 万元政府奖励款实际支付给其他公司，造成虚减 2015 年度营业外收入 8 050 万元，虚减利润总额 8 050 万元；将其从江苏中关村科技产业园管理委员会预收的 2 亿元政府奖励资金，包装成子公司江苏斯太尔的三款非道路柴油发动机技术许可收入，虚增 2016 年度营业收入 18 867.92 万元、净利润 14 135.79 万元。

问题：

1. 为什么会出现大量的现金舞弊呢？

2. 现金舞弊的主要目的和手段有哪些？现金审计的目的和方法有哪些？

第一节　货币资金审计概述

货币资金是企业资产的重要组成部分，货币资金与各交易循环均直接相关，成为各个循环的枢纽，起到"资金池"的作用。根据货币资金存放地点及用途的不同，货币资金分为库存现金、银行存款及其他货币资金。

一、涉及的主要凭证和会计记录

货币资金审计涉及的凭证和会计记录主要有现金盘点表、银行对账单、银行存款余额调节表、有关科目的记账凭证及有关会计账簿。

温馨提示

货币资金活动的会计记录按作用目的的分类如下。

（1）证实内部控制情况的资料。比如被审计单位有关货币资金的内控制度。

（2）证实货币资金余额的账簿、资料。包括库存现金、银行存款、其他货币资金的总分类账，库存现金日记账，银行存款日记账，其他货币资金明细账，库存现金盘点记录，结账日的全部银行对账单及相应的银行存款余额调节表等。

（3）证实货币资金所有权的资料。如与被审计单位开户银行的银行往来询证函、银行存款利息清单等。

二、涉及的主要业务内部控制和控制测试

企业必须加强对货币资金的管理，建立良好的货币资金内部控制制度，以确保：全部应收取的货币资金均能收取，并及时正确地予以记录；全部货币资金支出是按照经批准的用途进行的，并及时正确地予以记录；库存现金、银行存款报告正确，并得以恰当保管；正确预测企业正常经营所需的货币资金收支额，确保企业有充足又不过剩的货币资金余额。

（一）良好的货币资金内部控制的要求

在实务中，库存现金、银行存款和其他货币资金的转换比较频繁，三者的内控目标、内控制度的制定与实施相似。

一般而言，良好的货币资金内部控制应该满足以下要求：①货币资金收支与记账的岗位分离；②货币资金收支要有合理、合法的凭据；③全部收支及时准确入账，并且支出要有核准手续；④控制现金坐支，当日收入现金应及时送存银行；⑤按月盘点现金，编制银行存款余额调节表，以做到账实相符；⑥加强对货币资金收支业务的内部审计。

（二）货币资金的主要内部控制

尽管由于每个企业的性质、所处行业、规模以及内部控制健全程度等不同，与货币资金相关的内部控制内容有所不同，但以下要求通常是应当共同遵循的。

1. 岗位分工及授权批准

（1）单位应当建立货币资金业务的岗位责任制。明确相关部门和岗位的职责权限，确保办理货币资金业务的**不相容岗位相互分离、制约和监督**。出纳不得兼任稽核、会计档案保管和收入、支出、费用、债权债务账目的登记工作。单位不得由一人办理货币资金业务的全过程。

（2）单位应当对货币资金业务建立严格的授权批准制度。明确审批人对货币资金业务的授权批准方式、权限、程序、责任和相关控制措施，规定经办人办理货币资金业务的职责范围和工作要求。审批人应当根据货币资金授权批准制度的规定，在授权范围内进行审批，不得超越审批权限。经办人应当在职责范围内，按照审批人的批准意见办理货币资金业务。对于审批人超越授权范围审批的货币资金业务，经办人员有权拒绝办理，并及时向审批人的上级授权部门报告。

（3）单位应当按照规定的程序办理货币资金支付业务。货币资金支付业务涉及**用款人、审批人（经理或者总经理）、财务负责人**和**出纳**等主体，**具体程序**如下。①支付申请。单位有关部门或个人用款时，应当提前向审批人提交货币资金支付申请，注明款项的用途、金额、预算、支付方式等内容，并附有效经济合同或相关证明。②支付审批。审批人根据其职责、权限和相应程序对支付申请进行审批。对不符合规定的货币资金支付申请，审批人应当拒绝批准。③支付复核。复核人应当对批准后的货币资金支付申请进行复核，复核货币资金支付申请的批准范围、权限、程序是否正确，手续及相关单证是否齐备，金额计算是否准确，支付方式、支付单位是否妥当等。④办理支付。复核人复核无误后，将支付申请交由出纳办理支付手续。⑤登记入账。出纳应当根据复核无误的支付申请，按规定办理货币资金支付手续，及时登记现金和银行存款日记账。

【例 12.1】 下列与现金业务有关的职责可以不分离的是（　　　）。

A．现金支付的审批与执行　　　　　　　B．现金保管与库存现金日记账的记录

C．现金的会计记录与审计监督　　　　　D．现金保管与库存现金总账的记录

分析：正确答案为选项 B。选项 A 中，审批和执行属于是不相容职务；选项 B 中，现金的保管和库存现金日记账的登记，属于相容职务，在实务中，企业出纳往往也是兼顾两者的工作；选项 C 中，会计记录和审计监督是不相容的职务；选项 D 中，现金保管和库存现金总账的登记工作应该相分离，总账与日记账之间起到互相核对的作用，不能由同一人负责。

（4）单位对于重要货币资金支付业务，应当实行集体决策和审批，并建立责任追究制度，防范贪污、侵占、挪用货币资金等行为。

（5）严禁未经授权的机构或人员办理货币资金业务或直接接触货币资金。

2. 现金和银行存款的管理

（1）单位应当加强现金**库存限额的管理**，超过库存限额的现金应及时存入银行。

（2）单位必须根据《**现金管理暂行条例**》的规定，结合本单位的实际情况，确定本单位现金的开支范围。不属于现金开支范围的业务应当通过银行办理**转账结算**。

（3）单位现金收入应当及时存入银行，不得用于直接支付单位自身的支出。因特殊情况需**坐支**现金的，应事先报经开户银行审查批准。

单位借出款项必须执行严格的授权批准程序，严禁擅自挪用、借出货币资金。

（4）单位取得的货币资金收入必须**及时入账，不得私设"小金库"，不得账外设账**，严禁收款不入账。

（5）单位应当严格按照《**支付结算办法**》等国家有关规定，加强**银行账户的管理**，严格按照规定开立账户，办理存款、取款和结算。单位应当定期检查、清理银行账户的开立及使用情况，发现问题，及时处理。单位应当加强对银行结算凭证的填制、传递及保管等环节的管理与控制。

（6）单位应当严格遵守**银行结算纪律**，不准签发没有资金保证的票据或远期支票，套取银行信用；不准签发、取得和转让没有真实交易和债权债务的票据，套取银行和他人资金；不准无理拒绝付款，任意占用他人资金；不准违反规定开立和使用银行账户。

（7）单位应当指定专人定期核对银行账户，**每月至少核对一次**，编制银行存款余额调节

表，使银行存款账面余额与银行对账单调节相符；如调节不符，应查明原因，及时处理。

（8）单位应当**定期和不定期地进行现金盘点**，确保现金账面余额与实际库存相符；发现不符，及时查明原因，做出处理。

3. 票据及有关印章的管理

（1）单位应当加强与货币资金相关的票据的管理，明确各种票据的购买、保管、领用、背书转让、注销等环节的职责权限和程序，并专设登记簿进行记录，防止空白票据的遗失和被盗用。

（2）单位应当加强银行预留印鉴的管理。财务专用章应由专人保管，个人名章必须由本人或其授权人员保管。严禁一人保管支付款项所需的全部印章。

按规定需要有关负责人签字或盖章的经济业务，必须严格履行签字或盖章手续。

4. 监督检查

（1）单位应当建立对货币资金业务的监督检查制度，明确监督检查机构或人员的职责权限，定期和不定期地进行检查。

（2）货币资金**监督检查的内容**主要如下。①货币资金业务相关岗位及人员的设置情况：重点检查是否存在货币资金业务不相容职务混岗的现象。②货币资金授权批准制度的执行情况：重点检查货币资金支出的授权批准手续是否健全，是否存在越权审批行为。③支付款项印章的保管情况：重点检查是否存在办理付款业务所需的全部印章交由一人保管的现象。④票据的保管情况：重点检查票据的购买、领用、保管手续是否健全，票据保管是否存在漏洞。

（3）对监督检查过程中发现的货币资金内部控制中的薄弱环节，应当及时采取措施，加以纠正和完善。

（三）货币资金的控制测试

1. 库存现金的控制测试

（1）检查库存现金内部控制制度是否建立并严格执行。检查要点包括：库存现金的收支是否按规定的程序和权限办理；是否存在与被审计单位经营无关的款项收支情况；出纳与会计的职责是否严格分离；库存现金是否妥善保管，是否定期盘点、核对。

（2）抽取并检查收款凭证。检查要点包括：核对现金日记账的收入金额是否正确；核对收款凭证与应收账款明细账的有关记录是否相符；核对实收金额与销货发票是否一致。

（3）抽取并检查付款凭证。检查要点包括：检查付款的授权批准手续是否符合规定；核对库存现金日记账的付出金额是否正确；核对付款凭证与应付账款明细账的记录是否一致；核对实付金额与购货发票是否相符。

（4）抽取一定期间的库存现金日记账与总账核对。注册会计师应抽取一定期间的库存现金日记账，检查其加总是否正确无误、库存现金日记账是否与总分类账核对相符。

（5）评价库存现金的内部控制。注册会计师在完成上述程序之后，即可对库存现金的内部控制进行评价。评价时，注册会计师应首先确定库存现金内部控制可信赖的程度以及存在的薄弱环节和缺点，然后据以确定在库存现金实质性程序中对哪些环节可以适当减少审计程序，哪些环节应增加审计程序，做重点检查，以减少审计风险。

2. 银行存款的控制测试

（1）检查被审计单位是否建立银行存款内部控制制度并严格执行。检查要点包括：银行存款的收支是否按规定的程序和权限办理；银行账户是否存在与本单位经营无关的款项收支情况；是否存在出租、出借银行账户的情况；出纳与会计的职责是否严格分离；是否定期取得银行对账单并编制银行存款余额调节表；等等。

（2）抽取并检查收款凭证。检查要点包括：核对收款凭证与存入银行账户的日期和金额是否相符；核对银行存款日记账的收入金额是否正确；核对收款凭证与银行对账单是否相符；核对收款凭证与应收账款明细账的有关记录是否相符；核对实收金额与销货发票是否一致。

（3）抽取并检查付款凭证。检查要点包括：检查付款的授权批准手续是否符合规定；核对银行存款日记账的付出金额是否正确；核对付款凭证与银行对账单是否相符；核对付款凭证与应付账款明细账的记录是否一致；核对实付金额与购货发票是否相符。

（4）抽取一定期间的银行存款日记账与总账核对。

（5）抽取一定期间**银行存款余额调节表**，查验其**是否按月正确编制并经复核**。为证实银行存款记录的正确性，注册会计师必须抽取一定期间的银行存款余额调节表，将其同银行对账单、银行存款日记账及总账进行核对，确定被审计单位是否按月正确编制并复核银行存款余额调节表。

（6）评价银行存款的内部控制。评价时，注册会计师应首先确定货币资金内部控制可信赖的程度以及存在的薄弱环节和缺点，然后据以确定在货币资金实质性程序中对哪些环节可以适当减少审计程序，哪些环节应增加审计程序，做重点检查，以减少审计风险。

【例 12.2】 A 注册会计师是 N 公司会计报表审计负责人，在审计过程中，需要对负责货币资金审计的助理人员提出的相关问题予以解答。请代为做出正确的专业判断。

货币资金内部控制的以下关键环节中，存在重大缺陷的是（　　）。

A．财务专用章由专人保管，个人名章由本人或其授权人员保管

B．对重要货币资金支付业务，实行集体决策

C．现金收入及时存入银行，特殊情况下，经主管领导审查批准方可坐支现金

D．指定专人定期核对银行存款账户，每月核对一次，编制银行存款余额调节表，使银行存款账面余额与银行对账单调节相符

分析： 正确答案为选项 C，因为企业一般不得坐支现金，特殊情况下需开户银行审批。

【例 12.3】 在对 N 公司会计报表进行审计时，A 注册会计师负责货币资金项目的审计。在审计过程中，A 注册会计师遇到以下问题，请代为做出正确的专业判断。针对 N 公司下列与现金相关的内部控制，A 注册会计师应提出改进建议的是（　　）。

A．每日及时记录现金收入并定期向顾客寄送对账单

B．负责登记库存现金日记账及总账的人员与出纳人员分开

C．现金折扣需经过适当审批

D．每日盘点现金并与账面余额核对

分析： 正确答案为选项 B。这是关于货币资金内部控制的问题。现金日记账和总账人员也应分开，所以该种情况存在需要改进的地方。

第二节 货币资金的实质性程序

一、库存现金审计

库存现金包括人民币和外币两种形式。库存现金是企业资产中流动性最强的一种资产，尽管其在企业资产总额中比重不大，但企业发生舞弊事件大都与库存现金有关，因此，注册会计师应该重视库存现金的审计。

（一）库存现金的审计目标

库存现金的审计目标一般应包括以下内容。①**存在**：确定被审计单位资产负债表的货币资金项目中的库存现金在资产负债表日是否确实存在。②**完整性**：确定被审计单位在特定期间内发生的库存现金收支业务是否均记录完毕，有无遗漏。③**权利和义务**：确定记录的库存现金是否为被审计单位所拥有或控制。④**计价和分摊**：确定库存现金是否包括在财务报表的货币资金项目中，与之相关的计价调整是否已恰当记录。⑤**列报**：确定库存现金是否已按照企业会计准则的规定在财务报表中做出恰当列报。

（二）库存现金的实质性程序

库存现金的实质性程序一般会涉及库存现金盘点表，参见表 12.1。

表 12.1 库存现金盘点表

被审计单位：＿＿＿＿＿＿＿＿＿＿＿＿＿＿＿ 索引号：＿＿＿＿＿＿＿＿＿＿＿＿＿＿＿
项目：＿＿＿＿＿＿＿＿＿＿＿＿＿＿＿＿＿＿ 财务报表截止日/期间：＿＿＿＿＿＿＿＿＿
编制：＿＿＿＿＿＿＿＿＿＿＿＿＿＿＿＿＿＿ 复核：＿＿＿＿＿＿＿＿＿＿＿＿＿＿＿＿＿
日期：＿＿＿＿＿＿＿＿＿＿＿＿＿＿＿＿＿＿ 日期：＿＿＿＿＿＿＿＿＿＿＿＿＿＿＿＿＿

检查盘点记录					实有库存现金盘点记录						
项目	项次	人民币	美元	其他外币	面额	人民币		美元		其他外币	
						张	金额	张	金额	张	金额
上一日账面库存余额	①				1 000 元						
盘点日未记账传票收入金额	②				500 元						
盘点日未记账传票支出金额	③				100 元						
盘点日账面应有金额	④=①+②-③				100 元						
盘点实有库存现金数额	⑤				50 元						
盘点日应有与实有差异	⑥=④-⑤				10 元						
差异原因分析	白条抵库（张）				5 元						
					2 元						
					1 元						
					0.5 元						
					0.2 元						
					0.1 元						
					合计						
追溯调整	报表日至审计日库存现金付出总额										
	报表日至审计日库存现金收入总额										
	报表日库存现金应有余额										
	报表日账面汇率										
	报表日余额折合本位币金额										
本位币合计											

出纳员： 会计主管人员： 监盘人： 检查日期：

库存现金的实质性程序一般包括以下内容。

（1）核对库存现金日记账与总账的余额是否相符，检查外币库存现金的折算汇率及折算金额是否正确。注册会计师测试库存现金余额的起点，是核对库存现金日记账与总账的余额是否相符，如果不相符，应查明原因，并考虑是否应建议被审计单位做出适当调整。

（2）监盘库存现金。监盘库存现金是证实资产负债表中所列库存现金是否存在的一项重要程序。被审计单位盘点库存现金，通常包括对已收到但未存入银行的现金、零用金、找换金等的盘点。注册会计师监盘库存现金的时间和参与人员应视被审计单位的具体情况而定，但必须有被审计单位出纳和会计主管参加，并由注册会计师进行监盘。监盘库存现金的步骤和方法如下。

① 制订监盘计划，确定监盘时间。

 视野拓展

库存现金监盘的五个关键点

　　监盘范围：一般包括被审计单位各部门经管的现金，即已收到但未存入银行的现金、零用金、找换金等。**监盘方式**：突击性的检查；出纳、会计主管、注册会计师三方必须同时到场。**监盘时间**：上午上班前或下午下班时；如被审计单位库存现金存放部门有两处或两处以上，应同时进行盘点。**盘点要求**：必须如实编制盘点表，并有三方签字。**盘点准备**：在进行现金盘点前，应由出纳将现金集中起来存入保险柜。必要时可将现金封存，然后由出纳依据已办妥现金收付手续的收付款凭证登记库存现金日记账。

② 审阅库存现金日记账并与现金收付凭证相核对。一方面检查库存现金日记账的记录与凭证的内容和金额是否相符，另一方面了解凭证日期与库存现金日记账日期是否相符或接近。

③ 出纳根据库存现金日记账加计累计数额，结出现金结余。

④ 出纳盘点保险柜的现金实存数，注册会计师编制"库存现金盘点表"（格式参见表12.1），分币种、面值列示盘点金额。

⑤ 资产负债表日后进行盘点时，应将盘点日金额调整至资产负债表日的金额。

⑥ 将盘点金额与库存现金日记账余额进行核对，如有差异，应查明原因，并做出记录或适当调整。

⑦ 若有冲抵库存现金的借条、未提现支票、未做报销的原始凭证，应在"库存现金盘点表"中注明或做出必要的调整。

（3）分析被审计单位日常库存现金余额是否合理，关注是否存在大额未缴存的现金。

（4）抽查大额库存现金收支。检查大额库存现金收支的原始凭证是否齐全、原始凭证内容是否完整、有无授权批准、记账凭证与原始凭证是否相符、账务处理是否正确、是否记录于恰当的会计期间等内容。

（5）抽查资产负债表日后若干天一定金额以上的现金收支凭证并实施截止测试。被审计单位资产负债表的货币资金项目中的库存现金数额，应以结账日期数额为准。因此，注册会计师必须验证库存现金收支的截止日期，以确定是否存在跨期事项、考虑是否应提出调整建议。

（6）检查库存现金是否在资产负债表上恰当列报。根据有关规定，库存现金在资产负债表的"货币资金"项目中反映，注册会计师应在实施上述审计程序后，确定"库存现金"账户的期末余额是否恰当，进而确定库存现金是否在资产负债表上恰当披露。

二、银行存款审计

（一）银行存款的审计目标

银行存款是指企业存放在银行或其他金融机构的各种款项。按照国家有关规定，凡是独立核算的企业都必须在当地银行开设账户。企业在银行开设账户以后，除按核定的限额保留库存现金外，**超过限额的现金必须存入银行**；除了在规定的范围内可以用现金直接支付的款项外，在经营过程中所发生的一切货币收支业务，都**必须通过银行存款账户进行结算**。

银行存款的审计目标一般应包括以下方面。①**存在**：确定被审计单位资产负债表的货币资金项目中的银行存款在资产负债表日是否确实存在。②**完整性**：确定被审计单位在特定期间内发生的银行存款收支业务是否均记录完毕，有无遗漏。③**权利和义务**：确定记录的银行存款是否为被审计单位所拥有或控制。④**计价和分摊**：确定银行存款以恰当的金额包括在财务报表的货币资金项目中，与之相关的计价调整是否已恰当记录。⑤**列报**：确定银行存款是否已按照企业会计准则的规定在财务报表中做出恰当列报。

（二）银行存款的实质性程序

银行存款的实质性程序一般包括以下内容。

1. 核对银行存款日记账与总账的余额是否相符

注册会计师测试银行存款余额的起点，是核对银行存款日记账与总账的余额是否相符，如果不相符，应查明原因，并考虑是否应建议被审计单位做出适当调整。

2. 实施实质性分析程序

计算银行存款累计余额应收利息收入，分析比较被审计单位银行存款应收利息收入与实际利息收入的差异是否恰当，评估利息收入的合理性；检查是否存在高息资金拆借；确认银行存款余额是否存在，利息收入是否已经完整记录。

3. 检查银行存单

编制银行存单检查表，检查银行存单金额是否与账面记录金额一致，银行存单是否被质押或限制使用，银行存单是否为被审计单位所拥有。

（1）对已质押的定期存款，应检查定期存单，并与相应的质押合同核对，同时关注定期存单对应的质押借款有无入账。

（2）对已质押的定期存款，应检查开户证实书原件。

（3）对审计外勤工作结束日前提取的定期存款，应核对相应的兑付凭证、银行对账单和定期存款复印件。

4. 取得并检查银行对账单和银行存款余额调节表

取得并检查银行对账单和银行存款余额调节表是证实资产负债表中所列银行存款是否存在的重要程序。银行存款余额调节表通常应由被审计单位根据不同的银行账户及货币种类分别编制，具体测试程序通常如下。

（1）将被审计单位资产负债表日的银行对账单与银行询证函回函核对，确认是否一致，抽样核对账面记录的已付票据金额及存款金额是否与银行对账单记录一致。

（2）获取资产负债表日的银行存款余额调节表，检查调节表中加计数是否正确，调节后银行存款日记账余额与银行对账单余额是否一致。

（3）检查调整事项的性质和范围是否合理。具体包括：①检查是否存在跨期收支和跨行转账的调整事项，编制跨行转账业务明细表，检查跨行转账业务是否同时对应转入和转出，未在同一期间完成的转账业务是否反映在银行存款余额调节表的调整事项中；②检查大额在途存款的日期，查明产生在途存款的具体原因，追查期后银行对账单存款记录日期，确定被审计单位与银行记账时间差异是否合理，确定在资产负债表日是否需调整；③检查被审计单位的未付票据明细清单，查明被审计单位未及时入账的原因，确定账簿记录时间晚于银行对账单的日期是否合理；④检查被审计单位未付票据明细清单中有记录，但截至资产负债表日银行对账单无记录且金额较大的未付票据，获取票据领取人的书面说明，确认资产负债表日是否需要进行调整；⑤检查资产负债表日后银行对账单是否完整地记录了调整事项中银行未付票据金额。

（4）检查是否存在未入账的利息收入和利息支出。

（5）检查是否存在其他跨期收支事项。

（6）如果被审计单位未经授权或授权不清支付货币资金的现象比较突出，检查银行存款余额调节表中支付异常的领款（包括没有载明收款人）、签字不全、收款地址不清、金额较大票据的调整事项，确认是否存在舞弊。

【例 12.4】某公司 20×6 年 12 月 31 日银行存款日记账余额为 26 680 元，银行对账单余额为 25 400 元。20×6 年 12 月存在的未达账项如下。

（1）12 月 29 日，委托银行收款 2 500 元，银行已入账，收款通知尚未送达公司。

（2）12 月 31 日，公司开出现金支票一张，金额为 800 元，银行尚未入账。

（3）12 月 31 日，银行代付公司电费 500 元，公司尚未收到付款通知。

（4）12 月 31 日，公司收到外单位转账支票一张，金额为 3 600 元，公司已入账，银行尚未入账。

（5）12 月 15 日，公司收到银行收款通知，金额为 3 850 元，入账时误记为 3 500 元。

要求：

（1）根据上述情况编制银行存款余额调节表。

（2）假定银行对账单中存款余额正确无误，请回答下列问题：①编制的银行存款余额调节表中发现的错误金额是多少？②20×6 年 12 月 31 日银行存款日记账的正确余额是多少？③如果 20×6 年 12 月 31 日资产负债表上"货币资金"项目中银行存款余额为 28 000 元，请问是否真实？

分析：

（1）银行存款余额调节表如表 12.2 所示。

表 12.2　银行存款余额调节表

20×6 年 12 月 31 日

编制单位：　　　某公司　　　　　　　　　　　　　　　币别单位：　　　人民币元　　　

项　　目	金　　额	项　　目	金　　额
公司银行存款账面余额	26 680	开户银行对账单余额	25 400
加：银行已收，公司未收的款项	2 500	加：公司已收，银行未收的款项	3 600
减：银行已付，公司未付的款项	500	减：公司已付，银行未付的款项	800
加：公司记账差错数	350		
调节后的存款余额	29 030	调节后的存款余额	28 200

（2）假定银行对账单中存款余额正确无误，则：①从银行存款余额调节表中发现的错误金额是 830 元（29 030–28 200）；②20×6 年 12 月 31 日公司银行存款账面正确余额为 25 850 元（26 680–830）；③资产负债表上的"货币资金"项目中的银行存款 28 000 元不真实，应加以调整，正确数额应该是 28 200 元（25 850+2 500–500+350）。

5. 函证银行存款余额

函证银行存款余额，编制银行函证结果汇总表，检查银行回函，应注意以下几点：①向被审计单位在本期存过款的银行发函，包括零余额账户和在本期内注销的账号的银行；②确定被审计单位银行存款账面余额与银行函证结果的差异，对不符事项做出适当处理。

银行存款函证是指注册会计师在执行审计业务过程中，需要以被审计单位名义向有关单位发函询证，以验证被审计单位的银行存款是否真实、合法、完整。根据规定：各商业银行、政策性银行、非银行金融机构要在收到询证函之日起 10 个工作日内，据函证的具体要求及时回函并可按照国家的有关规定收取询证费用；各有关企业或单位应根据函证的具体要求回函。

视野拓展
银行询证函格式范例

函证银行存款余额是证实资产负债表所列银行存款是否存在的重要程序。通过向往来银行函证，注册会计师可了解被审计单位资产的存在和账面反映所欠银行债务的情况，有助于发现被审计单位未入账的银行借款和未披露的或有负债。

注册会计师应向被审计单位在本年存过款（含外埠存款、银行汇票存款、银行本票存款、信用卡存款、信用证保证金存款）的所有银行发函，其中包括被审计单位存款账户已结清的银行，因为有可能存款账户已结清，但仍有银行借款或其他负债存在。

6. 检查银行存款账户存款人

检查银行存款账户存款人是否为被审计单位，若存款人非被审计单位，应获取该账户户主和被审计单位的书面声明，确认资产负债表日是否需要调整。

7. 关注受限制或境外款项

关注是否存在质押、冻结等对变现有限制的款项，及存在境外的款项，若存在，检查被审计单位是否已进行必要的调整和披露。

8. 列明不符合条件银行存款

对不符合现金及现金等价物条件的银行存款应在审计工作底稿中予以列明，以考虑对现金流量表的影响。

9. 抽查大额银行存款收支的原始凭证

抽查大额银行存款收支的原始凭证，检查原始凭证是否齐全、记账凭证与原始凭证是否相符、账务处理是否正确、是否记录于恰当的会计期间等项内容。检查是否存在非营业目的的大额货币资金转移，并核对相关账户的进账情况；如有与被审计单位生产经营无关的收支事项，应查明原因并做相应的记录。

10. 检查银行存款收支的正确截止日

选取资产负债表日前后若干天的银行存款收支凭证实施截止测试，关注业务内容及对应项目，如有跨期收支事项，应考虑是否应提请被审计单位调整。

11. 检查银行存款的列报是否恰当

根据有关规定，银行存款在资产负债表的"货币资金"项目中反映，所以，注册会计师应在实施上述审计程序后，确定银行存款账户的期末余额是否恰当，进而确定银行存款是否在资产负债表上恰当披露。

 本章小测试

一、单项选择题

1. 注册会计师 20×7 年 3 月 5 日对 N 公司全部现金进行监盘后，确认实有现金数额为 1 000 元。N 公司 3 月 4 日账面库存现金余额为 2 000 元，3 月 5 日发生的现金收支全部未登记入账，其中收入金额为 3 000 元、支出金额为 4 000 元，20×7 年 1 月 1 日至 3 月 4 日现金收入总额为 165 200 元、现金支出总额为 165 500 元，则推断 20×6 年 12 月 31 日库存现金余额应为（　　）元。

  A. 1 300   B. 2 300   C. 70   D. 2 700

2. N 公司某银行账户的银行对账单余额为 585 000 元，在审查 N 公司编制的该账户银行存款余额调节表时，A 注册会计师注意到以下事项：N 公司已收、银行尚未入账的某公司销货款 100 000 元；N 公司已付、银行尚未入账的预付某公司材料款 50 000 元；银行已收、N 公司尚未入账的某公司退回的押金 35 000 元；银行已代扣、N 公司尚未入账的水电费 25 000 元。假定不考虑审计重要性水平，A 注册会计师审计后确认该账户的银行存款日记账余额应是（　　）。

  A. 625 000 元   B. 635 000 元   C. 575 000 元   D. 595 000 元

3. N 公司某银行账户的银行对账单余额与银行存款日记账余额不符，A 注册会计师应当执行的最有效的审计程序是（　　）。

  A. 重新测试相关的内部控制

  B. 审查银行对账单中记录的该账户资产负债表日前后的收付款情况

  C. 审查银行存款日记账中记录的该账户资产负债表日前后的收付款情况

  D. 审查该账户的银行存款余额调节表

4. 在进行年度会计报表审计时，为了证实被审计单位在临近 12 月 31 日签发的支票未予入账，注册会计师实施的最有效审计程序是（　　）。

  A. 审查 12 月 31 日的银行存款余额调节表   B. 函证 12 月 31 日的银行存款余额

  C. 审查 12 月 31 日的银行对账单   D. 审查 12 月的支票存根

5. 会计人员编制的银行存款余额调节表的内容，只包括（　　）。

  A. 记账错误   B. 应予纠正的差错   C. 未达账项   D. 发生的舞弊

6. 被审计单位动用银行存款支付伪造的并未收到原材料的款项，注册会计师可以采取（　　）程序予以发现。

  A. 向银行函证

  B. 从卖方发票追查至银行存款日记账

  C. 调节银行对账单

  D. 从银行存款日记账追查至卖方发票

7. 向开户银行函证，可以证实若干项目标，其中最基本的目标是（　　）。

  A. 银行存款真实存在   B. 是否有欠银行的债务

审计理论与实务（第3版）

C．是否有漏列的负债　　　　　　　　D．是否有被抵押担保的存货

8．如果注册会计师已从被审计单位的某开户银行获取了银行对账单和所有已付支票清单，该注册会计师（　　　）。

　　A．不需再向该银行函证　　　　　　　B．仍需再向该银行函证

　　C．应复核银行对账单　　　　　　　　D．可根据实际需要，确定是否向银行函证

二、多项选择题

1．在确定函证对象后，如果 J 公司不同意对某函证对象进行函证，以下方案中，应选取的有（　　　）。

　　A．如果 J 公司的要求合理，则应当实施替代审计程序

　　B．如果 J 公司的要求合理，且无法实施替代审计程序，则应视为审计范围受到限制

　　C．如果 J 公司的要求不合理，可以不实施替代审计程序，将其视为审计范围受到限制

　　D．如果 J 公司的要求不合理，且无法实施替代审计程序，则应视为审计范围受到限制

2．在对询证函的以下处理方法中，正确的有（　　　）。

　　A．在粘封询证函时对其统一编号，并将发出询证函的情况记录于审计工作底稿

　　B．询证函经会计师事务所盖章后，由注册会计师直接发出

　　C．收回询证函后，将重要的回函复制给 J 公司以帮助催收货款

　　D．对以电子邮件方式回收的询证函，要求被询证单位将原件盖章后寄至会计师事务所

3．资产负债表日后盘点库存现金时，注册会计师应（　　　）并将其调整至资产负债表日的金额。

　　A．扣减资产负债表日至盘点日库存现金增加额

　　B．扣减资产负债表日至盘点日库存现金减少额

　　C．加计资产负债表日至盘点日库存现金增加额

　　D．加计资产负债表日至盘点日库存现金减少额

4．下列关于库存现金的盘点的提法中，正确的有（　　　）。

　　A．盘点库存现金是证实收到的现金收入是否全部登记入账的一项重要程序

　　B．盘点对象通常包括已收到但未存入银行的现金

　　C．通常实施突击性检查

　　D．如果企业现金存放部门有两处或两处以上者，应同时进行盘点

5．注册会计师实施的下列各项审计程序中能够证实银行存款是否存在的有（　　　）。

　　A．分析定期存款占银行存款的比例　　　B．检查银行存款余额调节表

　　C．函证银行存款余额　　　　　　　　　D．对银行存款收支进行截止测试

6．注册会计师寄发的银行询证函（　　　）。

　　A．是以被审计单位的名义发往开户银行的　　B．属于肯定式、有偿询证函

　　C．要求银行直接回函至会计师事务所　　　　D．包括函证银行存款和借款余额

三、判断题（凡正确者在题头括号内打"√"，错误则打"×"）

（　　　）1．助理人员审计了 R 公司提供的相关银行存款余额调整表中的调整事项，对其中应予以调整的事项提出了审计调整建议。在 R 公司接受调整建议后，助理人员得出其不再存在未入账银行存款收支业务的审计结论。

（　　　）2．由于现金盘点往往在资产负债表日后进行，注册会计师需要根据资产负债表日至审计

报告日之间所有现金收支数倒推计算资产负债表日的现金数额。

（　　）3．即使银行存款账户余额为零，但只要存在本期发生额，注册会计师应进行函证。

（　　）4．被审计单位资产负债表上的银行存款数额，应以编制或取得银行存款余额调节表日银行存款账户数额为准。

（　　）5．向银行函证企业的银行存款，不仅可以证实企业银行存款的真实性，而且可以核实企业银行借款记录的完整性。

（　　）6．审计人员对银行存款的函证，一律采用积极式函证方式，不能采用消极式函证方式。

四、案例分析题

1．在对 G 公司 20×6 年度财务报表进行审计时，M 注册会计师负责审计货币资金项目。G 公司在总部和营业部均设有出纳部门。为顺利监盘库存现金，M 注册会计师在监盘前一天通知 G 公司会计主管人员做好监盘准备。考虑到出纳日常工作安排，对总部和营业部库存现金的监盘时间分别定在上午十点和下午三点。监盘时，出纳把现金放入保险柜，并将已办妥现金收付手续的交易登入库存现金日记账，结出库存现金日记账余额；然后，M 注册会计师当场盘点现金，在与库存现金日记账核对后填写"库存现金盘点表"，并在签字后形成审计工作底稿。

要求：指出上述库存现金监盘工作中有哪些不当之处，并提出改进建议。

2．某公司 20×6 年 12 月 31 日的资产负债表，"货币资金"项目中的库存现金为 1 062.10 元。该公司 20×7 年 1 月 15 日库存现金日记账余额是 932.10 元。20×7 年 1 月 16 日上午 7：30，相关人员对该公司的现金进行清点，结果如下。

（1）现金实有数为 627.34 元。

（2）存在下列未入账的事项：①职工李某预借差旅费 300 元，经领导批准；②职工王某借款 140 元，未经批准，也未说明用途；③另有 2 张收款凭证，金额共 135.24 元。

（3）银行核定该公司现金限额为 800 元。

（4）该公司 20×7 年 1 月 1 日至 15 日收入现金 2 350 元，支出现金 2 580 元。

要求：①核实库存现金实有数是否正确；②确认 20×6 年 12 月 31 日资产负债表所列库存现金数额是否公允；③对现金收支、管理提出审计意见。

3．审计人员在审查某企业银行存款时，发现该企业 20×6 年 6 月 30 日银行存款日记账账面余额为 133 750 元，银行对账单余额为 127 000 元，经查对发现以下几笔未达账项：

（1）6 月 29 日，委托银行收款 12 500 元，银行已入该企业账户，收款通知尚未送达企业；

（2）6 月 30 日，该企业开出现金支票一张，计 400 元，银行尚未入账；

（3）6 月 30 日，银行已代付企业电费 250 元，企业尚未收到付款通知；

（4）6 月 30 日，企业收到外单位转账支票一张，计 16 000 元，银行尚未入账。

要求：根据上述情况，编制银行存款余额调节表，并得出简要审计结论。

 实训项目

请扫描二维码，阅读实训资料，根据实训内容和要求，完成实训。

附　录

附录一　自测试卷

如果想检测自己的学习效果，请试试这两套自测试卷！

试卷一　　　　　　　　　　　　　　试卷二

附录二　更新勘误表和配套资料索取示意图

说明 1：本书配套教学资料存于人邮教育社区（www.ryjiaoyu.com），资料下载有教师身份、权限限制（身份、权限需后台审批，参见示意图）。

说明 2："用书教师"，是指学生订购本书的授课教师。

说明 3：本书配套教学资料将不定期更新、完善，新资料会随时上传至人邮教育社区本书相应的页面内。

说明 4：扫描二维码可查看本书现有"更新勘误记录表""意见建议记录表"。如发现本书或配套资料中有需要更新、完善之处，望及时反馈，我们将尽快处理！

咨询邮箱：13051901888@163.com

更新勘误表及
意见建议记录表

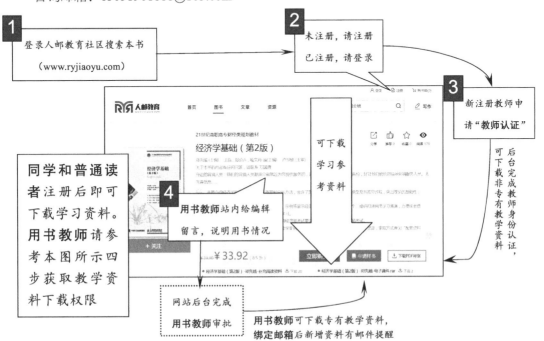

主要参考文献

[1] 阿伦斯，埃尔德，比斯利，等，2021. 审计学：一种整合方法. 16 版. 李璐，张龙平，译. 北京：中国人民大学出版社.

[2] 陈汉文，2009. 审计理论. 北京：机械工业出版社.

[3] 陈力生，2009. 审计学. 上海：立信会计出版社.

[4] 丁瑞玲，2009. 审计学. 北京：中国财政经济出版社.

[5] 高圣荣，陈力生，2007. 新审计模拟实习. 上海：立信会计出版社.

[6] 郭强华，2011. 新概念审计：案例教学、考证物语与就业辅导. 北京：清华大学出版社.

[7] 胡泽君，2019. 中国国家审计学. 北京：中国时代经济出版社.

[8] 霍全平，2008. 审计理论与实务. 北京：对外经济贸易大学出版社.

[9] 李晓慧，2021. 审计学：实务与案例. 5 版. 北京：中国人民大学出版社.

[10] 李越冬，2020. 审计学. 北京：高等教育出版社.

[11] 林双全，方树栋，2008. 审计理论与实务. 北京：科学出版社.

[12] 刘华，2009. 审计案例研究. 上海：上海财经大学出版社.

[13] 刘静，2007. 审计案例与模拟实验. 北京：经济科学出版社.

[14] 刘蓉，梁素萍，2008. 财务审计手工综合模拟实训教程. 北京：人民交通出版社.

[15] 罗彬，梁刚，2010. 审计学. 上海：立信会计出版社.

[16] 秦荣生，2019. 现代内部审计学. 2 版. 上海：立信会计出版社.

[17] 秦荣生，卢春泉，2019. 审计学. 10 版. 北京：中国人民大学出版社.

[18] 瑞扎伊，2009. 后《萨班斯—奥克斯利法》时代的公司治理. 陈宇，译. 北京：中国人民大学出版社.

[19] 涂申清，2011. 审计业务操作全程实训教程. 北京：中国农业大学出版社.

[20] 王如燕，梁星，2008. 审计工作底稿理论与实务. 上海：立信会计出版社.

[21] 吴良海，王锴，2007. 审计学. 北京：清华大学出版社.

[22] 奚淑琴，2009. 审计实务与案例. 北京：中国财政经济出版社.

[23] 尹平，2008. 政府审计理论与实务. 北京：中国财政经济出版社.

[24] 于延琦，林英士，2008. 财务报表审计要点与相关法规. 大连：东北财经大学出版社.

[25] 张秀伟，2007. 税务代理与审计速查. 北京：中国财政经济出版社.

[26] 赵保卿，2007. 审计学. 3 版. 北京：经济科学出版杜.

[27] 中国注册会计师协会，2006. 中国注册会计师执业准则 2006. 北京：经济科学出版社.

[28] 中国注册会计师协会，2021. 审计. 北京：中国财政经济出版社.

[29] 邹德军，2008. 审计实训. 长沙：中南大学出版社.